Georg Kirner

Ein Rucksack voller Träume

Südpol – Steinzeit – Nordpol

erzählt von Renate Münzer

Verlag Tobias Dannheimer Kempten

ISBN 3-88881-045-0
Fotos: Georg Kirner
Gesamtherstellung: AZ Druck und Datentechnik GmbH, Kempten

… und wie geht es mir, wenn Schorsch unterwegs ist?

Immer wieder werde ich von verschiedenen Seiten gefragt, wie ich es als Ehefrau eines Abenteurers aushalte, der bei seinen Expeditionen ständig vielen Gefahren ausgesetzt ist und ich außerdem wochenlang keine Nachricht erhalte und in völliger Ungewissheit leben muss.
Das ist in der Tat nicht ganz einfach, aber ich bin immer optimistisch, habe an ihn geglaubt und wusste, dass er nicht leichtsinnig ist. Alles andere liegt meiner Meinung nach sowieso nicht in unserer Macht.
Auf der anderen Seite war das Leben mit einem Mann, der mir die weite Welt nach Hause brachte, nie eintönig. Ich interessiere mich genauso wie er für Menschen, in deren Lebensraum die Zivilisation noch keinen Einzug gehalten hat. Da ich aber die Strapazen solcher Unternehmen aus verschiedenen Gründen nicht mitmachen konnte, freute ich mich immer auf alles, was er von den Expeditionen nach Hause brachte. Wenn ich dann die vielen Dias sortiert und die Berichte geschrieben hatte, war mir alles so vertraut, als wäre ich selbst dort gewesen.
Auch wenn ich ihn manchmal schon ein bisschen für „verrückt" halte, denke ich doch, um wieviel ärmer diese Welt wäre, wenn es nicht schon immer solche Menschen gegeben hätte.

Renate Kirner

Biwak am Südpol

Mein letztes großes Abenteuer

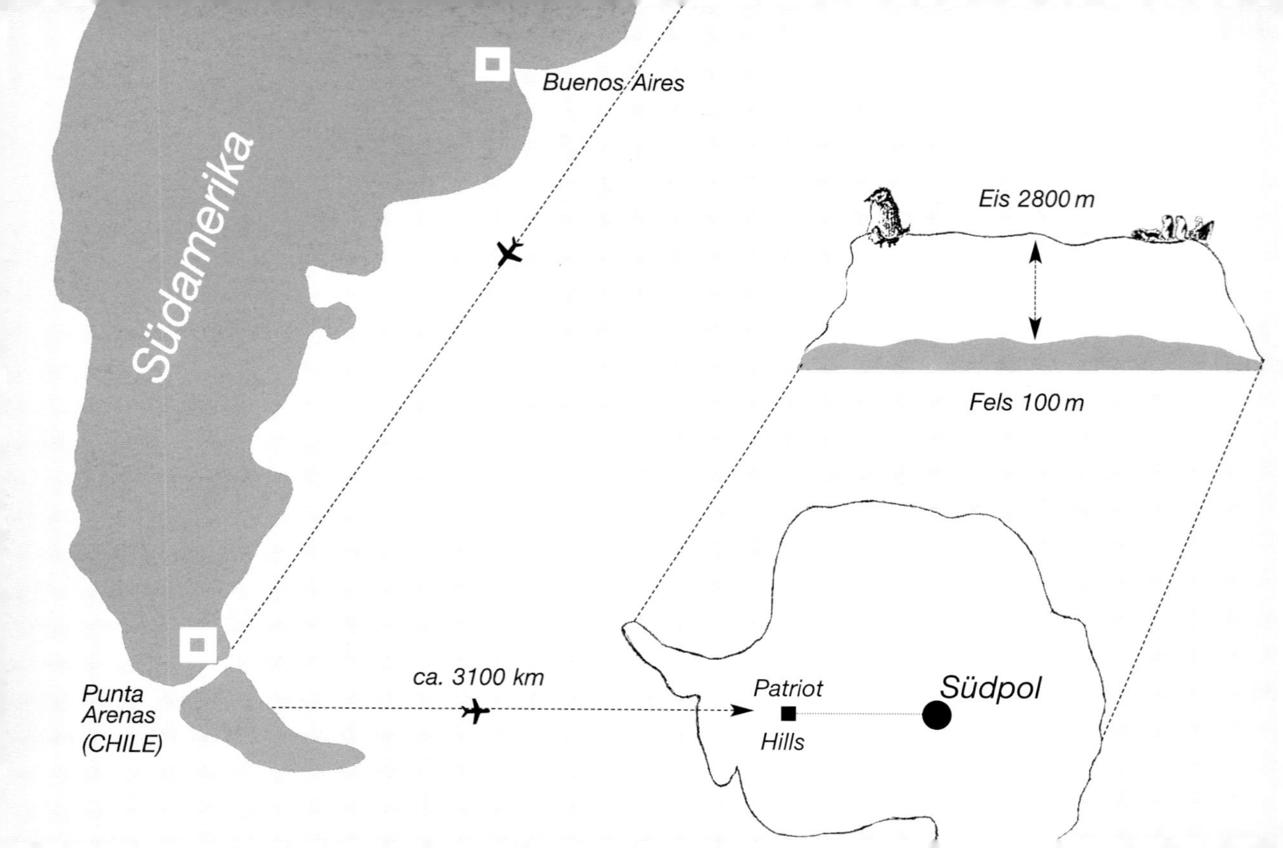
Südamerika
Buenos Aires
Eis 2800 m
Fels 100 m
ca. 3100 km
Punta
Arenas
(CHILE)
Patriot
Hills
Südpol

Wie ein Blitz aus heiterem Himmel

„Etwas Großes stand vor der Tür. Das fühlte man wohl. Ich wachte in der Nacht mehrere Male auf und hatte dasselbe Gefühl, wie ich es als kleiner Junge kurz vor dem Heiligen Abend gehabt hatte. Und dann war es soweit: Die Tränen traten mir in die Augen. Fünf rauhe, von Frost mitgenommene Fäuste griffen nach der Stange, hoben die wehende Fahne und pflanzten sie auf – als die einzige und erste auf dem geographischen Südpol ... An diesen kurzen Augenblick werden wir uns sicherlich alle, die damals dort gestanden haben, unser Leben lang erinnern“.
(Roald Amundsen)

„Dienstag, 16. Januar 1912. Das Furchtbare ist eingetreten. Das Schlimmste, was uns widerfahren konnte. Die Norweger sind uns zuvorgekommen. Aber nichts tut mir dabei so weh wie der Anblick meiner armen, treuen Gefährten! All die Mühsal, all die Entbehrungen, all die Qual – wofür? Für nichts als Träume, die jetzt zu Ende sind.
Mir graut vor dem Rückweg.“
(Robert Falcon Scott, 35 Tage später)

Ich kann das Gefühl kaum beschreiben, als ich diese Worte zum ersten Mal las. So, als hätte bei mir der Blitz eingeschlagen. Eine Gänsehaut durchlief mich und mit einem Mal wusste ich genau: ich wollte dorthin, wo Roald Amundsen und Robert Scott nach ihrem dramatischen Wettlauf gestanden hatten: Ich wollte zum Südpol. Ich war zwölf, und ich wusste genau: *Ich wollte ein Held werden.*

Dass ich 66 Jahre alt werden würde, um diesen Traum wahr zu machen, das hätte ich mir niemals gedacht! Dass ich bei weitem der Älteste sein würde, der das je geschafft hat. Auch nicht, dass ich der erste *Bayer* am Südpol sein würde, der dritte Deutsche – nur etwa hundert Menschen haben das seit seiner Entdeckung überhaupt zu Fuß geschafft.
Aber ich kann mich genau an den Moment erinnern, in dem ich Feuer gefangen hatte. In dem sich die Sehnsucht nach dem Südpol in mein Herz gegraben hat und mich zeitlebens nicht mehr losließ.

Es war im Jahr 1949. Ich saß auf einer Almwiese im Grenzgebiet von Bayern und Tirol. Dort in den Bergen habe ich immer den Sommer als Hirte verbracht. Die Alm liegt auf 1200 Meter, und sie ist umgeben von hohen Bergen. Auf diese Berge schaute ich jeden Tag und ich überlegte mir: Was wird wohl hinter diesen Bergen sein? Wie wird es da wohl ausschauen? In Afrika, in Amerika? Irgendetwas musste doch dahinter sein! Unsere kleine Alm konnte doch nicht die ganze Welt sein! Ich war ja noch nie weiter gekommen als auf meine Alm.
Eines Tages kamen Schmuggler des Wegs, in unser abgelegenes Gebiet am Spitzingsee. Das war zu der Zeit nichts Ungewöhnliches. Die Schmuggler hatten kein einfaches Leben, sie brachten ihre Ware über die Grenze aus Tirol, um ihre Familien zu ernähren. Es gab keine Arbeit und wenig zu essen. Meine Oma hat ihnen dann einen warmen Tee gemacht, und sie haben sich in unserer Hütte wieder aufgewärmt. Wenn schlechtes Wetter war, dann haben sie zuweilen auch bei uns übernachtet. Die Übernachtung kostete 50 Pfennige. Für mich waren die Schmuggler eine willkommene Abwechs-

lung – kamen sie doch aus der weiten Welt und hatten so manche spannende Geschichte zu erzählen!
Natürlich haben mich auch ihre schweren, grünen Rucksäcke fasziniert – was verbarg sich darin? Einmal bot sich mir die Gelegenheit, in einen hineinzuschauen. Er lag auf einer Ablage und ich konnte in einem unbeobachteten Moment einen Blick riskieren. Was hatte ich darin erwartet? Es war hauptsächlich Kaffee drin, und was für Mengen! Ganze Zentner mit Kaffee schleppten die Männer mit sich herum! Einige von ihnen waren so arm, dass sie nicht einmal die 50 Pfennige für die Übernachtung bezahlen konnten. Einer davon wollte aber nicht ohne Gegenleistung gehen, und er schenkte mir zum Abschied ein Buch, das mein Leben verändert hat: *„Von Pol zu Pol“* von Sven Hedin. In diesem Buch fanden sich alle meine Träume wieder! Hier war einer, dem ging es genauso wie mir! Er schrieb Berichte aus der großen weiten Welt, die für uns damals ja so unvorstellbar weit weg war! Es war ja nicht so wie heute, dass man zu jeder Alm mit dem Auto hinfahren kann, sondern unsere Alm befand sich in einem völlig abgelegenen Gebiet. Wenn im Sommer schlechtes Wetter war, dann konnte es passieren, dass für fünf, sechs Wochen überhaupt kein Mensch an der Alm vorbeikam. Auch bei gutem Wetter kamen höchstens die Schmuggler, Jäger oder ein Förster, sonst niemand.
Wir hatten keine Zeitung, keinen Fernseher und keinen Radio. Weg konnte ich auch nicht von der Alm, denn meine Großmutter war bereits über 80 Jahre alt. Ich konnte sie unmöglich allein lassen. Meine Oma verstand meine Neugier nicht. Sie war in ihrem Leben nur ein einziges Mal in die Stadt gekommen, und zwar zusammen mit dem Traktor und einer Kuh! In München sollte ihre Kuh prämiert werden.

Meine Oma saß zusammen mit der Kuh auf dem Viehwagen und fuhr in die Stadt. Das war ihre Welt-Reise. Gereist ist man früher ohnehin nur zu Wallfahrten, wenn überhaupt. Meine Oma hat meine Sehnsucht nach der weiten, mir unbekannten Welt nie verstanden.

Und da schenkte mir der Mann dieses Buch.
Ich las es gleich am ersten Abend, ich nahm es am Morgen mit auf die Wiesen, ich las es beim Kühe hüten, ich legte es neben meinen Teller, wenn ich aß. Ich las es abends vor dem Einschlafen und legte es unter mein Kopfkissen, wenn ich schlief. Ich habe das Buch wohl hundert Mal gelesen!
Was darin stand, lag für mich außerhalb meiner Vorstellungskraft! Da hatten Menschen zu Fuß unter ungeheuren Strapazen den Nordpol und den Südpol erreicht! Wo war der Südpol überhaupt?? Ich wusste das nicht! Wie wird's dort ausschauen? Ich hatte keine Vorstellung davon, dass auf dem Südpol kein Baum, kein Strauch, keine Alm war, das konnte ich mir überhaupt nicht vorstellen! Die Schule besuchte ich ja nur im Winter; im Sommer musste ich die mir anvertrauten Rinder hüten, sodass meine geographischen Kenntnisse nur sehr gering waren. Aber umso größer war meine Fantasie! Am Südpol musste eine Märchenlandschaft sein! Ungeheure Eisberge mindestens, Höhlen, Schluchten, Gletscherspalten! So stellte ich es mir in meinen Träumen vor.
Ich habe diese Männer, von denen in meinem Buch berichtet wurde, wie nichts und niemand zuvor bewundert. Und es ist ziemlich genau berichtet worden: wie ihre Ausrüstung war, wie sie mit Eis und Schnee gekämpft hatten, wie der Norweger Roald Amundsen als erster Mensch den Südpol erreicht hatte. Und wie der Engländer Robert F. Scott 35 Tage nach

ihm ebenfalls mit einer ungeheuren Leistung den Südpol erreicht hatte, und die denkwürdigen Worte sprach: *„Mir graut vor dem Rückweg“*. Und ich fühlte mit ihm diese schreckliche Enttäuschung, als ihm die Norweger zuvorgekommen waren und war erschüttert bei den letzten Schilderungen, bevor diese tapferen Männer in ihrem Zelt erfroren.

Und während ich dieses Buch las, hatte es mich immer mehr gepackt. Diese Abenteurer waren wahre Helden für mich. Eine ungeheure Faszination für diese mir völlig unbekannte ferne Welt wuchs in meinem Herzen, wuchs und wuchs, und am Ende hatte ich nur noch einen Wunsch: selber einmal zu Fuß zum Südpol zu kommen. Das wäre etwas Großartiges.

Leben im Gefrierschrank

Dass dieser Wunsch tatsächlich in Erfüllung ging – das scheint mir heute noch wie ein Traum! Ich bin tatsächlich ein „Abenteurer“ geworden, habe, sobald es ging, hinter die großen Berge meiner Alm geschaut und noch viel weiter. In den vergangenen 45 Jahren habe ich Unglaubliches erlebt. Ich habe in den Anden eine verlorene Inka-Stadt entdeckt. Ich habe mit Höhlenbewohnern in Borneo mit Blasrohren gejagt, und ich bin mit „Steinzeitmenschen“ in Neuguinea auf ihre schwankenden Baumhäuser geklettert. Ich bin mit dem Radl durch die Wüste gefahren und habe bei den Eskimos gelebt. Ich habe die Malaria und drei Flugzeugabstürze überlebt. Ich war erfahren im Überleben in jedem Winkel dieser Welt, bis – ja, bis auf den Südpol. Sollte dieser Traum jetzt wahr werden? Zumindest hatte ich den Plan gefasst!

Der Südpol hatte es in sich: das stellte ich bei meinen Vorbereitungen fest. Dort herrschte eine noch viel größere Kälte als auf dem Everest oder in Grönland. Das kannte ich, aber was ich nicht wusste: Die Antarktis ist der kälteste Kontinent auf unserem Planeten. Bis zu 80 Grad minus sind dort gemessen worden!! Das war also der antarktische Winter! Natürlich würde ich im antarktischen „Sommer“ hinfahren, aber da werden es auch noch bis zu minus 60 Grad. Dazu kommt noch der eisige Wind. Wie würde ich diese Kälte überstehen? Hart im Nehmen bin ich ja, und quasi mit einem „eisigen Erlebnis“ hatte mein Leben auch begonnen: Als Säugling bin ich auf dem Weg zur Taufe „aus Versehen“ vom Schlitten in den Schnee gefallen! Erst viel später bin ich halb erfroren wieder aufgefunden worden. Sollte dieses Erlebnis wegweisend für mich werden?!

Eine besondere Expedition braucht also eine besondere Vorbereitung! Wo kann man sich nun auf derart extreme Kälte einstellen? Bei uns hat's keine 60 Grad minus und auch keine 50 Grad! In der Nacht hatte es bei uns höchstens mal minus 20 Grad draußen. Ich bräuchte schon eher so eine Art Kühlschrank. Ich überlegte hin und her, bis mir die rettende Idee kam: Ich übernachte im Kühlhaus der Münchner Großmarkthalle! Wo sonst kann man schon in einem Gefrierschrank schlafen? Schließlich musste ich ja wissen, ob meine Ausrüstung den extremen Temperaturen standhält.
Ich brauche nicht zu sagen, dass meine Frau mich für verrückt erklärt hat, obwohl sie ja so einiges von mir gewöhnt ist. Aber sie hat schließlich doch eingesehen, dass ich in unsere eigene Gefriertruhe im Keller einfach nicht hineinpasse, und so war die Entscheidung gefallen.
Nun kann man sich ja nicht einfach im Kühlraum der Großmarkthalle einquartieren! Ich habe einen befreundeten Arbeiter aber rumgekriegt:
„Du – darf ich vielleicht einmal das Kühlhaus benützen …?"
„Warum, willst du Fleisch drin lagern, ist deine Gefriertruhe ausgefallen?"
„Ich will eigentlich drin schlafen …"
Pause.
„Du willst waas!?" Er sah mich von der Seite an. Entgeistert.
Ich machte ihm klar, dass ich weder verrückt sei, noch einen besonderen Kick bräuchte, ich wolle einfach nur für meine Expedition trainieren!
Ich durfte. Also machte ich mich eines Abends mit meinem Radl auf den Weg ins Kühlhaus, zum ersten Versuch – und

bei einem „Versuch“ ist es auch geblieben! Ich habe mich in meine wärmste Ausrüstung gepackt, die ich von den anderen Expeditionen hatte, habe den wärmsten Schlafsack auf meinen Gepäckträger geschnallt und bin – natürlich in der Nacht, denn es durfte mich zunächst ja keiner sehen – in den riesigen Raum hineingeschlüpft. Es war der größte Gefrierschrank, den ich je gesehen hatte, und ich mittendrin! Über mir baumelten Schweine- und Rinderhälften, neben mir hingen Pakete mit gefrorenen Hühnern. An der Wand, und das war mir das Wichtigste, befand sich die Temperaturanzeige. Minus 38 Grad. Das war genau richtig. Ich wollte die Nacht über hier bleiben, und am nächsten Morgen würden mir die Arbeiter wieder aufsperren und ich könnte nach Hause radeln. So war es vereinbart.
Ich habe es nicht einmal eine Stunde ausgehalten! Danach war ich dermaßen durchgefroren, dass ich raus musste aus diesem Eiskasten! Aber wie? Bis zum nächsten Morgen würde ich es nicht aushalten – erst dann würde Hilfe kommen. Ich rang noch ein bisschen mit mir, ob es mein Stolz zuließ, doch dann drückte ich den Notknopf. Binnen weniger Minuten kamen die Arbeiter. Sie lachten und fragten, was denn los sei? Ich zeigte ihnen meine Hände, die vor Kälte ganz blau waren! Dann radelte ich mehr oder minder unverrichteter Dinge heim, wo ich langsam wieder auftaute.
Das hatte ich mir aber ganz anders vorgestellt! Meine Ausrüstung, die sich schon so oft in extremen Situationen bewährt hatte, hatte hier total versagt. Ich musste mir etwas einfallen lassen. Und mir fiel ein befreundeter Wissenschaftler ein, der eine Zeitlang am Südpol gearbeitet hatte. Er musste doch Bescheid wissen darüber, was diesen mörderischen Temperaturen standhielt! Und so war es: Er lieh mir Schuhe und Hand-

schuhe und einen Schlafsack. Das sind die Dinge, auf die es bei der Kälte am meisten ankommt, und ich startete einen neuen Versuch.
Der verlief deutlich besser! In der zweiten Nacht verbrachte ich bereits vier Stunden im Kühlhaus. Danach habe ich mich eiskalt abgeduscht – aber ich empfand das eiskalte Wasser als warmen Schauer! Kein Wunder, nach 40 Grad minus! Nach der Dusche bin ich wieder heimgeradelt. So nach und nach habe ich die Aufenthaltsdauer im Kühlhaus gesteigert, konnte letztlich sogar drinnen schlafen. Die Temperatur wurde von Nacht zu Nacht weiter heruntergedreht – ich hielt der Kälte stand, und am Ende meines Experimentes hatte ich ganze 12 Nächte im Kühlhaus verbracht. Damit war ich zufrieden.

Meine Ausrüstung hielt, mein Körper hatte sich auch auf die Kälte eingestellt. Das Nächste war die Kondition. Zu Fuß viele Kilometer bei eisiger Kälte zurückzulegen, das ist eine ungeheuere Anstrengung. Dazu noch einen Schlitten mit viel Gepäck durch den Schnee zu ziehen, das bedarf schon einer körperlichen Höchstform! Nicht umsonst waren es noch nicht einmal hundert Menschen, die den Südpol seit seiner Entdeckung, zu Fuß erreichen konnten! Ich musste also mehr als fit sein! Und immerhin war ich 66 Jahre alt. Aber ich trainiere ja praktisch schon mein ganzes Leben lang. Sonst wäre diese Leistung auch niemals möglich. Jeden Tag fahre ich Rad oder schwimme. Dazu kommt, dass ich sehr gesundheitsbewusst lebe.
Ich rauche nicht, habe nie geraucht – obwohl ich ein einziges Mal der Versuchung erlag. Ich war dreizehn, als meine Freunde zu mir sagten:

„Schorsch, du mußt rauchen, sonst wirst du nie ein Mann!"
Ich hatte zwar nicht die geringste Lust, aber das nahm ich mir dann doch zu Herzen, denn ein Mann wollte ich schon werden. Also nahm ich einen Zug aus einer Zigarette. Das war ihnen nicht genug, ich müsse schon inhalieren! Ich ließ mich auch dazu überreden, doch es ist mir so schlecht geworden, dass das Thema Rauchen für mich fortan erledigt war. Ich habe es seither auch nicht mehr angefangen.
Alkohol habe ich sowieso nie getrunken. Und ich bin ein Mensch, der viel Schlaf braucht! Seit einer Reise zu den Tibetern habe ich meinen Körper noch besser im Griff und habe die wertvolle Fähigkeit erlernt, überall und zu jeder Zeit, wenn ich es will, innerhalb von ein paar Minuten einzuschlafen. Mein Schlaf ist auch sehr tief und macht es mir möglich, mich optimal von Stress und Anstrengung zu regenerieren. Das ist mein Geheimnis, warum ich immer fit bin, und es hat mir schon bei vielen Expeditionen geholfen.

Hinter dem Horizont

So war ich bestens vorbereitet und wollte meine Traum-Expedition zum Südpol antreten. Allein loszuziehen, wäre Selbstmord, obwohl mir das am liebsten gewesen wäre. Allein nur mit mir und dem Eis, Natur und Überleben pur! Nur ich entscheide, es gibt keine Kompromisse, ja, das hätte mir schon gefallen. Doch vernünftiger war es, noch jemanden mitzunehmen. Ich entschied mich dafür, es zu zweit zu wagen und suchte mir einen Kameraden. So lange Zeit unter extremen Bedingungen zusammen zu sein, ist eine ungeheure Herausforderung. Man muss sich auf den anderen unbedingt verlassen können, sonst ist die Expedition von vornherein zum Scheitern verurteilt! Auch muss es menschlich passen, sonst hält man es überhaupt nicht aus. Es war also nicht so einfach.

Einen solchen Kameraden hatte ich schnell gefunden: Es war mein alter Freund Richard, den ich schon von einer anderen Expedition her kannte. Er teilte meine Südpol-Begeisterung, und ich wusste, dass ich auf ihn zählen konnte. Den dritten im Bunde wollten wir am Ausgangsort, in Punta Arenas in Chile, treffen. Er war uns von der Organisation, bei der wir die Expedition angemeldet hatten, „zugeteilt" worden. Er war Kanadier, und wir würden ihn erst vor Ort kennen lernen. Was er wohl für ein Typ Mensch war? Das war natürlich ein gewisses Risiko, und so war ich entsprechend gespannt auf unseren dritten Mann. Doch bis wir ihn kennen lernten, sollte noch einige Zeit vergehen.

Unsere Expedition war angesetzt für Januar. Ich verbrachte also noch ein unruhiges Weihnachten inmitten der Vorbereitungen, bis es Anfang Januar endlich losging. Das Wetter am

Abflugtag war schlecht, und so holte mich Richard mit dem Auto daheim ab. Er musste an diesem Tag sogar noch arbeiten und kam so gut wie direkt aus dem Büro! Deswegen waren wir auch etwas knapp dran mit der Zeit. Alles in allem war mein Aufbruch ins Abenteuer überhaupt nicht feierlich, sondern einfach nur hektisch! Da das Auto mit lauter Gepäck voll beladen war, hatte meine Frau Renate keinen Platz mehr und konnte mich nicht bis zum Flughafen begleiten. Ich verabschiedete mich schon an der Haustür von ihr. Wir sind ja Abschiede gewöhnt, und als ich das Haus verließ, war ich sicher, dass ich es erst als Südpol-„Bezwinger" wieder betreten würde.

Mit meinem schweren Rucksack saß ich eingequetscht im Auto, als wir in einen Stau gerieten. Da auch noch Glatteis auf den Straßen war, sind wir in letzter Minute am Flughafen angekommen und buchstäblich in unser Flugzeug gerast. Nicht auszudenken, was passiert wäre, hätten wir unseren ersten Anschluss schon verpasst – es hätte eine Kettenreaktion ausgelöst. Aber es war ja gut gegangen, und als die Maschine abhob, kamen wir endlich etwas zur Ruhe. Es ging los!
Das war also der Anfang meines Jugendtraums! Wir hingen beide unseren Gedanken nach. Vieles ging mir durch den Kopf. Freude natürlich, dass es soweit war. Endlich! Aber auch: Noch nicht mal hundert Menschen waren seit seiner Entdeckung im Jahr 1911 am Südpol. Warum waren das so wenige?! Vor mir nur zwei Deutsche: 1991 Arved Fuchs, der mit Reinhold Messner unterwegs war, 1999 Eberhard Rizakowitz und vielleicht bald – Schorsch Kirner? Am Nordpol dagegen waren ungleich viel mehr! Was hatte es mit dem Südpol auf sich?

Bis in die 80er Jahre war es für einen normal Sterblichen überhaupt nicht möglich gewesen, in die Antarktis zu gelangen, es gab einfach keine Verbindung. Nur einige wenige Wissenschaftler und Forscher gelangten hin. Auch danach blieb es eine vollkommen unzugängliche Gegend. Und genau dorthin war ich in diesem Augenblick unterwegs.
Die Antarktis ist so groß wie ganz Europa. Sie ist aber der lebensfeindlichste, trockenste, windigste und kälteste Kontinent auf unserer Erde. Im Gegensatz zum Nordpol, dessen Eismassen auf dem Meer schwimmen, ist die Antarktis mit dem Südpol eine Landmasse, auf der ein 3000 Meter dicker Eispanzer liegt. Deshalb bewegt man sich im Landesinneren auf über 3000 Meter Höhe. Durch den dort herrschenden atmosphärischen Druck ist der Sauerstoffgehalt der Luft so dünn, wie er sonst auf etwa 4000 Metern ist. Jede Anstrengung fällt einem noch schwerer.
Die Antarktis ist etwa 20000 Kilometer von Deutschland entfernt. Und, was für mich unvorstellbar klang: Es ist der einzige Kontinent, auf dem es keine Jahreszeiten und keine Tage und Nächte gibt! Im Laufe eines Jahres dreht sich der Kontinent um sich selbst. Ein halbes Jahr herrscht dunkle Nacht – dafür geht im Sommer die Sonne nie unter! Was das in der Realität heißt, sollte ich am eigenen Leibe noch erfahren. Vom 23. September an ist Tag und vom 21. März bis zum 22. September ist dunkle Nacht! Also gibt es pro Jahr nur einen einzigen riesigen Tag und eine einzige riesige Nacht. Und alle am Südpol lebenden Forscher stehen mit staunenden Augen im Freien, wenn die Polarsonne unter- oder aufgeht und beobachten dieses ungewöhnliche Schauspiel!

Ja, wenn ich jemanden gekannt hätte, der schon zu Fuß dort

war, dann hätte ich ihm tausend Fragen gestellt: Ist die Ausrüstung richtig, welchen Weg sollen wir gehen, welche Erfahrungen hast du gemacht. Doch ich hatte nur die Berichte von Scott und Amundsen, auf die ich zählen konnte. So hing das Unternehmen etwas in der Luft und wir mussten vieles ins Ungewisse planen.

Der lange Weg zum Anfang

Unsere erste Station war die Stadt Punta Arenas in Chile. Hier auf Patagonien starten alle Flüge in die Antarktis. Unser Ziel auf dem siebten Kontinent hieß Patriot Hills, das Camp, das als Ausgangspunkt der meisten Expeditionen dient. Patriot Hills war 3100 Kilometer von Punta Arenas entfernt – eine Strecke, die es in sich hat, denn die Wetterverhältnisse in diesem Teil der Erde sind für den Flugbetrieb äußerst ungünstig. Es gibt eine alte, aber sehr robuste Iljuschin dort, doch auch sie kann nur bei einigermaßen gutem Wetter starten. Also scheinen diese 3100 Kilometer weiter weg zu sein, als es klingt, und viele Antarktis-Reisende mussten schon bis zu 21 Tagen in Punta Arenas warten, bis die Wetterverhältnisse einen Flug zuließen! Die Erlaubnis für die Expedition zu bekommen, war schon zeitraubend und kompliziert genug gewesen, dazu saß uns der antarktische Winter im Nacken. Eine lange Wartezeit hätte bereits das vorzeitige Aus unserer Expedition bedeuten können.

Aber wir hatten Glück. Schon zwei Tage später konnten wir Punta Arenas in Richtung Antarktis verlassen. Dass es richtiges Glück war, haben wir später erfahren: Der nächste Flug nach unserem war erst geschlagene drei Wochen später möglich gewesen! Fünf Stunden dauerte der Flug über den Atlantischen Ozean und das Weddell-Meer in die Antarktis. Hundert Kilometer vor der Landung brach die Wolkendecke unter uns auf und machte uns den Blick frei auf die unendliche Weite der Antarktis. Und spätestens dann war mir klar: jetzt wird es ernst! Mein Herz schlug schneller. So ist und bleibt diese Gegend, auf der wir uns in den nächsten Wochen bewegen würden! Wir flogen über eine Eiswüste!

Um das Festland der Antarktis schieben sich schwimmende Gletscher gigantischen Ausmaßes. Das Inlandeis der Antarktis ist ein einziger riesiger Gletscher. Größer als die USA. Wir flogen über ein Gebiet, das 75 % der Süßwasser-Vorräte der gesamten Welt enthält.

Von oben blickten wir auf ein paar Zelte, die mitten in der Eiswüste standen: Patriot Hills. Die Iljuschin setzte mit ihren Skiern auf der eisigen Landebahn auf und wir öffneten die Tür. Das erste, was uns ins Gesicht schlug, war die eisige Kälte, die uns zunächst einmal den Atem nahm! Das nächste war das steinhart gefrorene Eis, das auch noch spiegelglatt war! Erwartungsvoll und zaghaft machten wir unsere ersten Schritte in die Antarktis. Wir hatten zu tun, mit unserem ganzen Gepäck erstmal das Gleichgewicht zu halten!

Der Camp-Verwalter begrüßte uns und wies uns ein Zelt zu. Das Camp steht auf einer Ebene aus Eis und Schnee, die Zelte sind wie bunte Tupfer in Reih und Glied aufgestellt. Der Flieger wurde in Windeseile ausgeladen, Gepäck und Kerosin für den Notfall kamen heraus, dann flog er auch schon ab, bevor sich das Wetter wieder änderte und ein Rückflug nicht mehr möglich sein würde. Das war eines der ersten Dinge, die wir in der Antarktis lernten: die Bedeutung des Wetters und die Geschwindigkeit, mit der es sich ändern konnte.

Wir sahen uns um – hier im Camp würden wir also bleiben, bis unsere kleine Gruppe zum Ausgangspunkt unserer Expedition geflogen werden konnte. Ein sofortiger Weiterflug war leider nicht möglich. Denn obwohl das Wetter bei uns in Patriot Hills gut war, waren die Wettermeldungen von der Station aus den Thiel-Bergen schlecht. Das waren die entscheidenden Werte, denn dort mussten wir zum Tanken zwischenlanden. Wir nutzten die Wartezeit, um uns an das Leben in der Antarktis zu gewöhnen.

Sehr bald stand uns die erste Begegnung mit unserem dritten Mann bevor. Ich hörte, wie ein Mann in dem ganzen Durcheinander im Camp zu einem anderen sagte:
„Schau, Devon, die zwei alten Herren da sind deine beiden Begleiter zum Südpol!"
Konnte der uns meinen?
Daraufhin kam Devon zu uns und ich lernte einen meiner später besten Freunde kennen. Doch zunächst spiegelte sein Gesicht nur Ungläubigkeit wider. Was hatte er erwartet? Zwei jugendliche, durchtrainierte Tarzane? Er begrüßte uns höflich. Man sah ihm mehr als deutlich an, dass er sehr gemischte Gefühle hatte. Als ich ihn später fragte, warum er bei der ersten Begegnung so geschaut habe, sagte er, er wäre geschockt gewesen, als er gehört hatte, er würde mit zwei älteren Herren auf Expedition gehen – der eine ist 67, der andere ist 63! Und er hatte sich zwei Rentner mit riesigem Bauch und Gehstock vorgestellt. Während der Expedition hat er seine ersten Befürchtungen übrigens gründlich revidiert.
Doch auch Devon wollte ganz sicher gehen und hatte den Arzt im Camp noch mal auf mich angesetzt. Nicht auszudenken, wenn ein Teilnehmer während der Expedition krank werden würde oder nicht durchhielte! Da es noch nie vorgekommen ist, dass ein Mensch in meinem Alter zu Fuß den Südpol erreicht hat, meldete der zuständige Arzt Bedenken an. Das Klima und dic Höhe, in der wir uns bewegten, ließen den Arzt an meiner Kondition zweifeln – ihm erschienen meine mitgebrachten Untersuchungsergebnisse nicht glaubhaft – hatte ich doch die Werte eines 35-jährigen Man-

nes! Ich erklärte mich zu einer Untersuchung vor Ort bereit, ohne die ich nicht hätte aufbrechen dürfen. Die Untersuchung bestätigte meine Verfassung und danach war auch der Camp-Arzt überzeugt. Grünes Licht für mich!

Nicht aber für unsere Expedition. Es konnte immer noch nicht losgehen. Das Flugwetter passte nicht, obwohl wir hier schönsten Sonnenschein hatten. Also sahen wir uns im Camp weiter um. Mich faszinierte das Entsorgungs-System, denn jeglicher Abfall muss ausgeflogen werden. Die Antarktis soll schmutzfrei bleiben, sehr gut. Sehenswert waren die Toiletten. Es gab einen größeren Iglu für die Männer und einen kleinen für die Damen. Drinnen war es wenig komfortabel: einige Eimer im Schnee, die mit Plastiktüten ausgefüllt waren, darüber ein bereits kaputter Stuhl, der statt der Sitzfläche eine Art Klobrille hatte, die allerdings mit einer dicken Eisschicht überzogen war. Dass das eine höchst ungemütliche Angelegenheit war, kann sich jeder vorstellen! Jeder beeilte sich, so gut er konnte. Am Eingang befanden sich ein Vorhang und eine kleine Flagge: Hing die Flagge quer, war einer drin, hing sie nach unten, war frei. Der Inhalt der Plastiktüten fror bei minus 35 Grad natürlich sofort ein und wurde mit dem Flugzeug aus der Antarktis wieder ausgeflogen.

Das Waschen fand in einem anderen Zelt statt. Jeder bekam eine Thermoskanne mit etwas warmem Wasser und tupfte sich ein bisschen ab. Das war's. Eine Reinigung, wie man sie zuhause gewöhnt ist, wäre völlig fehl am Platz: Jedes Wasser außerhalb des Zeltes würde sofort am Gesicht festfrieren und hätte fatale Folgen.

Das Essen im Camp war sehr gut. Wir hatten Bananen, Nudeln und Fleisch. Die Iljuschin kann 50 Tonnen Gepäck reinfliegen. Abends saßen wir beieinander und warteten bei Saft

und Wasser auf besseres Wetter. Und während wir da warteten, hatten wir noch eine Begegnung der besonderen Art.
Einer der Camp-Bewohner war mir schon in Punta Arenas aufgefallen, er erzählte uns, er wäre der Abgesandte des Papstes. Na gut, dachte ich mir, war aber in Gedanken schon in der Antarktis. Da begegnete mir der Abgesandte wieder und stellte sich als Monsignore Andreatta vor. Er zeigte mir seine Fahne vom Vatikan. Und er stellte sich als der direkte Abgesandte von Papst Johannes Paul II. heraus, mit dem Auftrag, das Kreuz als Symbol des Christentums in die Antarktis zu bringen. Zu meiner Überraschung begann er im Verpflegungszelt, in dem wir aßen und Besprechungen abhielten, vor unserem wild zusammen gewürfelten Haufen eine Messe zu lesen. Jetzt war ich in dieser Gruppe der einzige ehemalige Ministrant, der noch aus dieser Zeit den Ablauf der Liturgie kannte. Und dann kam während der Messe die Wandlung, bei der normalerweise eine Messglocke ertönt. Leider hatte die päpstliche Abordnung keine Glocken dabei. Und es blieb still an der Stelle. Irgendwie ging mir etwas ab! Kurzerhand nahm ich einen Kochlöffel und schlug an der betreffenden Stelle dreimal auf eine Suppenschüssel. Das klang gar nicht so schlecht! Der Monsignore war von dieser spontanen Idee begeistert und ließ mich später zu sich kommen. Im Auftrag des Papstes sollte er auf einem nahen hohen Berg das christliche Kreuz aufstellen und hätte mich bei dieser Zeremonie gerne als Ministrant dabei. Natürlich sagte ich zu, und auch Richard kam mit, um bei dieser feierlichen Zeremonie das Kreuz zu halten.
So machte sich unsere kleine Gruppe ein paar Tage später auf den Weg, einen anstrengenden Anstieg zu dem Berg, der den Namen von Johannes Paul II. erhalten sollte. Das Wetter

schlug Kapriolen. Nebel, Sturm und Sonnenschein, aber bald hatten wir den Gipfel erreicht, wo plötzlich die Sonne von einem wolkenlosen Himmel strahlte. Nur der Sturm zerrte und riss an dem langen Messgewand von Monsignore Andreatta, als er es über seine Polarausrüstung streifen wollte. War das ein Kampf, bis er es endlich mit Hilfe seiner Begleiter über den Kopf gezogen hatte! Keiner von uns konnte sich das Lachen verkneifen, so komisch war die Situation! Dann wurde es ernst und feierlich. Wir lauschten der Messe, die er auf Latein hielt, und wenn die richtige Stelle war, nickte der Monsignore mir mit dem Kopf zu und dann kam mein Einsatz: Ich musste „halleluja, halleluja" singen. Nachdem er dann würdevoll das übrigens prächtige Kreuz auf dem höchsten Punkt des Berges ins Eis gerammt hatte, machten wir uns auf den Rückweg. Da es lediglich um eine symbolische Handlung ging, wurde auch das Kreuz danach wieder ausgegraben und mitgenommen. So kam, was ich mir als kleiner Ministrant in meinem Dorf auch nie hätte träumen lassen, dass ich einmal in der Antarktis dem Vertreter des Papstes ministrieren würde. Übrigens habe ich als Lohn meiner Dienste eine italienische Salami bekommen.

Im Camp zurück erkundeten wir die nähere Umgebung. Dabei stießen wir auf ein Flugzeug, das nicht mehr flugfähig war und allmählich im Triebschnee versank. Ein gespenstischer Anblick! Zurück im Zelt verschlechterte sich das Wetter. Allmählich fühlten wir uns wie Rennpferde, die nicht aus ihrer Startbox gelassen wurden. Wir waren vorbereitet, wir waren fit, wir wollten endlich los!

Im Camp hieß es wieder: Hoffen und Bangen auf besseres Wetter. Der herannahende antarktische Winter rückte all-

mählich näher – da war es ein halbes Jahr dunkel, und kein Flugzeug würde uns aus der Antarktis mehr rausholen können. Hier überwintern ist kein Spaß, und so warteten wir mit immer größerer Spannung auf die Nachrichten aus dem Wetterzelt. Jeden Tag in der Früh um 9 Uhr war Wetterbesprechung. Der Leiter des Camps kam mit dem Wettermann und sie überbrachten uns die Nachricht, die meistens lautete: „Heute ist kein Weiterflug möglich. Vielleicht morgen." Ihre Informationen bekamen sie über Satellit im so genannten Wetterzelt von mehreren Stützpunkten: Neuseeland, dem Südpol, den Thiel-Bergen und von Punta Arenas.
Nach weiteren zwei Tagen war es dann soweit. Wetterbesserung war in Sicht! Wir packten schnell unseren Schlitten, den Pulka. Diesen richtig zu packen ist eine äußerst wichtige Angelegenheit, von der unter Umständen das Überleben abhängt. Am wichtigsten ist, dass ganz oben und griffbereit die Daunenjacke ist. Denn der Körper ist von der Anstrengung erhitzt und der gnadenlose Wind kann sehr schnell eine Lungenentzündung verursachen. Die kann unter diesen Umständen leicht zum Tode führen. Neben der Daunenjacke muss sich ebenfalls ganz oben im Pulka die Thermosflasche mit einem Getränk befinden, daneben ein kleiner Kraftriegel oder ein Stück Schokolade. Diese Dinge müssen blind greifbar sein, damit man sich im Notfall hundertprozentig darauf verlassen kann. Wir packten noch den Kocher und genügend Lebensmittel ein. Genügend heißt: Für die geschätzte Zeit, die wir brauchen würden und noch 50 Prozent mehr. Dazu bekamen wir die genauen Koordinaten von drei Lebensmittel-Depots auf unserem Weg durch das Eis, die wir „in case of emergency", im Notfall also, auf unserem Weg aufsuchen konnten.

Tatsächlich wurde das Wetter besser. Richard, Devon und ich zogen die schweren Pulkas ins Flugzeug. Dort wartete eine attraktive junge Frau auf uns.
„Oh“, sagte ich überrascht, „Fliegen Sie auch mit uns?“
„Ja“, sagte sie, „Ich bin die Pilotin“.
Hoppla! Und schon hoben wir ab, um keine Zeit zu verlieren.

Zwischenlandung im Niemandsland

Wir überflogen mit der kleinen Cessna ein äußerst spaltenreiches Gebiet. Ich checkte so kurz vor dem Ernstfall noch einmal alles ab: Du bist gut trainiert, hast du alles dabei: Handschuhe, Schlafsäcke? Ich fühlte Aufregung in mir hochsteigen. Stand ich doch so kurz vor der Verwirklichung meines Traumes! Ich werde ein anderer sein, wenn ich vom Südpol wieder zurückkomme! All das schoss mir durch den Kopf. Ich würde mit Abstand der Älteste sein, der jemals zu Fuß den Südpol erreicht hat. Würde ich das überhaupt schaffen oder hatte ich mir doch etwas zuviel zugemutet?

Warum hatten mich Robert F. Scott und sein Schicksal als jungen Menschen so fasziniert? Sie hatten alles, soweit es damals möglich war, gut durchdacht. Genauso wie wir, genau wie jeder, der eine größere Unternehmung startet. Es gab ja damals keinerlei Erfahrungswerte, denn ein solches Unternehmen hatte es vorher noch nie gegeben. Er hat immer die Ruhe bewahrt und aus den gegebenen Umständen das Beste gemacht. Nie kam ihm der Gedanke, aufzugeben. Das war es, was mich so fasziniert hat. Leider hatte Scott nicht das nötige Quäntchen Glück. Das Schicksal wollte es, dass sie nur 20 Kilometer von einem Depot entfernt in ihren Zelten erfroren.

Sie hatten alles versucht.

Die Szene zwischen uns drei Teilnehmern kurz vor dem Einsteigen ins Flugzeug war mir noch im Kopf: wir schaffen das. Wir werden alles miteinander versuchen, dass wir alle drei zusammen zum Südpol kommen oder keiner. Jeder von uns sagte das mit so großer Überzeugung, dass daraus eine ungeheure Kraft und Sicherheit erwuchs, die sich später in so manch kritischer Situation bewähren sollte. Ja, ich war mir sicher, wir schaffen das!

Unter uns stiegen plötzlich Berge in der Eiswüste auf, deren schroffe Felsen beeindruckend in die Höhe ragten. „Das wäre auch was für eine Erstbesteigung“ schoss es mir durch den Kopf. Es waren die Thiel-Berge, und nach einer Flugzeit von zwei Stunden sagte unsere Pilotin, wir müssten tanken. Tanken? In der Antarktis? Wo bitte gibt's hier Tankstellen? Tatsächlich setzte sie das kleine Flugzeug mit den Kufen sanft zu einer Zwischenlandung bei den Thiel-Bergen auf. Mitten in dieser Eiswüste hatte man eine Tankstelle eingerichtet, in der ein einziger Tankwart lebt!

Zuerst sahen wir Fässer mit Kerosin. Ein Stückchen weiter entdeckten wir eine Schneehöhle. In diese war ein Zelt gebaut.
„Dürfen wir eintreten?“ frage ich auf Englisch in die Höhle hinein.
„Nur herein“, kam die freundliche Antwort.
Wir krochen hinein. Drinnen konnte man nicht stehen, nicht einmal knien, sondern nur liegen. So klein war die Höhle. Höchstens einen Meter hoch an ihrer höchsten Stelle. In dieser Höhle saß der Tankwart: ein Eskimo.
Gemütlich war sein Zelt, er hatte es heimelig mit Rentier-Fellen ausgepolstert. Zum Schutz vor Stürmen hat er sein Heim in diese Eishöhle eingegraben, so dass ihm das Wetter mit seinen oft brutalen Stürmen nichts anhaben konnte. Nachdem der Mann mutterseelenallein in seiner „Tankstelle“ lebt, freute er sich natürlich sehr über unseren Besuch. Wir sahen uns um. Es gab nicht viel zu sehen. Außer einem Funk-

gerät, solarbetrieben, mit dem er das Wetter an Patriot Hills meldete, und einem kleinen Kocher gab es nämlich nichts an Einrichtung. Kein Radio, kein Stuhl, kein Tisch, nicht einmal ein Buch zum Lesen.

Wie kann man denn in dieser Gegend ohne alles überleben? Das fragte ich ihn. Da zeigte er mir seinen „Wundergarten“ hinter der Höhle: Mannshohe Skulpturen aus Eis starrten mich an, halb Tiere, halb Menschen, halb Geister – Fabelwesen aus der mystischen Welt der Eskimos. Schamanen, mit Hilfsgeistern auf ihrem Rücken, für alle Fälle. Einer der freundlich blickenden Hilfsgeister hat seinen Kopf im Körper. Der Rabe, der die Dunkelheit vertrieben hat. Der Windgott, dessen Atem die Menschen erzittern lässt. Diese Eisfiguren hatte der Tankwart während seines Aufenthaltes hier aus dem Eis gehauen.

Er darf seine „Tankstelle“ auch niemals verlassen, weil er ständig seine Wetterbeobachtungen weitergeben muss. Er ist die einzige Anlaufstelle im Landesinneren und die einzige Informationsquelle für das Wetter hier. Genau zwischen dem Südpol und dem Ausgangscamp liegt seine Tankstelle, und sie ist als solche für alle Flüge von entscheidender Bedeutung.

Neben dem Eingang zu seiner Zelthöhle stand ein kleiner Iglu, in dem seine Essensvorräte lagerten. Er erzählte mir, dass er von einer Eskimo-Familie abstamme. Deshalb hatte er wohl auch keine Probleme mit Eis, Kälte und Einsamkeit. Diese Kultur hat es verstanden, dem Eismeer Lebensnischen abzutrotzen. Nicht der Rhythmus von Tag und Nacht, sondern der Wechsel zwischen monatelanger Dunkelheit und Helligkeit bestimmen ihr Dasein. Die Märchen und Mythen spiegeln ihre extremen Lebensbedingungen wider. Sie erzählen von Licht und Finsternis, von Hungerzeiten und reicher Jagd-

beute. Und von Menschen, denen geheimnisvolle Kräfte innewohnen. Und immer wieder von Tieren, mit denen sie in Gemeinschaft leben. In den Skulpturen dieses „Tankwartes" lebte die Seele der Vergangenheit der Inuit fort.
Wenn er keine Eisfiguren schnitzte, dann meditierte er, machte Yoga oder schlief. Wenn das Wetter schlecht war, dann war er wochenlang vollkommen abgeschnitten von der Welt, ganz allein in seiner winzigen Eishöhle, die er ja dann auch nicht verlassen kann. Kein Besuch, kein Kontakt, gar nichts. Aber das macht nichts aus, meinte er mit einem freundlichen Lächeln. Er lud uns ein:
„Wenn ihr auf dem Rückflug seid, bleibt doch ein paar Tage bei mir. Wenn das Wetter schlecht ist, baue ich für euch einen Iglu. Ihr könnt bei mir wohnen."
Er ist voll und ganz mit seinem Leben zufrieden. Mich hat der einsame Tankwart sehr beeindruckt. Ich spielte mit dem Gedanken, ihn zu besuchen …
Wir mussten weiter, unser Flugzeug stieg auf und setzte uns als endgültig letzte Station irgendwo mitten in der unendlichen Eiswüste wieder ab. Es gab keinen Weg mehr herein und keinen mehr heraus; wenn hier etwas schief ginge, dann mussten wir uns jetzt selbst helfen. Die Antarktis ist einer der letzten Orte der Welt, wo es noch so etwas wie physische Isolation gibt.
Das Flugzeug hob ab. Der vielleicht letzte Flug der Saison.
Ich sah ihm nach und sah es in der Ferne kleiner und kleiner werden. Ein komisches Gefühl machte sich in meiner Magengrube breit. Wir waren uns selbst überlassen.

Wie ein Teppich aus Diamanten

Wir waren allein. Allein in einer unendlichen Weite. Um nicht zu viel nachzudenken, brachen wir sofort auf, es war zehn Uhr abends und taghell. Die Sonne strahlend. Wohin ich sah, war alles weiß. Vor uns Schnee und Eis, neben uns, hinter uns. Ruhe, Schönheit und Reinheit, soweit ich sehen konnte. Wir waren Gäste in einer fremden Welt. Aber sie hatte uns nicht eingeladen, diese Welt. Und das spürte ich auch. Keinen Baum, keinen Strauch, keine Blume gab es in dieser Eiswüste. Kein Gesang eines Vogels war zu hören. Gar nichts.

Kein Mensch, der je einen Blick auf das Wunder der Antarktis geworfen hat, bleibt davon unberührt. Auch mich hat vom ersten Schritt an eine ungeheure Faszination ergriffen. Diese Klarheit! Wenn die Sonne, die um diese Jahreszeit immer noch 24 Stunden über dem Horizont um uns zog, die Eiskristalle zum Leuchten brachte, dann glitzerte und funkelte es – und mir war, als ginge ich über einen Teppich aus Diamanten.

Die Antarktis, Ziel meiner Träume! Nun war ich mittendrin. Wohl tausendmal hatte ich mir ausgemalt, wie es wohl aussehen würde hier, wie es wohl sein würde. Und nun war die Wirklichkeit noch hundertmal schöner und beeindruckender. Wo ich ging, ist vor mir noch nie ein Mensch gegangen. Was ich sehe, das haben vor mir nur ganz wenige gesehen.

Robert Scott war aufgebrochen, um der Erste zu sein.

„Ich war aufgebrochen mit 11 Männern, zwei Motorschlitten, 17 Pferden, 33 Hunden. Wir hatten 50 Tonnen Futter für die Ponies, 5 Tonnen Heu, 6 Tonnen Ölkuchen, 5 Tonnen Kleie und Haferschrot dabei und 12 Tonnen Süßwasser. Im Novem-

ber 1910 bin ich aufgebrochen, mit meinem Schiff „Terra Nova". Alles an Bord war vollgestopft mit der Ausrüstung und der Hütte für das Winterlager."

Wir sind zu dritt. Wir haben keine Hunde, Pferde oder gar Motorschlitten. Wir haben nur unsere Skier an den Füßen und einen Pulka, den wir an einem Hüftgurt hinter uns herziehen. Wir gingen mit Kurzskiern, die sehr leicht waren und eine spezielle Bindung hatten. Die Felle waren nicht aufgeklebt, sondern aufgenietet, denn bei der Kälte würde kein Kleber halten. Dazu hatten wir besondere Skischuhe, die analog zur Ausrüstung in der Raumfahrt entwickelt wurden. Es ist eigentlich ein Schuh im Schuh – der relativ weiche Innenschuh steckte in einem harten Außenschuh. Diesen haben wir in der Nacht ausgezogen und in einen der beiden Schlafsäcke zum Trocknen gelegt. Unsere Handschuhe hatten Schlaufen aus Gummi, damit sie im Wind nicht fortgeweht wurden.
Die erste Ernüchterung reißt mich aus meinen Gedanken. Als ich die ersten Schritte mit dem Pulka machte, erwies sich das Ziehen als wesentlich schwerer, als ich gedacht hatte! War ich schwächer geworden? Hatte ich die Kälte, oder gar meine Kondition unterschätzt? Ich schielte zu meinen Begleitern. Ihnen schien das nichts auszumachen. Nach einer Stunde aber machte ich meinem Erstaunen Luft:
„Der Pulka kommt mir so ungewohnt schwer zum Ziehen vor, geht's euch genauso?"
Ja, ihnen ging es genauso. Das lag am Schnee! In der Antarktis gab es „Press-Schnee", der Pulka *gleitet* nicht darüber, sondern *versinkt* fast darin! Ich hatte das Gefühl, ich ziehe ihn durch Sand, so groß war der Widerstand. Schon Scott hatte dieses Problem:

„Es ist eine unglaubliche Schinderei. Die Ponies sanken bei dem schlechten Boden sehr tief ein, fast bis zum Sprunggelenk. … Manchmal zogen wir die Schlitten selbst, sanken dann und wann ein. Wir haben große Schwierigkeiten mit dem weichen Schnee und schaffen nur etwa 11 Kilometer an einem Tag.“

Leicht würde es also nicht werden, wir würden viel mehr Kraft aufwenden müssen, als wir gedacht hatten. Doch nicht nur der Schnee war der Grund dafür, dass uns das Ziehen so schwer fiel. Wie ich später erfuhr, war unser Pulka ein Lastpulka, der normalerweise hinter einem Motorschlitten gezogen wurde. Klar, dass er dazu breite Kufen und ein schweres stabiles Gestell brauchte. Aber da hieß es: Zähne zusammen beißen! Wir mussten mit dem schweren Ungetüm klarkommen, da half nichts. Drinnen war unsere Lebensversicherung: Daunenjacke, Brennstoff, Reservezelt, zwei Schlafsäcke und die gesamte Verpflegung. Glücksbringer oder Maskottchen hatte ich übrigens keines dabei. Ich bin da ein nüchterner Mensch. Wie soll mir ein Kuscheltier oder ein magischer Stein helfen, mein Ziel zu erreichen? Wie kann mich ein Stoffbärchen trösten, wenn ich nicht mehr weiterkann. Wenn es so einfach wäre! Ich glaube nicht dran, im Zweifelsfall verlass ich mich lieber auf mich selber.
So marschierten wir dahin. Zwei Schritte, ein Atemzug, zwei Schritte, ein Atemzug. Ich sah, wie meine Atemluft sich vor meinen Augen in rieselnden Schnee auflöste. Devon hatte sich einen Bügel umgehängt, an dem der Kompass befestigt war. Es gab keinen Weg, nur noch eine Richtung. Unsere Marschroute war klar: immer nach Osten!
Das Wetter war gut, und wir hatten uns auf die kalten Temperaturen eingestellt. Gegen das starke Sonnenlicht hatten wir

Gletscherbrillen mit Nasenschutz und gegen den eisigen Wind einen Mundschutz. Wir testeten unser Tempo aus. Es musste für alle drei gut passen. Zum Glück hatten wir eine ähnliche Kondition. Optimal war es, wenn wir uns zwar anstrengten, aber nicht zu sehr ins Schwitzen gerieten. Denn erstens kostete das zu viele Kräfte, und wir hatten ja noch einen weiten beschwerlichen Weg vor uns. Und zweitens bestand beim Schwitzen in Verbindung mit dem Wind immer die Gefahr einer Lungenentzündung. Also galt es, das optimale Tempo herauszufinden.

So ganz allmählich ergab sich ein Rhythmus, *unser* Rhythmus. Und ein ganz spezieller Tagesablauf entwickelte sich, den wir fast bis zum Ende der Expedition durchziehen sollten. Wir gingen eine Stunde, dann rasteten wir eine Viertelstunde. Dann gingen wir wieder weiter. Gehen, rasten, gehen, rasten, essen. In den stündlichen Pausen mussten wir mindestens zwei Tassen Tee trinken und eine Kleinigkeit essen. Wir setzten uns dabei mit dem Rücken zum Wind auf unsere Pulkas und erholten uns etwas. Dabei war es wichtig, dass wir sofort unsere sehr dicken Daunenjacken anzogen. Denn ein wenig waren wir immer ins Schwitzen gekommen. Wie gut, dass sie gleich zuoberst auf dem Pulka waren, die Packmethode war von größter Wichtigkeit. Beim Gehen brauchten wir die Daunenjacken nicht.

In den Pausen mussten wir kleine Reparaturen an den Ski-Bindungen ausführen. Oder neuen Tee kochen aus geschmolzenem Schnee. Wenn es möglich war, dann zogen wir dafür die dicken Handschuhe aus und arbeiteten lediglich mit den dünnen. Selten auch ganz ohne Handschuhe mit bloßen Händen. Das musste dann aber ganz schnell gehen.

Während wir so dahin schritten, redeten wir nicht viel miteinander. Devon entpuppte sich als freundlicher und lustiger Geselle. Dass er 30 Jahre jünger war als wir störte keinen. Im Laufe der langen Tage taute er immer mehr auf; wir lachten gemeinsam über alle möglichen Späße. Aus unserem Dreier-Team wurden ganz allmählich Freunde.

Der längste Tag meines Lebens

Was war das für ein verrücktes Gefühl, das völlige Fehlen von Jahreszeiten und Tageszeiten. Kein Sonnenaufgang markiert den Tagesanbruch, kein Vogel zwitschert in der Früh. Keine Dunkelheit erinnert an die Müdigkeit. Der Biorhythmus orientiert sich am Rhythmus zwischen Hell und Dunkel. Die innere Uhr tickt nicht mehr wie gewohnt. Tag und Nacht verloren hier plötzlich ihre ursprüngliche Bedeutung. An die Stelle der äußeren Tages-Einteilung muss die eigene Planung kommen. Und die sah folgendermaßen aus.
Wir einigten uns auf eine Uhrzeit, um aufzustehen: Das war um sieben Uhr morgens. Ich war meist der Erste. Brr, war das kalt!
„Guten Morgen, Männer! Der Tag beginnt!"
„Du musst dich täuschen, Schorsch, es ist doch noch ganz hell. Es war noch nicht Nacht!"
Gekicher kam aus Richards Schlafsack.
„Oh morning has broken." Auch Devon war wach.
Richard lag mir gegenüber im Schlafsack und schaute mich aufmerksam an.
„Irgendwie ist deine Nase leicht bläulich. Pass mal besser drauf auf!"
Es gehörte zu unseren täglichen Ritualen: Wir schauten uns am Morgen an, ob auch alle die Nacht gut überstanden hatten, ob einer vielleicht Zeichen von Erfrierungen im Gesicht hatte oder etwas Ähnliches. Oft merkt es ein anderer eher als man selber. Ich rieb meine Nase mit Schnee ab.
Wir öffneten die „Küche", einen Teil in unserem Zelt. Dort machten wir Frühstück. Wir schmolzen Schneewasser für den Tee, manchmal gab es auch Kaffee oder Kakao. Dazu aßen

wir eine Kleinigkeit. Nicht zuviel, damit es uns nicht schon am Anfang eines Tages beschweren würde, vielleicht einen Schokoriegel oder ein paar Kekse. Mit vollem Magen läuft sich's schlecht. Danach bauten wir das Zelt ab, packten sehr gewissenhaft unsere Pulkas, so wie wir es gelernt hatten, und so, wie es sich bereits bewährt hatte. Es konnte losgehen. Das Wetter spielte immer noch eine wichtige Rolle, die wichtigste. Nur mit einem Unterschied: wir mussten es nehmen, wie's kam!
Nach einigen Stunden zeigte unsere Uhr Mittag an. Schnitzel, oder ein Hühnchen mit Reis, danach womöglich ein komfortables Mittagsschläfchen? Schön wäre das zwar schon gewesen, aber natürlich machten wir keine spezielle Mittagspause. Mittags in dem Sinn gab es eigentlich gar nicht. Es war wie die anderen Unterbrechungen auch nur ein Viertelstündchen, wir setzten uns auf unsere Pulkas und tranken einen Becher Tee oder Kakao und aßen eine Kleinigkeit. Danach marschierten wir wieder weiter. Ein voller Bauch wäre äußerst hinderlich gewesen. Und außerdem wollten wir auch keine Zeit verlieren, solange das Wetter gut war und wir dahingehen konnten. Manchmal war das Gelände schwieriger, manchmal leichter. Je nachdem, wie hart oder weich der Schnee war. Und auch, wie stark oder leicht es bergauf ging. Selbst eine leichte Steigung macht sich beim Ziehen des schweren Schlittens sofort bemerkbar. Aber wir waren fit und schritten gut dahin.

Die Antarktis ist der sauberste Kontinent auf der Welt. Und so ist es klar, dass jeglicher Dreck wieder mit herausgenommen wird. So verhält es sich auch mit den Fäkalien! Jedes „große Geschäft", das wir verrichtet haben, haben wir fein

säuberlich aus dem Schnee ausgegraben und in einen Behälter auf unseren Pulka gepackt. Diese immer größer werdende Last zogen wir fortwährend mit uns herum.
Mit den „kleinen Geschäften" funktionierte es anders. Wir hatten jeder eine Flasche, in die wir hineinpinkelten. Das war vor allem in der Nacht sehr praktisch – wir mussten nicht jedes Mal extra aus dem Schlafsack in die Kälte hinaus kriechen. Jeden Morgen leerten wir die Flasche dann aus. Ein Stück entfernt von unserem Zelt schütteten wir den Inhalt in den Schnee. Entfernt deswegen, weil wir aus dem Schnee vor dem Zelt auch unseren Tee für den ganzen Tag kochten. Und der musste natürlich sauber sein!
Einmal passierte mir ein folgenschweres Malheur: Ich vergaß, eines Morgens meine Flasche auszuleeren. Was geschah? Der Inhalt der Flasche war tief gefroren, als ich mein Versäumnis endlich bemerkte. Das war sehr ärgerlich, denn ich musste die Flasche ja wieder benützen! Wie konnte ich das Zeug denn nun herausbringen? Die Flasche durfte keinen Schaden nehmen. Devon hatte schließlich die rettende Idee: Er stellte meine Flasche auf die Seite des Zeltes, auf die die Sonne während ihrer horizontalen Bahn die ganze Nacht lang schien. So taute der Inhalt an dieser „warmen" und windgeschützten Stelle nach einigen Stunden wieder auf und konnte entsorgt werden. Das war mir eine Lehre, und es passierte mir auch nicht wieder!

So verging der Tag. Nach Ablauf von etwa zwölf Stunden einigten wir uns darauf, dass es nun „abends" sei. Wir suchten uns einen Lagerplatz. Da brauchten wir allerdings nicht lange zu suchen, denn das Gelände war ja überall gleich. Jeder Platz war gleich gut, doch wenn wir großes Glück hatten, fanden

wir als Lagerplatz eine Mulde oder ein Schneefeld mit besonders weichem Schnee. Was für eine Wohltat für unseren Rücken, aber das gab's leider nicht zu oft.
Wir bauten unser Zelt auf und bereiteten uns ein Abendessen. Das war die aufwändigste Mahlzeit am Tag. Da gab es durchaus mal Nudeln, in die wir Würstl hinein schnitten. Auch die päpstliche Salami erfreute uns noch über eine Woche lang. Ein anderes Mal gab es Suppe. Wir aßen jedes Mal mit einem Riesenappetit. Ich genoss dieses Essen und die Ruhe nach einem harten Tag. Wir hatten es uns wohlverdient, und mit jedem Abendessen waren wir unserem großen Traum etwas näher gekommen. Außerdem sorgte das Essen auch für Abwechslung in unserem doch recht eintönigen Tagesablauf.
Wir ließen noch einmal den Tag an uns vorbeiziehen, besprachen den nächsten Tag. Dann war es Zeit, zu schlafen. Wir setzten uns bei strahlendem Sonnenschein ins Zelt und beschlossen, dass die Nacht angebrochen sei. Was für ein absurdes Gefühl! Es zeigt, wie sehr der Mensch von dem natürlichen Wechsel der Tageszeiten bestimmt ist. Fast fühlte ich mich orientierungslos. Aber ich gewöhnte mich schnell daran. Am Abend waren wir ja von der Leistung des Tages auch rechtschaffen müde, so dass die ungewohnte Helligkeit zweitrangig wurde.

Weiter als gedacht

Ein paar Tage waren wir nun schon im ewigen Eis unterwegs. Die anfänglichen Schwierigkeiten hatten wir gemeistert. Es ging recht gut dahin. „Wir kommen zurecht", dachte ich bei mir. Geht doch! Wie lange würden wir denn unterwegs sein? Ich war davon ausgegangen, dass ich in der Stunde im Schnitt sechs Kilometer gehe. Das schaffe ich bergauf oder mit schwerem Rucksack, das wusste ich von meinen zahlreichen Expeditionen. Meine Kameraden stimmten mir zu, und darauf beruhten unsere Berechnungen.

Doch nicht so in der Antarktis! Wir waren an so manchen Tag sechs bis acht Stunden gegangen und hatten am Abend, als wir unsere Position bestimmten, höchstens 15 Kilometer geschafft, oft sogar weniger. Das war ein böses Erwachen!

„Das gibt's doch nicht!" rief ich aus, als Devon es mir eines Abends wieder mitteilte. „Ich gehe unter allen Bedingungen mindestens fünf Kilometer in der Stunde! Du musst dich verrechnet haben!"

Doch Devon hatte sich nicht verrechnet. In unseren Pausen navigierten wir mit dem GPS-Gerät häufig unsere Position und wir konnten das Ergebnis kaum glauben. Wir hatten uns schon viel weiter gewähnt! Woran konnte das nur liegen? Devon meinte, es sei klar, denn wir gingen ja ständig leicht bergauf, was wir aber so nicht deutlich bemerkten. Und auch wenn man das nicht sieht oder wirklich fühlt, macht sich die dünne Luft in dieser Höhe bemerkbar. Um es genau zu wissen, beschlossen wir eines Morgens beim Frühstück, einen ganzen Tag lang unsere Schritte zu zählen, jeder für sich.

Was für ein Unterfangen! An diesem Tag brauchten wir kein Gesprächsthema. Am Morgen ging's noch, wir zählten leise, dann mal wieder laut, dann wieder still. Jeder für sich. Ich zählte die meiste Zeit nur in Gedanken. In den Pausen teilten wir uns die Zwischenstände mit. Und weiter ging's. Am Nachmittag hatte ich mit Konzentrationsschwierigkeiten zu kämpfen. Lag das daran, dass bei diesen niedrigen Temperaturen die Körperfunktionen auf Sparflamme laufen? Ich riss mich zusammen und zählte weiter. Wo war ich – bei 2363 oder 2364? Oder waren es schon 3364? Etwa zehnmal hatte ich das Gefühl, mich komplett verzählt zu haben. Aber wir hielten alle durch, und am Abend hatte ich einen Tag mit 11204 Schritten hinter mir.

Aus der mühsamen Zählung von allen dreien bildeten wir dann einen Mittelwert, bestimmten die Tagesleistung und waren vom Ergebnis erstaunt. Es kam ans Licht: wir machten ungeheuer *kleine* Schritte. Das war uns überhaupt nicht aufgefallen! Jeder Schritt maß nur etwa 40 Zentimeter. Der Grund dafür lag, wie schon bei dem schweren Schlitten, in erster Linie an dem unerwartet stumpfen Schnee.

Gingen wir so weiter, würden wir viel später am Südpol ankommen als geplant. Die Gefahr von Polarstürmen als Vorboten der hereinbrechenden Polarnacht würde größer werden. Wir mussten alles neu überdenken. Es gab nicht viele Möglichkeiten, etwas zu verändern: Länger am Tag gehen, kam nicht in Frage, denn wir mussten mit unseren Kräften sehr genau haushalten. Ein schnelles Tempo bewährt sich auf Dauer nicht. Es erschöpft zu sehr. Ein Verausgaben oder ein Kräfteverschleiß hätte fatale Folgen.

Ein neues Ausbalancieren der Geschwindigkeit, die wir so mühsam gefunden hatten, kam ebenfalls nicht in Frage. Wir hatten unser Tempo, das allen dreien passte, genau ins Gleichgewicht gebracht. So blieb uns nur, mehr Tage für die gesamte

Expedition einzuplanen, wenn wir ans Ziel kommen wollten. Und das schien uns auch noch im Bereich des Möglichen. Wir hatten genug Nahrung dabei, und wir hatten ja schließlich „Sicherheitstage" eingeplant. Zudem waren wir in Patriot Hills schnell weitergekommen und hatten viel Zeit gespart. Wir lagen also bestens in der Zeit und konnten uns ein paar Tage mehr gönnen. Dass es ja nie dunkel wurde, war in diesem Fall ein großer Vorteil. Wir standen auch schon einmal mitten in der Nacht auf und gingen los. Wir konnten die Tage beliebig drehen. Genau, wie wir sie brauchten. Und je nach Wetterverhältnissen marschierten wir ein paar Stunden länger in den Abend hinein, wenn wir uns gut fühlten. Oder ein paar Stunden weniger, wenn uns schlechtes Wetter ins Zelt zwang.

Wir hatten es uns auch angewöhnt, die anderen beiden den ganzen Tag über jeweils genau zu beobachten. Das kann lebenswichtig sein und stärkte ungemein den Teamgeist. Bei allen Dingen schauten wir uns gegenseitig zu und sagten sofort, wenn uns irgendetwas beim anderen auffiel:

„Richard, du hast Deine Daunenjacke zu weit unten hin gepackt!"

„Willst du nicht mal was trinken, Devon, dein Tee ist leer!"

„Schorsch, pack deine Nase ein, die wird langsam blau!"

Es herrschte ein rüder Ton. Aber ich war nicht böse drüber – im Gegenteil. Die Härte war getragen von echter Kameradschaft, und unsere kleine Gruppe hielt zusammen wie Pech und Schwefel. Einmal wollte ich eine kurze Weile ohne Sonnenbrille gehen, ich hatte irgendwie das Verlangen, die Gegend ohne dämpfende Gläser anzuschauen und dachte mir, ein bisschen wird das schon funktionieren. Wird schon nichts passieren! Zu dem Zeitpunkt zog ich meinen Schlitten als Letzter, es würde auch keiner mitbekommen. Denkste!

„Du setzt deine Sonnenbrille auf, Schorsch! Was soll denn das?“
Sofort kam die Ermahnung von Richard.
„Wir wollen alle ankommen, oder keiner. Heldentum oder Extravaganzen haben in der Antarktis nichts zu suchen. Hier ist die starke Reflexion der Sonne, hier ist die Höhenluft. So sind die Umstände und das ist die Realität. Klar?“
Es war klar. Ich hatte absolutes Glück mit meinen Begleitern, das sollte sich im Verlauf dieser Expedition immer wieder bewahrheiten.

Ein Zelt zum Überleben

Der Wind raste übers Eis. Mit sechzig, achtzig, mit hundert und gar zweihundert Stundenkilometern braust er über das Eis. Das war auch ein Geräusch, besser gesagt, ein Lärm, der mich während der gesamten Zeit, tags wie nachts, ständig begleitete und sich auch nach der Expedition noch weiter in meinen Ohren festsetzte. Es klang mir noch lange nach.

Wir mussten natürlich bei jedem Wind und jeder Witterung in unser Zelt hinein. Eine Nacht ohne Zelt wäre unser sicherer Tod. Ein schützendes Zelt ist bei den herrschenden Temperaturen von minus dreißig bis vierzig Grad schon allein deswegen wichtig, weil es bei den Windgeschwindigkeiten unvermeidlich zu starken Erfrierungen kommt! Durch den Windchill, der gefühlten Temperatur, fühlt man selbst bei nur minus 15 Grad bei einem Wind von nur 40 km/h eine Temperatur von minus 40 Grad! Jetzt hatten wir aber für gewöhnlich minus 35 Grad! Die Eiskälte ließ meine Gesichtszüge einfrieren. Das Zelt muss also um jeden Preis aufgebaut werden. Und das wurde zum echten Dreh- und Angelpunkt. Ich hatte mir das anfangs nicht so recht vorstellen können. Ein Zelt aufbauen, das schaffte ich doch überall. Natürlich hatte ich gelesen, dass es schwierig war, aber dass es in der Antarktis so überlebenswichtig war, sein Zelt richtig aufzubauen, das erfuhr ich bereits in der zweiten Nacht. Es wurde zur echten Herausforderung, obwohl wir drei keine Anfänger waren, sondern ein erfahrenes Team. Man konnte sich ja nicht einen Zeltplatz suchen und sich mit ein paar Handgriffen sein Zelt aufbauen, so wie überall auf der Welt. Ich hatte ja keinen Campingplatz erwartet mit gemütlichem Zeltaufbauen am Abend. Doch es kamen in der Antarktis ungeahnte Probleme

auf mich zu. Das Zelt musste um jeden Preis bei jedem Wetter aufgebaut werden. Doch sobald wir unser Zelt aus dem Pulka packten, zerrte und riss der Wind an der Plane. Wir mussten all unsere Kräfte zusammennehmen, um es festhalten zu können. Und genau darin liegt die große Gefahr. Wenn es uns nicht gelang, es festzuhalten und der Wind es uns auch nur ein einziges Mal aus den Händen riss, dann war es weg! Und es blieb nicht etwa am nächsten Baum oder am Nachbarhaus hängen, nein, es würde über die endlose Weite des Eises ungebremst in die ewigen Eisgründe geweht werden. Es gibt hunderte, nein tausende von Kilometern nichts, einfach nichts! Das Zelt wäre weg und wir hätten keinerlei Chance, es jemals irgendwo wieder zu finden.
Allein der Gedanke, dass mir der Sturm beim Aufbau das Zelt wegreißen könnte, ließ bei mir den kalten Schweiß ausbrechen. Ich ging noch konzentrierter als sonst ans Werk. Am besten bauten wir das Zelt auf, so schnell wir konnten, das minimierte die Gefahr, besonders bei starkem Sturm. Damit es überhaupt funktionieren konnte, hatte jeder eine feste ihm zugeteilte Aufgabe. Es war ohnehin schwierig, sich während des Aufbaus noch gegenseitig Anweisungen zuzurufen. Das musste natürlich reibungslos funktionieren!
Meine Aufgabe war es, die Zeltplane festzuhalten. Und dieses Halten hatte es in sich. Es hatte vierzig Grad minus und ich hatte ein paar dünne und mindestens zwei paar dicke Handschuhe an. Meine Hände waren absolut gefühllos und überhaupt nicht in der Lage, irgendetwas zu packen oder zu halten. Die Angst, das Zelt könnte weggeweht werden, ließ meinen Adrenalinspiegel in die Höhe schnellen! Ich hielt das Zelt mit meinen Zähnen, mit den Füßen und mit den Händen fest, bis meine Kameraden die Stangen gesetzt hatten und die Eis-

schrauben in den Boden gebohrt hatten. So konnte es nicht mehr wegfliegen.

„Bloß nicht auskommen lassen“, dachte ich ständig vor mich hin, „bloß nicht auskommen lassen“, bis endlich die erlösende Verankerung saß.

Doch damit war es noch nicht zu Ende, die Gefahr noch nicht gebannt. Auch der weitere Ablauf war durchorganisiert. Ich war derjenige, der als erstes in das Zelt hineinging, und ich habe mich drinnen als erstes mal verkrochen. Ich habe meine dicken Spezialschuhe und alles, was ich sonst noch anhatte, mit in den Schlafsack hinein genommen. Ich hoffte, dass es vielleicht am nächsten Tag trocken sein würde, oder zumindest *etwas* trockener.

Für gewöhnlich hatte ich sechs Schichten an Kleidung übereinander an meinem Körper. Wenn ich die erste Schicht, eine dicke Jacke, abends auszog, dann war sie außen gefroren. Logisch, bei den eisigen Außentemperaturen. Aber – sie war auch innen gefroren. Das lag an den Ausdünstungen, die jeder Mensch hat, noch dazu, wenn er sich anstrengt. So war zwischen jedem Kleidungsstück eine Eisschicht, aber durch unsere Funktions-Unterwäsche blieb die Haut trocken.

Leider konnten wir die Unterwäsche nicht ausziehen und zum Auftauen und Trocknen aufhängen – vielleicht in die Waschmaschine damit und schnell was anderes anziehen. Für den Fall, dass die Tageskleidung nass oder gefroren war, hatten wir eine Reservekleidung für die Nacht dabei. Aber wie die Tageskleidung wieder funktionsfähig machen? Wir hatten ja aus Gewichtsgründen auch nicht unbegrenzt Wechselkleidung dabei. Ich erinnerte mich, wie Scott und seine Männer mit ihren Ausrüstungen kämpften. Wie sie ihre Felle kaum trocknen konnten, wie sie dreißig Minuten brauchten, um überhaupt in ihre Schlafsäcke hineinzukriechen. Sie mussten so vorsichtig sein, damit die hart und spröde gewordenen Fellsäcke nicht brachen! Unvorstellbar, wie diese Männer damals mit ihrer Kleidung die Kälte erlebt haben müssen. Genauso die Schuhe. Ich hatte extradicke Spezialschuhe an. Was hatte Scott? Die hatten nur normale Winterschuhe und sieben Paar Socken übereinander an den Füßen angezogen. Darüber hatten sie einen selbst gebastelten Schuh gezogen. Zum Wechseln ihrer Fußkleidung, wie Scott es nannte, brauchten sie an manchen Tagen eineinhalb Stunden!

Verglichen mit damals hatten wir's wiederum gut. Trotzdem, es war ein scheußliches Gefühl, das nasse gefrorene Zeug in der Früh anzuziehen. Gefährlich war es zudem, Unterkühlung und Lungenentzündung drohten.

Aber wie die Kleidung trocken bekommen? Aus dieser Not heraus kamen wir auf einen *Trick*, den wir am Anfang noch nicht gewusst hatten. Der Horizont in der Antarktis ist nicht so wie bei uns, sondern ziemlich flach – so wie die Sonne auch keinen hohen Kreis zieht, sondern ebenfalls eine relativ flache Kurve macht. Und wieder erwies es sich als Vorteil, dass die Sonne am Polartag so viele Monate nicht untergeht. Wir bauten unser Zelt so auf, dass die Sonne am „Abend" die Breitseite der Zeltwand voll anscheinen konnte. Im Inneren des Zeltes wehte kein Wind, und die Sonne hatte eine gewaltige Kraft. Und an diese Wand haben wir unsere Kleidung gehängt und so die Sonnenkraft in der „Nacht" optimal ausgenützt. Ein Erfahrungswert, der uns sehr nützte! So manches Kleidungsstück war während der Schlafenszeit auf diese Weise zumindest halbwegs wieder aufgetaut und getrocknet.

Wichtig war auch, dass während dieser Stunden auch die

wichtigsten kleinen Kleidungsstücke, wie Handschuhe oder Socken, wenigstens ein bisschen auftauen konnten. Damit wir am nächsten Tag in der Früh, wenn wir aus dem warmen Schlafsack krochen, nicht sofort wieder in das gefrorene Zeug schlüpfen mussten. Diese Kleidungsteile hängten wir in unserem Zelt ganz oben unter das Zeltdach auf eine Stange, die das Zelt von der „Küchenzeile“ abtrennte. Eine Schlüsselstelle, aber sehr geeignet zum Trocknen!

Eine unmögliche Möglichkeit

Ein Gefühl, das mich während der gesamten Expedition begleitete, mal mehr, mal weniger, war das Gefühl, andauernd zu frieren. Nicht sehr verwunderlich, wenn man zu Fuß durch die Antarktis geht. Verwunderlich ist es nicht, aber dass einen das Gefühl gar nicht mehr verlässt, ist schon eine eigenartige Erfahrung. Ich sollte es vielleicht mehr ein „kaltes Gefühl" nennen. Dieses Frieren wurde mein ständiger Begleiter, ohne dass ich das Gefühl hatte, ich könnte es nicht mehr aushalten. Ich war froh über meine Vorbereitung im fernen Münchner Kühlhaus.

Während des Gehens am Tag fror ich nur ein bisschen, gleichzeitig war mir auch warm. Ich lernte, dass heiß und kalt sehr nah beieinander lagen. Ins Schwitzen durfte ich nicht kommen, sonst würde die Ausdünstung sofort an mir festfrieren, und außerdem würde ich zuviel Kräfte verbrauchen. Ich ging immer leicht unter der „Schwitz-Grenze".

Auf der anderen Seite war das Frieren natürlich auch ein Warnzeichen, wenn es stärker wurde. Frieren und Angst sind wichtige Gefühle auf so einer Expedition. Warnen sie doch vor ernsten Gefahren! Und Erfrierungen waren natürlich unbedingt zu vermeiden. Wir konnten nicht eine einzige Stelle des Körpers unbedeckt lassen. Beim Gehen blies uns der berüchtigte antarktische Wind entgegen und zwar immer von der gleichen Seite. Das hatte zur Folge, dass wir uns nur mit Gesichtsmaske fortbewegen konnten. So war das gesamte Gesicht, einschließlich Nase und Augen, abgedeckt. Durch die Atemluft war die Maske jedoch ständig vereist, was das At-

men natürlich wieder enorm erschwerte. Wir kamen auch deswegen nur langsam vorwärts.
Wie gerne hätte ich diesen hinderlichen Kälteschutz abgenommen, aber jeder Versuch, es zu tun, scheiterte sofort. Durch den eisigen Polarwind hätte die empfindliche Nase sofort Schaden genommen. Erfrierungen dieser Art wollten wir uns auf keinen Fall durch Bequemlichkeit oder Leichtsinn selber einhandeln. So setzte ich die Maske schnell wieder auf. Aber irgendetwas musste passieren, sonst wäre mir auf Dauer das Atmen zu schwer gefallen. Ich bekam durch die Öffnung nicht die Luft, die ich bei dieser Anstrengung brauchte. So konnte es nicht weitergehen. Mir blieb ja regelrecht die Luft weg!
Die Kameraden schienen gut klarzukommen. Ich überlegte hin und her. Sollte ich vielleicht mit einem Messer ein Loch in die Mundöffnung schneiden und sie so erweitern? Riskiere ich damit, dass die Maske dann durchlässiger wird und nicht mehr brauchbar ist? Nein, ich lasse es lieber sein. Ging weiter. Keuchte in meine Maske hinein. So ging's auch nicht! Atemnot war keine Alternative. Ich entschied mich. Ich nahm die Maske ab und schnitt, so schnell ich konnte, ein Loch in die Mundöffnung. Ich blieb hängen, das Messer kam nicht durch. Ich begann sofort, das Eis wie ein Brennen auf meiner Gesichtshaut zu spüren. Ich schnitt und drückte mit aller Kraft. Es gelang. Ich hatte es gut erwischt. Das Loch war groß genug, um zu atmen, und klein genug, damit mich die Maske weiterhin schützen konnte. Ich atmete auf. Ich konnte meinen Weg fortsetzen.

Wir gingen in flottem Tempo dahin, in der unendlichen Weite verloren sich meine Gedanken. An alles Mögliche dachte ich.

An Zuhause, an meinen Garten. Und eines dachte ich bereits zum wiederholten Mal: „Wenn ich wieder daheim bin, dann werde ich nach Bad Füssing gehen und werde dort meine Zehen und meinen strapazierten Körper in ein schönes warmes Wasser legen“. Das war ein so schöner Gedanke, dass ich gleich gar nicht mehr aufhören wollte, ihn zu denken. Und so in Gedanken versunken, stutzte ich plötzlich. Ich weiß nicht mehr, wer es zuerst gesehen hatte: In der komplett weißen Landschaft erkannte ich – ganz weit in der Ferne – einen schwarzen Punkt. Das Letzte, was wir statt ewiger flacher Weite gesehen hatten, waren die Thiel-Berge, die aus dem Eis herausragten. Aber das hier? Was auch immer es war, Berge waren es jedenfalls nicht. Soviel war klar. Fasziniert starrten wir in die Richtung, in der der schwarze Punkt eindeutig sichtbar wurde. Und was uns erst recht verblüffte: „Du, der bewegt sich ja!“ Richard glaubte zu träumen. Was konnte denn das bloß sein? Mitten in der Antarktis ein schwarzer Punkt, der sich bewegt – das war unvorstellbar für uns.

Ein Eisbär? Eisbären gibt es in der Antarktis nicht. Ein verirrter Husky? Ein Pinguin? Ein einzelner Pinguin konnte es auf dem Inlandeis auch nicht sein, was sollte er hier denn mitten in dieser Eiswüste fressen!

Seehunde? Gibt's auch nicht.

Also was blieb? Wir änderten unsere ursprüngliche Route und gingen direkt auf den geheimnisvollen schwarzen Punkt zu. Ganz langsam kamen wir ihm näher. Wir konnten ihn aber nicht genau sehen, weil sich wieder ein Sturm mit leichtem Schneefall einstellte und uns die Sicht versperrte. Aber als wir nahe genug waren, trauten wir unseren Augen nicht! Es war ein *Radfahrer!* Ein Außerirdischer hätte mich nicht wesentlich mehr verblüffen können. War ich wach oder hatte ich eine

Vision? Es war tatsächlich ein Erdenmensch, einer mit einem Fahrrad. Er zog einen Pulka hinter sich her. Allerdings drehten die dicken Reifen immer wieder durch, sodass ein Weiterkommen nur sehr mühsam und langsam möglich war.

„Ja bist denn du total narrisch?" fragte ich ihn fassungslos. Was um Himmels willen macht ein Radler mutterseelenallein mitten in der Antarktis? Ich bin durch die halbe Welt geradelt, die erste Tour führte mich von meiner Alm aus zu den Pyramiden nach Ägypten, wo man mir mein Radl gestohlen hat und ich mir daraufhin ein Kamel kaufte. Ich bin durch den Oman geradelt – da gab es in ganz Oman drei Fahrräder. Eines hatte ich, eines der Sohn des Botschafters und das dritte hatte ein Wächter, der damit um seine Plantagen fuhr und sie bewachte. Ich bin durch Südamerika geradelt, wo ich eine Inkastadt entdeckt habe, ich habe die erste Alleindurchquerung von Tibet mit dem Rad geschafft. Ich kenne mich auf der Welt aus mit Radeln – aber durch die *Antarktis* zu radeln, das wäre mir niemals eingefallen!

Es war ein junger Amerikaner, der mit seinem Gefährt einen neuen Rekord aufstellen und als erster Mensch mit einem Fahrrad den Südpol erreichen wollte. Sein Radl war selbstgebaut und hatte dicke Ballonreifen, damit sie nicht einsinken konnten. Er war in der Eiswüste abgesetzt worden und dann einfach Richtung Süden losgeradelt.

Für jeden vernünftigen Menschen wäre es sonnenklar, dass diese Strecke niemals mit einem Radl bewältigt werden könnte. Mittlerweile hatte es der Mann auch einsehen müssen. Es wäre doch kälter als er gedacht hatte, gab er zu. Und er hatte erkennen müssen, dass er ein falsches Transportmittel gewählt hatte. Der Kraftaufwand war enorm und stand in keinem Verhältnis zur zurückgelegten Entfernung. Der Weg

war in allen Aspekten schwieriger als er es sich vorgestellt hatte.
„I like to go home“, meinte er nur noch erschöpft. Er forderte per Satellitentelefon ein Flugzeug an und bat darum, ihn möglichst schnell auszufliegen. Das war ein ungeheuer teures Vergnügen für ihn, aber er war am Ende seiner Kräfte. Wir gaben ihm etwas zu essen von unseren Vorräten; wir hatten genug dabei, und er schien es sehr nötig zu haben. Wir gingen noch ein Stück gemeinsam und bauten am Abend unsere Zelte zusammen auf. Er schien geheilt von seinem verrückten Vorhaben. So schien es aber nur! Aufgewärmt und satt wie er dann war, fasste er gleich den Plan, es im nächsten Jahr wieder zu versuchen!
Am nächsten Tag verließ er uns. Wir bräuchten uns keine Sorgen machen, versicherte er uns. Er hatte sein Zelt und genug Brennstoff dabei, und so ließen wir ihn zum vereinbarten Treffpunkt ziehen, von wo er ausgeflogen werden sollte.
Wenn ich diesen Radler nicht mit eigenen Augen gesehen hätte, ich würde das niemals glauben. Ich nahm mir vor, diese Geschichte jedem zu erzählen, der mich im Vorfeld für verrückt erklärt hatte. Diese Strapazen, diese Kälte, auch noch freiwillig – so was in der Art hatte ich mir anhören müssen. In Anbetracht des Südpol-Radlers fühlte ich mich ungeheuer normal. Verrücktheit ist eben relativ.
Ausgerechnet dieser Radler hatte uns bei der Begrüßung gefragt: Seid Ihr die verrückten Alten, die zum Südpol laufen wollen?!

Der Orkan

Ich pfiff vor mich hin. Wir waren gut in der Zeit, unsere Vorräte würden reichen, das Wetter spielte mit, zumindest weitgehend. An das Einsinken des Pulkas hatte ich mich gewöhnt. Wir mussten 12 bis 15 Kilometer am Tag bewältigen, dann würden wir den Südpol rechtzeitig erreichen. Ab dem zehnten Februar beginnen die Vorboten der Polarnacht. Bis dahin mussten wir die Forschungsstation erreicht haben. Danach schließt sie, und ein Ausfliegen war unmöglich. Und nach Überwintern am Pol war mir nicht zumute. Aber alles war soweit in den Bahnen und unsere Expedition nahm einen guten Verlauf. Marschgeschwindigkeit und Tagesleistung waren eingependelt und passten.

Wir kamen gut voran und mir fielen die Worte eines befreundeten Wissenschaftlers ein: „Ihr werdet etwa 60 Kilometer vor dem Südpol die Bauten der amerikanischen Forschungsstation sehen". Nach unseren Berechnungen könnte das bereits möglich sein. Es wäre zwar immer noch ein weiter Weg, aber mit dem Ziel vor Augen rückt es doch soviel näher! Ich hielt Ausschau. Aber der Horizont blieb endlos weiß. Nichts war zu sehen.

Die Uhr zeigte Abend. Wir saßen zusammen im Zelt und schmolzen Eiswasser für einen Tee. Ich freute mich darauf, er würde mich wieder aufwärmen. Wir plauderten von unseren Erlebnissen und sprachen davon, am nächsten Tag oder spätestens am übernächsten unser Ziel in Augenschein zu nehmen. Fast war der Tee heiß. Auf einmal brauste es draußen mit gewaltigem Getöse los – ein Windstoß rüttelte an unserem Zelt. Ah, wieder mal ein Sturm, dachte ich. Sollte er doch kommen. Die Nacht waren wir ohnehin im Zelt und morgen früh würden wir wieder weitergehen. Wir würden also durch einen neuerlichen Sturm keine Zeit verlieren. Unser Abendessen war fast fertig. Devon hatte Gulasch Stroganoff gekocht.

Da begann das Inferno. Wie ein Hammer prallte ein eisiger Windstoß gegen die Zeltwand, genau an die Stelle, wo ich stand. Innerhalb von Sekunden krachte der Schnee in Massen an das Zelt und ergoss sich über das Dach. Mit ungeheurer Gewalt schleuderte der Orkan die Zeltplanen gegen die Stangen. Das Zelt hob sich bedrohlich und war dabei, vom Boden abzuheben.

Panik ergriff uns. „An die Stangen!" brüllte ich. Wir klammerten uns blitzschnell an die Zeltstangen und konnten die Katastrophe gerade noch verhindern. Mit unserer ganzen Kraft hielten wir die Stangen fest am Boden. Es vergingen Minuten, eine Stunde, zwei, drei. Ununterbrochen tobte der Sturm weiter, zerrte und zog am Zelt, gönnte uns keine Verschnaufpause. Währenddessen legten sich die Schneemassen wie Zement um unser Zelt. Sie würden uns unter sich begraben, wenn wir nicht eingriffen! Unsere Kräfte erlahmten allmählich. Lange würden wir das ohnehin nicht aushalten, das war klar. Wir mussten uns in unserer Notlage organisieren. Einer musste raus in die Wetterhölle. Nur wer?

Es traf mich. Richard und Devon stemmten sich gegen die Stangen, während ich hinaus kroch, um das Zelt auszuschaufeln. Ich kämpfte mich durch den Eingang hinaus. Eisige Orkanstöße peitschten mir ins Gesicht. Ich schätzte sie auf 180 Stundenkilometer. Es war kein Himmel und kein Schnee mehr zu erkennen, alles verschwamm zu einem einzigen Grau. Waagrecht flogen die Eiskristalle daher. Ich versuchte mich auf den Beinen zu halten, rutschte um das Zelt herum und schaufelte eine Stunde den schweren Pressschnee von der Zeltplane. Trotz der Eiseskälte kam ich ins Schwitzen. Dann kroch ich wieder ins Zelt, in meinen Schlafsack und schlief sofort erschöpft ein. Aber lange währte diese Ruhe nicht. Nur eine Stunde, dann weckten mich die Kameraden wieder auf. Ich war mit Halten dran. Richard war der nächste, der zum Schaufeln raus musste. Auch er kam nach einer Stunde wieder und gönnte sich eine Stunde Ruhe.

So ging es weiter, Stunde um Stunde. Einer hielt die Stangen, einer schaufelte und der dritte nützte die Gelegenheit zum Schlafen. Wir wechselten uns ständig ab. Der Orkan ließ noch immer nicht nach. War denn kein Ende in Sicht? Mit einem derart brutalen Eissturm hatten wir nicht gerechnet. Was für eine Überwindung war es, nach der kurzen Pause aus dem Tiefschlaf gerissen zu werden und sich nach draußen zu schälen!
Um uns zu entlasten, schlug ich vor, eine Wand aus Schnee- oder Eisblöcken zu errichten. Sie hätte unser Zelt schützen können. Aber der Versuch schlug fehl, der lockere Triebschnee eignete sich nicht zum Bauen eines Schutzwalls. Er brach in sich zusammen, und unsere Kräfte waren vergeudet gewesen. So mussten wir wieder abwechselnd festhalten, Schnee räumen, Essen und Trinken zubereiten und schlafen! So verging die Nacht. Wir dachten, diesen Tag haben wir in unserer Planung verloren. Das würde nicht soviel ausmachen. Aber wir verloren noch einen, und danach noch einen Tag. Wir verloren endlos kostbare Zeit.

Es hörte und hörte nicht auf. Das Zerren und Fauchen des

Sturmes an den Zeltwänden hörte ich im Schlaf, im Halbschlaf, am Tag, beim Essen, immer. Wieder war es ein neuer Tag, den wir mit dem Festhalten des Zeltes verbrachten.
„Devon, wie ist das Wetter?“
„Keine Änderung in Sicht.“
„Du musst dich täuschen!“
Am Abend waren wir frustriert. Und erschöpft. Aber keiner war so richtig müde. Eine graue Helligkeit hatte sich ausgebreitet, wenn ich meinen Kopf vorsichtig aus dem Zelt streckte. War's Tag, war's Nacht? Ich wusste es nicht, ich hätte es beim besten Willen nicht sagen können. Ich habe nichts gespürt, was mir einen Hinweis gegeben hätte. Keine Müdigkeit, keine Dämmerung. Der Himmel war nicht zu sehen. Also sah ich auf die Uhr. Sie zeigte 23.00 Uhr. Es war zwar nicht dunkel, aber es war die Zeit unseres 24-Stunden-Tages, die wir aus Gewohnheit „Nacht“ nannten.
„Schlafenszeit!“ gab ich meinen Kameraden bekannt. Ein undefinierbares Brummen kam als Antwort, das ich aber mehr ahnte als hörte, so laut war der Wind.
„Wie soll ich denn jetzt schon wieder schlafen?“ Richard kämpfte in der Nacht mit dem Einschlafen. Mürrisch starrte er auf die Zeltwand. Ja, wie sollte man auch schlafen, nach dem Ausschaufeln, nachdem man sich angestrengt hatte und doch irgendwie aufgedreht war? Wie sollte man schlafen bei dem ständigen Lärm, bei der eisigen Kälte? Auf dem harten Untergrund, und allmählich immer nervöser werdend, weil uns die Zeit davonlief und wir endlich weiter wollten? Es waren wohl alles andere als gute Einschlafbedingungen. Aber mit diesem Problem musste jeder allein fertig werden. Natürlich hatten wir kein Daunenbett erwartet, aber so auf Kommando einzuschlafen und sich möglichst schnell und gut zu

regenerieren, das war unter diesen Umständen wirklich nicht einfach. Aber umso wichtiger: Denn sobald der Wind aufhörte, wollten wir sofort losgehen, um keine weitere Zeit mehr zu verlieren. Also mussten wir ständig bereit sein für einen Aufbruch. Das Wetter änderte sich manchmal schlagartig, das wussten wir, und so konnte es passieren, dass der Sturm von einem Moment zum anderen aufhörte. Ohne dass wir uns darauf vorbereiten konnten.

Aber der Sturm war weit davon entfernt, aufzuhören. Im Gegenteil: er blies und blies unaufhörlich und heftig. Also war Schlafen angesagt. Und das war für mich nicht so schwierig wie bei meinen Kameraden. Denn ich verfüge, was das Schlafen angeht, über eine wunderbare Fähigkeit: ich kann zu jeder Zeit und überall sofort einschlafen. Noch dazu verfalle ich dabei in einen Tiefschlaf, bei dem ich mich optimal erholen kann. Ich habe das bei den Tibetern im nordindischen Dharmsala gelernt, als ich einige Monate in der Residenz des Dalai Lama lebte. Ich lernte, meinen Körper so zu steuern, dass ich schlafen kann. Das hatte ich bei den Tibetern immer bewundert – sie legten sich hin und schliefen augenblicklich ein, während ich wach lag und mich ärgerte, die Schlafenszeit nicht ausnützen zu können. Und wenn man darüber nachdenkt, schläft man umso schlechter ein. Die Tibeter zeigten es mir. Ich lege mich hin und blende so nach und nach alle Geräusche um mich herum aus. Den Straßenlärm zum Beispiel, Katzengejaule oder auch Schnarchen. Hier in der Antarktis das Heulen des Sturmes. Auch alles, was mich sonst noch stört, blende ich aus: eine zu harte Unterlage vielleicht, zu große Kälte. Ich schalte vollkommen ab und ziehe mich in mich selbst zurück. Es ist wie eine Art Meditation. Dann sage ich mir leise: „Ich bin jetzt müde, ich möchte einschlafen, ich

bin jetzt müde, ich möchte schlafen." Es braucht ein bisschen Übung, aber dann funktioniert es.
Ich rollte mich also wieder zusammen in meine Embryo-Stellung und machte den Schlafsack komplett zu. Auch der Kopf war im Schlafsack, es durfte ja keine Kälte hineinkommen. So allmählich fühlte ich die Kälte durch die Isoliermatte herauf kriechen. Oder bildete ich mir das ein? Die Matte lag ja direkt auf dem Eis, aber würde sie die Kälte nicht abhalten? Fror ich, obwohl ich im Schlafsack lag, der wärmsten Möglichkeit? Ich schlief ein.

Um unsere Moral zu heben, hatte Richard eine besondere Idee. Er hatte von zuhause eine Flasche selbst gebrannten Zwetschgenschnaps mitgebracht und schleppte sie nun seit Wochen durch die Antarktis! Sie war eigentlich als Belohnung gedacht, für den feierlichen Moment, an dem wir den Südpol betreten würden. Doch nun schien es ihm die geeignete Gelegenheit, ihn zu opfern. Und so bekam, wer eine Stunde lang das Zelt ausgeschaufelt hatte und erschöpft und frierend wieder hereinkam, zur Belohnung ein Stamperl Schnaps! Das war eine Wohltat, und es wärmte uns auch auf. Seltsamerweise hat sich Devon danach auffallend oft freiwillig zum Schippen gemeldet! Er hatte vorher übrigens noch nie etwas Derartiges probiert.

Eingeschlossen in unserem Zelt versuchten wir, uns irgendwie zu unterhalten. Dieses lange Ausharren zerrte an unseren Nerven. Wir waren erschöpft. Der Sturm zermürbte uns, zehrte unsere Kräfte auf. Das ständige Schaufeln, die nur sehr kurzen Schlafeinheiten kosteten viel Energie. Ich wünschte

mir nichts sehnlicher als einmal wieder fünf Stunden am Stück zu schlafen.
Manchmal verlor ich mein Zeitgefühl. War's Tag? War's Nacht? Die Zeit drängte, die Vorräte wurden aufgezehrt, ohne dass wir einen Meter weitergekommen waren. Manchmal wurde das Getöse draußen ein bisschen leiser. Doch dann schlug der Sturm wieder voll zu und zerstörte all unsere Hoffnungen.
Wir wussten alle drei, wie wichtig es war, in dieser Situation die Nerven zu bewahren. Wieder zeigte sich, wie gut unser Team war. Ohne viel Worte zu verlieren, verrichteten wir die täglichen Dinge. Ich dachte daran, wie Menschen in so einer extremen Situation durchdrehen. Das kommt gar nicht so selten vor. Ich hatte es einmal selbst erlebt. In Grönland war mein Begleiter einen Felsenabhang hinunter gesprungen. Da erkannte ich einmal mehr, wie wichtig es ist, in einer extremen Gefahrensituation einen kühlen Kopf zu bewahren. Denn dass einer nicht mehr konnte und durchdrehte, das durfte keinem von uns passieren.
Die menschliche Psyche ist, wenn sie überfordert ist, ein ernsthaftes Problem. Sie entwickelt eine Eigendynamik, und dann kann man sie nicht mehr kontrollieren. „Humor ist, wenn man trotzdem lacht“, dachte ich mir und versuchte, uns mit Humor bei Laune zu halten. Ich bemühte mein ganzes Repertoire an Witzen, das hielt eine Weile vor. Devon und Richard taten ihr Bestes, um mitzuhalten. Einige Witze erzählte ich auf Englisch, damit Devon sie verstehen konnte. Die Übersetzung gelang nicht immer! Aber so lachten wir an gegen die Naturgewalten um uns herum.
Als mir beim besten Willen kein Witz mehr einfiel – die anderen waren wohl eher froh darüber – kam ich auf eine neue

Idee: Devon war mein Opfer. Ich versuchte, ihn ein bisschen Bayerisch zu lehren! Richard machte sofort begeistert mit.
„Devon, wenn du nach Deutschland kommst und uns besuchst, dann musst du eine Rechenaufgabe lernen. Die musst du schon an der Grenze lösen.“
„Oh, which one?“
„Die geht: „oa oar“ und „oa oar“ sind „zwoa oar“!
„Oooaoaohh!“ tönte es aus Devons Schlafsack.
Auch den Klassiker „Oachkatzlschwoaf“ wird er wohl nie vergessen! Devon hat sein Bestes gegeben und sich nach Kräften bemüht, aber es kam nichts annähernd Ähnliches heraus. Ich mag das gar nicht wiedergeben, das würde jedes bayerische Ohr verdrießen. Aber es hob unsere Stimmung ungemein! Was für eine absurde Situation. Wir saßen abgeschnitten in der Antarktis und lehrten einen Kanadier urbayerische Sprüche. Noch dazu so völlig ohne Erfolg.

Mehr Erfolg hatte ich als Zauberkünstler. Ich kann einige Kunststückchen – und damit zauberte ich mich und meine Freunde für kurze Zeit in eine andere Welt. Sie saßen wie gebannt da und beobachteten das Spektakel. Nirgends sonst haben diese Tricks ihr Publikum so beeindruckt wie in diesem Moment. Da ich natürlich meine Zauberausrüstung daheim gelassen hatte, musste ich mit dem vorlieb nehmen, was der Alltag im Eis so zu bieten hatte. Ich machte meinen Pulsschlag mit Hilfe von Streichhölzern sichtbar, ich zauberte Postkarten aus dem Ärmel, ich verzauberte Mützen und Handschuhe – nur den Sturm wegzaubern, das konnte ich nicht.

Der Tag fünf des Orkans hatte begonnen. Für uns hieß es wieder: festhalten und schaufeln. Unsere Stimmung schlug

um. Kein Witz war mehr zu hören. Ich hatte das Gefühl, mit dem Wind wurde mir auch die gute Laune und der Optimismus aus dem Kopf geblasen. Frustration machte sich bei uns breit. Wie lange konnte so ein Orkan dauern? Meine Sorge galt dem Zelt, wie lange würde es diesen Orkan noch aushalten? Würde die Plane irgendwann reißen? Würden doch irgendwann die Zeltstangen, die sich unter der Last bogen, umknicken oder gar durchbrechen? Wir konnten nichts tun, und ich gönnte mir keinen Gedanken an eine heiße Dusche oder ein warmes Bett. Im Gegenteil, ich verbot mir derlei Gedanken und Träume. Denn wer auf einer Expedition in solch einer kritischen Lage ins Träumen gerät, der verliert die Realität. Und das ist das Gefährliche daran. Die Realität zu verlieren, heißt schwach zu werden, und in einem schwachen Moment kann es vorbei sein.
Ich konzentrierte mich aufs Hier und Jetzt, auf diese Expedition. Ich dachte an Scott. Er war ebenfalls von einem Orkan überrascht worden. Wie sich aufgrund späterer Wetterbeobachtungen feststellen ließ, waren Scotts Wetterbedingungen ungewöhnlich schlecht. Er hatte es mit einem Orkan zu tun, den es in der Stärke und Dauer nur ganz selten gegeben hat. Scott war auf dem Rückweg, als ihn und seine verbliebenen fünf Männer der mörderische Orkan in sein Zelt zwang und bis zum bitteren Ende nicht mehr herausließ.

„Der Orkan wütet fort. Wir konnten uns nicht mehr hinauswagen – morgen ist die letzte Möglichkeit – kein Brennstoff mehr und nur noch einen, höchstens zwei Tage Nahrung – das Ende ist da.“

Am sechsten Tag ließ der Orkan soweit nach, dass wir etwas

aufatmen konnten. Aber an ein Weiterkommen war trotzdem nicht zu denken. So hielten wir an unserer Tagesroutine fest. Dazu gehörte auch der *Daumentest.* Alle paar Stunden zogen wir die Handschuhe aus und kontrollierten unsere Daumen. War die Daumenkuppe faltig, so war es höchste Zeit, etwas zu trinken. Wir kontrollierten uns selber und unsere Kameraden auch. Nur so waren wir sicher, dass uns wirklich nichts entging.

Tag sieben. Ich wachte von meiner Stunde Schlaf auf und war sehr nachdenklich. Wir alle drei hatten mit Stürmen gerechnet, klar, wir waren keine Träumer nach dem Motto „wird schon nichts passieren". Wir waren nüchterne Menschen, die gut vorbereitet in diese Expedition gegangen waren. Nur, normalerweise dauert ein Sturm in der Antarktis zwei, höchstens drei Tage. Aber wir saßen bereits sieben Tage fest! Wir mussten es unbedingt bis zum 10. Februar bis zum Südpol schaffen, denn dann würde es langsam für ein halbes Jahr stockdunkel werden. Wir hätten keine Chance, ausgeflogen zu werden. Was würden wir dann tun? Ich mochte diese Gedanken nicht zu Ende denken. Hatten wir einen Jahrhundertsturm erwischt?
Wie weit waren wir denn noch weg vom Pol? Wie lange würden wir hinbrauchen?
Unsere Expedition hatte so gut begonnen. Jetzt war sie in Frage gestellt. Oder waren wir schon gescheitert?
Der Südpol war in weite Ferne gerückt.

In dieser Nacht träumte ich, dass in der Eiswüste ein Hubschrauber gelandet war. Essen? Rettung? Ich rannte auf den Hubschrauber zu und wollte einsteigen. Aber die Rotorblätter waren so tief, dass ich nicht reingehen konnte. Ich probierte und probierte, ich schlich mich an und wollte unten drunter – aber es klappte nicht. Es war zu ärgerlich! Damit endete der Traum, so kurz vor dem Ziel konnte ich es nicht erreichen. Ich träumte genau den gleichen Traum noch einmal in der nächsten Nacht.

Irgendwann war es soweit, dass wir am Ende unserer Kräfte waren und wir drei allesamt aus Erschöpfung in unseren Schlafsäcken einschliefen. Ich hatte das nicht mehr mitbekommen. Ich drehte mich in meinem Schlafsack herum, blickte ins Leere und fuhr plötzlich in die Höhe.
„Richard, Devon? Wer hält das Zelt fest?" fragte ich ins Zelt hinein. Dann kam ich zu mir und stellte fest, dass Richard neben mir schlief. Doch wo war Devon? Ich war alarmiert! Normalerweise kam doch jeder nach dem Festhalten sehr schnell wieder herein. Doch diesmal blieb Devon erstaunlich lange vor dem Zelt. Mir schoss eine Situation durch den Kopf, in der einer von Scotts Männern – Evans – so lange nicht mehr ins Zelt gekommen war! Dieser Mann konnte nicht mehr, ging hinaus und gab auf. Als sie das merkten, liefen Scott und seine Männer sofort aus dem Zelt, um ihn zu suchen. Und sie fanden ihn auch.

„Evans hatte die Mutlosigkeit gepackt, ihn, den Heitersten von allen … Am Nachmittag war er in eine Spalte gefallen, seine Hände waren erfroren. Nach dem Sturz wurde er plötzlich stumpf, und es wurde immer schlimmer. Und da verließ er das Zelt und blieb soweit zurück, und wir eilten auf Schneeschuhen zu ihm. Mit aufgerissenem Anzug lag er auf den Knien, die

Hände nackt und erfroren, und in seinen Augen war ein wilder Blick.“

An diese Stelle erinnerte ich mich schlagartig, als Devon so lange nicht mehr ins Zelt kam. Was war, wenn er auch durchgedreht war?
„Devon!“ brüllte ich. Mir wurde heiß und kalt und ich raste aus dem Zelt. – Da stockte mir erst mal der Atem. Irgendetwas war anders, in meiner Aufregung merkte ich es nicht, ich hielt einen Moment inne: Es blies gar kein Wind mehr! Und da fiel es mir wie Schuppen von den Augen: Der Sturm war vorüber! Ich bemerkte, dass ich nichts hörte. Ganz plötzlich war es still. Nach sieben Tagen und sieben Nächten Lärm und Getöse war es jetzt still. Es kam mir fast unwirklich vor.
Und dann sah ich Devon. Er lief wie ein aufgeschrecktes Huhn vor dem Zelt herum und packte bereits eilig seinen Pulka. Ein Stück nach dem anderen flog auf den Schlitten.
„We can go!“ schrie er mir aufgeregt zu. „Wo bleibt ihr denn!“

Das war einer der schönsten Momente der Expedition. Es war Ruhe, die Sonne schien wie gewohnt stark auf uns herab. Der Normalzustand war wieder hergestellt. Und wir hatten in unserer Erschöpfung nicht einmal gemerkt, dass der Sturm aufgehört hatte.
Mit einem Schlag war alles wieder möglich! Wir konnten losgehen, wir konnten unseren Traum doch noch wahr machen.

Kein Essen, nirgends

In neuer Aufbruchstimmung zogen wir los. Drei Abenteurer in der Antarktis auf ihrem Weg zum Südpol. Ich hätte jubeln können. War das ein wunderbares Gefühl! Wenn wir jetzt zügig weiterkamen und nichts mehr unseren Weg aufhalten würde, dann könnten wir nach unserer Rechnung in etwa zehn Tagen am Südpol ankommen. Also hieß die Devise: flott voranmarschieren. Ich leinte meinen Pulka an und zog los. Es ging erstaunlich leicht. Ich schob das zunächst auf die siebentägige Pause. War meine Kondition dadurch tatsächlich besser geworden? Es schien mir auf einmal kinderleicht, den Pulka durch den schweren Pressschnee zu ziehen. Und wie hatte ich mich anfangs abgemüht! Da sah ich auf einmal klar: Wir hatten fast alle unsere Lebensmittelvorräte aufgebraucht. Darum war der Pulka so leicht!

Wir hatten zwar Vorräte für mehr Tage mitgenommen, als wir unterwegs sein wollten, doch auch nicht für unendlich viele. Durch diese Zwangspause gingen auch sie zur Neige. Ich wurde ein bisschen nervös. Dass uns ausgerechnet das Essen ausging! Da hatten wir doch so aufgepasst. Aber ich nahm diesen Umstand zunächst auch noch nicht allzu ernst. Denn immerhin hatten wir ja noch einen Rettungsanker: eine Lageskizze mit einer genauen Beschreibung von Lebensmitteldepots, die für frühere Expeditionen eingerichtet worden waren. Ohne diese Depots würden unsere Vorräte nicht mehr bis zum Südpol reichen. Das war klar. Ich kramte die Skizze hervor.

Eines dieser Depots sollte sich laut Beschreibung in nicht allzu großer Entfernung von unserem momentanen Aufenthaltsort befinden. Das war gut. Wir bräuchten unseren Kurs

nicht wesentlich verändern, wenn wir es suchten. Es würde uns nicht zuviel Zeit kosten. Also steuerten wir direkt auf das Depot zu.
Wir fanden es tatsächlich sehr schnell. Zu sehen war es jedoch erst, als wir schon relativ nah dran waren. Aus dem Eis ragte eine Bambusstange mit einer kleinen Flagge, die wir erst ein paar hundert Meter vorher erkannt hatten. Unter der Flagge war ein Loch gegraben worden. Manchmal sind bei großen Depots noch Kerosinfässer untergebracht. Das war hier nicht so, es schien ein eher kleines zu sein. Also packten wir unsere Schaufel aus, schippten den Schnee weg und gruben den Eingang frei. Und als wir voller Hoffnung hineinkrochen, wurden wir bitter enttäuscht. Das Depot war total leer.
Sollten wir das nächste suchen? Es war etwas weiter weg und befand sich nicht direkt auf unserer Route. Aber wir hatten ja keine Wahl.
Am nächsten Tag fanden wir auch das zweite Depot. Auch das war bereits geplündert worden! Jetzt wurde es allmählich brenzlig. Wir setzten uns auf unsere Pulkas und hielten Kriegsrat. Ein drittes Depot gab es zwar, aber das lag ziemlich fernab. Würden wir uns dazu entschließen, das dritte Depot zu suchen, dann würden wir dadurch schätzungsweise zwei weitere Tage verlieren. Und was, wenn auch das leer wäre? Dann wären wir auch noch weit weg von unserer Route. Aber welche Alternative hatten wir? Hatten wir überhaupt eine?
Wir hatten keine. Und so machten wir uns auf die Suche nach dem dritten Depot. Wir teilten uns unsere Kräfte sehr gut ein. Unsere Schritte wurden langsamer und die Pausen wurden immer mehr. Unser restlicher Proviant bestand aus neun Päckchen Suppe, fünf Schokoriegeln und einigen Nudeln. Diesen kleinen Rest teilten wir uns genau ein. Nur ab und zu

gönnten wir uns ein paar Bissen. Trotz allem waren wir jedoch zuversichtlich, dass wir das Depot finden würden. Und es konnten doch nicht alle ausgeräumt sein. Wir hatten ja gewusst, dass der Marsch zum Südpol kein Spaziergang wird und wir waren auch auf Schwierigkeiten eingestellt. Wir waren bis hierher gekommen, also würden wir sie auch meistern.

Nach einem Tag überlegte ich mir, ob wir richtig navigiert hatten. Von dem Depot war keine Spur zu sehen, dabei hätte es eigentlich schon sichtbar sein müssen. So hatten wir es ausgerechnet. Waren wir zu langsam? Waren wir überhaupt auf dem richtigen Weg? Die Sicht war gut, und allmählich kamen mir Zweifel. Aber ein paar Stunden später tauchte es am Horizont auf, unweit weg von der Stelle, wo wir es vermutet hatten.

Das dritte Depot. Nein – leer war es nicht. Aber es nützte uns genauso wenig wie die anderen beiden. Das einzige, was drinnen lag, waren ein paar Dosen Hundefutter. Sie waren wohl für eine Hundeschlitten-Expedition gedacht. Es war kein Fleisch in den Dosen, sondern eine Art trockener Böhnchen. Die Hunde fraßen sie roh, und erst im Magen der Hunde würden sie mit Flüssigkeit „aufgehen". Es schmeckte grässlich. Für uns war das beim besten Willen ungenießbar. Lediglich zwei Dosen mit einem undefinierbaren Fleisch lagen noch dabei, das konnten wir noch als essbar einstufen. Alles andere war bereits aus dem Depot entnommen.

Wir hätten vor Wut und Enttäuschung weinen können. Es ist zwar nicht verboten, dass eine Expedition aus einem Depot Lebensmittel entnimmt. Vor allem, wenn sie in Not geraten war. Aber man musste es nach der Expedition in Patriot Hills melden. Es muss wieder aufgefüllt werden. Natürlich rechnen die Verantwortlichen mit den gefüllten Depots und schickten ihre Expeditionen dorthin. Immer wieder kommt es vor, dass eine Expedition in Schwierigkeiten gerät und dann muss man sich auf die Depots verlassen können. Die Lebensmittel sind durch die tiefen Temperaturen gefroren und halten jahrelang, ohne Verfallsdatum. Es sei denn, jemand nimmt sie und informiert keinen darüber. Und so hatten wir uns darauf verlassen und schauten jetzt durch dieses unfaire Verhalten ziemlich dumm aus der Wäsche.

Keiner von uns dreien sprach zunächst ein Wort. Wir mussten alle erst einmal diese Enttäuschung verdauen. Jeder für sich. Jetzt war guter Rat teuer. Was sollten wir tun? Wieder schien das Ende unseres Traumes nahe. Doch dann fingen wir uns wieder und überlegten gemeinsam, was wohl das Beste in unserer Situation wäre. Aufgeben? Das Wetter war bestens, der gewohnte Sonnenschein begleitete uns, nirgendwo ein Vorbote eines Sturmes. Aufgeben würden wir als allerletztes. Wir hatten uns schon so weit vorgekämpft, hatten den gefährlichen Orkan überstanden. Also weitergehen?

Wir hatten noch vier Päckchen Suppe und jeder zwei Müsli-Riegel. Dazu hatten wir noch Kakao. Der Weg konnte lebensgefährlich werden, denn bei den momentan herrschenden minus 40 Grad und bei der Anstrengung verbraucht der Mensch sehr viel Energie. Und die muss er durch genügend Nahrung, vor allem durch Fett, ergänzen. Ansonsten ist man zu keiner Leistung mehr fähig, und die Gefahr des Erfrierens wird sehr groß. Genau das hatte dem Pionier Scott und seinen drei Begleitern das Leben gekostet.

Ich hätte nie gedacht, dass ich in diese Situation hätte kommen können, dass ich tatsächlich in ernste Gefahr geraten würde. In diesem Punkt wollte ich meinem Vorbild Robert Scott nicht nacheifern. Wir hatten doch so gut vorgesorgt. Und wir lebten in einer anderen Zeit als diese tapferen Pioniere damals. Und wir waren viel besser ausgerüstet. Und wir hatten doch auch ihre Erfahrungen zum Vorbild. Aber in diese Situation waren wir unverschuldet geraten.

An den Risiken und Gefahren hat sich seit Scott und Amundsen nicht viel geändert. Klar, neue Entwicklungen, Ausrüstungen und Forschungsergebnisse gibt es, was den Südpol betrifft, en masse. Doch was bringt's?
Für den, der zu Fuß zum Pol geht, wenig. Kälte, Wind, Hunger, Gletscherspalten gibt es genauso. Der Proviant ist auch nicht weniger schwer. Gut, es gibt leichtere Trockennahrung. Aber erstens: schmeckt's? Und zweitens muss man zusätzliches Brennmaterial mitschleppen, wenn man das Zeug in der Eiswüste zubereiten will. Letzten Endes ist es genauso schwer, und der Vorteil ist wieder weg.
Und wie steht's mit der Kleidung? Felle hatten sie damals. Natürlich fand hier die größte Entwicklung statt. Jetzt haben wir High Tech Material. Oder Daunen. Wer aber den schweren Schlitten ziehen muss, der schwitzt, und schon bildet sich ein Hitzestau. Also ist eigentlich nur dicht gewebter Stoff geeignet. Und den gab's schon 1911.
Amundsen und Scott hatten auch schon Funkgeräte. Aber damals wie heute sind sie höchst unzuverlässig. Wegen der Sonneneruptionen und der Absorption der Radiowellen in Polnähe funktionieren sie bei weitem weniger zuverlässig, als ich vermutet hatte.

Wieder einmal zeigte uns die Antarktis, dass wir nicht er-

wünscht waren. Der Mensch gehörte einfach nicht hierher. Denn ohne einen umständlichen Versorgungsapparat und technische Hilfsmittel ist er hier nicht lebensfähig.
Wir waren noch einige Tagesmärsche vom Pol entfernt. Unser Proviant war fast zu Ende. Das war Fakt. In dieser Situation hätten wir ohne weiteres mit unserem Satelliten-Telefon, das wir für solche Notfälle dabei hatten, ein Flugzeug anfordern können, das uns Lebensmittel einfliegt. Aber das war im Moment nicht möglich. Das Wetter hatte sich verändert und dichte Nebelschwaden versperrten jede Sicht. Kein Flugzeug der Welt hätte hier landen können. Ich bin selbst Flieger und kann es keinem verdenken, wenn er bei schwierigen Wetterverhältnissen nicht fliegen oder nicht landen will. Ich habe drei Flugzeugabstürze erlebt, *über*lebt. Nein, ich würde bei den im Moment herrschenden Bedingungen auch keinen Flug riskieren. Im Moment war es geradezu aussichtslos. Jeder vernünftige Pilot würde einen Flug ablehnen. So mussten wir auf eine wenigstens geringfügige Besserung warten, damit ein Pilot zu uns hinfliegen und uns mit dem Fallschirm zumindest etwas zu essen abwerfen konnte. Unsere Koordinaten wussten sie ja. Das war unsere Hoffnung.

Am Abend dieses Tages habe ich mit unserem Satelliten-Telefon meine Frau Renate daheim angerufen. Es ist schon eine ungeheure Sache, von diesem völlig abgeschnittenen Ort eine Verbindung zur Außenwelt herzustellen. Mir imponierte dieses Gerät. Auf Knopfdruck sucht sich dieses kleine Gerät, das nicht größer war als der Hörer eines Telefons, einen passenden Satelliten aus und gab dann grünes Licht. Dann konnte man wählen. Ich kann das immer noch nicht so richtig begreifen, wie es möglich ist, dass unsere Stimmen von einem Satel-

liten eingefangen und dann an die gewählte Nummer weitergeleitet werden – und das alles innerhalb von Sekunden und in bester Qualität.
Devon hatte das Satelliten-Telefon mitgebracht. Er trug es immer am Körper, damit die Batterien funktionsfähig blieben. Bei jeder Gelegenheit lud er sie mit Solarenergie auf. Wir hatten das Telefon für Notfälle dabei, aber dann beschloss ich doch, mit meiner Frau zu sprechen. Auf der einen Seite war ich fast am südlichsten Punkt unserer Erde inmitten einer Eiswüste, auf der anderen Seite, etwa 20000 Kilometer entfernt, war zuhause meine Frau. Und an diesem Abend wurde daraus ein Telefonat, das ich so schnell nicht vergessen werde.
Renate war ja daran gewöhnt, sehr lange Zeit nichts mehr von mir zu hören, wenn ich auf Expedition war. Wie oft war ich monatelang unterwegs irgendwo auf der Welt, fernab von jeder Zivilisation, und konnte mich einfach nicht melden. Und meine Frau macht in so einer Situation das einzig Richtige: sie schaltet einfach ab, wenn ich auf Expedition bin. Sie kann mich sowieso nicht erreichen und muss ja ihr normales Leben weiterleben. Wenn sie an mich denkt, dann ohne auf einen Anruf zu warten, und in dem Bewusstsein, dass ich mich ja ohnehin allein durchschlagen müsse, wenn ich überleben will. Und damit hat sie absolut Recht. Renate wartet dann lediglich darauf, dass der Ankunftstag näher rückt.
Daher machte sie sich auch nicht gleich Sorgen, wenn ich mich eine Weile nicht bei ihr meldete. So traf ich sie bei meinem Anruf überrascht und in bester Stimmung zuhause an, sie fragte mich nach den Fortschritten unserer Expedition und wie nah ich meinem großen Jugendtraum schon sei. Wie niedergeschlagen war sie dann, als sie erfuhr, wie anders alles

gekommen war. Zu hören, in welcher ausweglosen Lage ich jetzt war, das hatte sie nicht erwartet. Bis zu dem Zeitpunkt hatte sie sich keine Sorgen gemacht – jetzt tat sie es. Und ich konnte es ihr nicht verdenken. Unsere Lage war kritisch, das war nicht zu leugnen. Ich zweifelte daran, ob es gut gewesen war, anzurufen. Es änderte ja doch nichts. Helfen konnte sie uns ohnehin nicht, und jetzt machte sie sich auch noch Sorgen.

Für den gleichen Tag war eine Live-Schaltung zu einem Münchner Radio-Sender geplant. Ich hatte eine Zeit vereinbart, zu der ich mich live aus meiner Eiswüste per Satelliten-Telefon in die Sendung melden würde. Allerdings dachte ich, da sei ich schon am Südpol. Dass ich genau zu dem Zeitpunkt mich in einer solch extremen Situation befinden würde, konnte keiner ahnen. Zu allem Überfluss kam ein neuerlicher Sturm hinzu, als ich mitten in der Nacht aufstand, um anzurufen. So rief ich gemäß meiner Vereinbarung an und schilderte im Radiosender unsere Lage. Gleichzeitig konnte man noch das Pfeifen des Sturms im Hintergrund hören, so dass es eine wirklich eindrucksvolle Reportage wurde.
Am Abend rief dann Richard seine Mutter an. Und als er ihr gerade von sich erzählen wollte, da rief die über 80-jährige Dame auch schon aus:
„Mei armer Bua, ich weiß scho alles! Dass es dir so schlecht geht, dass du nix zum Essen hast! Ham dir die anderen vielleicht alles wegg'essn? Was wer'n denn des für welche sei!"
Richards Mutter wusste Bescheid. Sie hatte am Vormittag die Radiosendung gehört und sich seither die größten Sorgen gemacht. Richard tröstete sie, so gut es ging. Zumindest in dem Punkt, dass wir ihm alles wegessen würden, konnte er sie be-

ruhigen. Das wäre schon aus dem Grund nicht gegangen, weil wir ja kaum noch was hatten. Und trotz der angespannten Lage mussten wir nach dem Gespräch lachen: war der Bua doch schon 63 Jahre alt! Aber für eine Mutter bleibt man halt ein Leben lang der „Bua".

Unruhig und etwas hungrig schliefen wir ein. Wir dachten nicht mehr daran, ans Ziel zu kommen. Wie denn auch? Es gab kein Depot mehr. Wir hatten fast nichts mehr zu essen. Mit mulmigem Gefühl hatte ich von meinen letzten Kraftriegeln einen verzehrt. Bald musste das Wetter umschlagen, dann konnten wir ein Flugzeug anfordern. Wie lange konnte man ohne Nahrung hier überleben? Bei diesen Temperaturen und dieser Höhe war das sicher nicht so lange wie an einem anderen Ort. Ein paar Tage, vielleicht eine Woche. Bis dahin musste das Wetter umschlagen. Wir bestimmten wie immer jeden Abend unsere Position und gaben die Daten an Patriot Hills weiter. Von dort kam auch Aufmunterung. Wir sollten durchhalten, weitergehen, solange wir konnten. Sie würden uns sofort melden, wenn eine Wetterbesserung in Sicht sei. Aber wir vor Ort sahen das ja besser als die Männer der Wetterstation in Patriot Hills. Also hatten wir zwar Kontakt mit Patriot Hills. Aber tun konnten sie auch nichts. So zogen wir unsere Pulkas mit langsamen Schritten weiter durch den Schnee. Wir sprachen nichts. Es waren noch 80 Kilometer bis zum Pol. Wir hatten genug dabeigehabt. Erfahrene Abenteurer, die wir waren. Aber wer konnte denn ahnen, dass gleich *drei* Depots geplündert waren. Wir hatten ja sicher mit ihnen gerechnet. So waren wir unverschuldet in diese äußerst kritische Situation hineingeraten.
Scott war gewarnt gewesen. Er hatte ein paar Monate vor

seiner Expedition fast neun Männer verloren. Sie waren erschöpft, mit Todesangst in den Augen gerettet worden. Er ließ sich nicht von seinem Vorhaben abbringen. Am Tag von Scotts Aufbruch kam eine Schlittenexpedition von der Antarktis zurück. Ohne Erfolg. Schneesturm und Nebel hatten die Männer in der Stunde oft nur einen einzigen Kilometer zurücklegen lassen. Sie mussten umdrehen, ebenfalls erfolglos. Mit Hunden hätten sie es vielleicht geschafft. Scotts Expedition hatte auf Ponies gesetzt. Ein paar Hunde hatte er zwar auch. Aber was würde ihm bevorstehen, wenn er diese Hunde unterwegs einbüßte? Wenn dann nicht ein Wunder geschähe, dann bedeutete es in der großen Entfernung vom Basislager den sicheren Tod.

Scott war gewarnt gewesen! Doch wer hatte mich gewarnt? Ich habe auch keine Hunde. Ich habe nur zwei Kameraden, denen es jetzt genauso geht wie mir. Renate hatte mich nicht gewarnt, denn sie vertraute mir. Und da sah ich für einen Moment wieder ganz klar: ihr Vertrauen durfte ich nicht enttäuschen. Ich schleppte mich weiter.

Wie eine Fata Morgana

In dieser kritischen Situation passierte das größte Wunder der ganzen Expedition. Während wir ohne Hoffnung dahin schlichen, lichtete sich der Nebel. „Zum Glück“, dachte ich. Wir können ausgeflogen werden. Rettung in letzter Minute. Ich rieb mir meine Augen und mich traf fast der Schlag, als ich sie aufschlug. Wie eine Fata Morgana ragte vor uns das Heckteil eines abgestürzten Flugzeuges aus dem Eis. Der Rumpf der Maschine war total vom Triebschnee eingeschlossen. Es musste schon vor langer Zeit abgestürzt sein. Sofort kam Hoffnung auf, etwas Essbares in dem Flugzeugwrack zu finden. Doch mich durchzuckte auch ein anderer fürchterlicher Gedanke: was, wenn sich auch noch Menschen in dem Wrack befänden? Seit Jahren tot und keiner hat sie je gefunden?

Ich dachte unwillkürlich an den denkwürdigen Flugzeugabsturz der südamerikanischen Baseball-Mannschaft. Im Jahre 1972 haben 25 junge Sportler, eine gesamte Mannschaft, einen Absturz in den Anden überlebt. Sie begruben ihre Kameraden und hielten acht Tage lang an der Absturzstelle irgendwo im Niemandsland der Berge aus. Am achten Tag hörten sie in ihrem kleinen Radio, dass die Suche nach ihnen eingestellt worden sei. Sie schienen verloren. Und doch gab es für die Verhungernden eine Chance: ihre toten Kameraden aufzuessen. – Sie überwanden im Angesicht des Todes Ekel und Moral, und nach siebzig Tagen sind 16 Überlebende gerettet worden. Ich hatte mir oft überlegt, wie ich an ihrer Stelle gehandelt hätte.
Diese dramatischen Bilder stiegen vor meinem geistigen

Auge auf, als ich das abgestürzte Flugzeug sah. Was würde uns in diesem Wrack erwarten?
Der Hunger trieb uns auf die Maschine zu. Sie war natürlich meterhoch eingeschneit, und wir versuchten zunächst, die Eingangstüre freizuschaufeln. Das war eine arge Schufterei, aber die Hoffnung, einige Nahrungsmittel zu finden, ließ uns weitermachen. Endlich hatten wir uns bis zur Türe vorgearbeitet. Sie war nicht verschlossen.
Mit Herzklopfen krochen wir ins Innere der Maschine. Innendrin bot sich uns ein heilloses Durcheinander. Ein toter Hund lag unter einem Sitz, die Sitze waren blutbeschmiert. Aber zu unserer großen Erleichterung befanden sich keine menschlichen Überreste darin. Dafür fanden wir jede Menge Dosen mit Hundefutter – ein Hinweis darauf, dass es sich auch hier um eine Hundeschlitten-Expedition gehandelt hatte. Ich bin überzeugt, dass ich in meiner Not auch das Hundefutter aufgegessen hätte, aber das war gar nicht nötig. Als wir die hinteren Regionen des Flugzeuges inspizierten, stießen wir auf mehrere Teile tief gefrorenen Rindfleisches. Es war ein halbes Kalb. Wir konnten unser Glück kaum fassen! Doch so einfach war das auch wieder nicht. Wie sollten wir davon essen? Es war hart wie Stein, seit Jahren gefroren bei Temperaturen von minus 80 Grad! Wie sollten wir das herausbringen? Ich hatte meine Expeditionssäge dabei. Das ist keine Eisensäge, wie man sie gewohnt ist, sondern sie ist eigentlich ein Draht, und an dem Draht sind lauter sehr scharfe Zacken befestigt. Wir zogen die Säge hin und her und waren mit dieser Arbeit vier Stunden lang beschäftigt. Manchmal dachte ich: Da kommen wir nie durch! Doch mit großer Mühe gelang es uns tatsächlich, ein Stück abzusägen, aber das war auch schon alles. Essen konnten wir es aber noch nicht. Trotzdem hat sich diese

Mühe gelohnt, denn aus dem Fleisch kochten wir uns eine kräftige und fette Suppe. Das ausgekochte Fleisch war dann nicht mehr so hart, so dass wir es essen konnten. Geschmeckt hat es allerdings überhaupt nicht! Es war nicht wirklich schlecht – es war einfach überhaupt kein Geschmack nach irgendetwas festzustellen. Wir kauten und kauten und schluckten es anschließend runter. Am ehesten hatte es Ähnlichkeit mit einem gekochten Holzspan. Aber das war mir egal, Hauptsache es war essbar. Danach fielen wir alle drei in einen langen, erschöpften Schlaf.

Wie es sich später herausstellte, war es das Flugzeug eines amerikanischen Unternehmens, mit Japanern an Bord, die eine Hundeschlitten-Expedition durchführen wollten. Das ganze war vor 15 Jahren geschehen. Beim Flug in die Antarktis hatten wegen der Magnetfelder in Polnähe die Instrumente der robusten Propeller-Maschine verrückt gespielt. Außerdem war die Scheibe des Außenfensters zugefroren. So konnte der Pilot nicht mehr ausreichend sehen und deshalb nicht mehr richtig landen. Die Maschine krachte aufs Eis. Alle Passagiere sind jedoch gerettet worden.

Kameradschaft ist alles

Bereits am nächsten Tag fühlte ich mich schon etwas kräftiger. Allerdings machten sich die Strapazen der vergangenen Tage doch bemerkbar. Ich war zwar satt, aber mein Pulka fühlte sich an, als wäre er mit Blei beladen. Auch machte sich der Umstand bemerkbar, dass wir nachts durch die ständige Helligkeit oder durch starke Stürme keinen längeren erholsamen Schlaf fanden. Nur selten war das der Fall, und wie dringend hätten wir Schlaf gebraucht, um bei Kondition zu bleiben. So hatten wir zwar zu essen, aber fast keine Kraft mehr.

Und in dieser Situation bewies sich wahre Freundschaft. Ich hatte im Vorfeld nicht gewusst, wie wir drei uns verstehen würden. Den Richard kannte ich schon, aber wir hatten noch keine wirklich gefährliche Expedition miteinander unternommen. Devon hatte ich nie zuvor gesehen. Würde das gut gehen? Würden wir zusammenstehen?

Bei allen großen Expeditionen in die Antarktis ist es zu Spannungen und Konflikten zwischen den Teilnehmern gekommen. Auch zu richtigen Explosionen. Kein Wunder! Die Strapazen und die Grenzsituationen holen aus allen Menschen das „Innerste" heraus. Und manchmal das Schlechteste. Am Ende braucht es nur einen harmlosen Auslöser und es kommt zur Katastrophe – das war auch bei Scott nicht anders:

„Es dauerte eine Woche, bis der Verlust eines Kekskrümels verschmerzt war. Die besten Freunde gingen sich derart auf die Nerven, dass sie tagelang nicht miteinander sprachen, aus Angst, sie könnten sich streiten … Scott und Shackleton waren völlig unvereinbare Charaktere, und die Strapazen der Reise

heizten die Gefühle derart an, dass die kleinste Kleinigkeit ausreichte, um das Pulverfass zur Explosion zu bringen.“

Die Erfahrungen von Scott und Shackleton blieben uns gottlob erspart. Ganz im Gegenteil – was wahre Freundschaft wert ist, das erfuhr ich jetzt.
Schritt für Schritt ging es weiter über die unendlich scheinende weiße Ebene. Kein Geräusch war zu hören außer dem stetigen Klick-klack-klick-klack unserer Skistöcke. Ich bemerkte, wie Richard, der gerade hinter mir ging, etwas langsamer wurde und zurückblieb. Unmerklich zuerst, dann immer ein wenig weiter. Devon, der an der Spitze unseres kleinen Zuges ging, muss das auch gespürt haben. Ohne ein Wort zu verlieren, nahm er einige Gepäckstücke aus Richards Pulka und lud sie bei sich auf. So konnte Richard wieder aufschließen. Von da an machten wir es immer so: Der Stärkere lud sich Gepäck auf, so dass der momentan etwas Schwächere wieder das Tempo der anderen mithalten konnte.

Devon beobachtete uns in dieser Phase ganz genau. Jeder Zentimeter Haut musste zugedeckt sein und in den Pausen mussten wir genügend trinken. Zwei Tassen Tee waren das Minimum. Trotz all dieser Vorsicht erfror ich mir die Fingerspitzen. Denn das Hantieren mit dem Fotoapparat machte es doch immer wieder nötig, dass ich selbst die dünnen Handschuhe ausziehen musste, um entweder den Film zu wechseln, oder ich musste etwas einstellen, was nur mit der bloßen Hand möglich war. Eines Abends besah ich mir meine Fingerspitzen. Sie waren blaulila. Ich machte mich sofort daran, sie mit Schnee abzureiben und so aufzutauen. Immer wieder. Nach einer halben Stunde gab ich auf. Ich bekam einfach kein

Gefühl mehr hinein. Sie waren erfroren. Ich hoffte nur, dass es wieder reparabel sein würde. Aber diesen Tribut muss man eben solchen Unternehmungen zollen. Dass es allerdings bei solchen „Kleinigkeiten“ blieb, haben wir zum großen Teil Devon zu verdanken. Ich bin selbst heute noch begeistert von diesem jungen Mann, seiner Kameradschaft und seinem fachmännischen Rat. Einen besseren Begleiter und Kameraden hätten wir nicht finden können.

Der Weg des gefrorenen Irrsinns

„Wären wir zurückgekehrt, ich hätte Euch so viel von Mut und Ausdauer und von der Expedition erzählen können“. (Robert Scott)

„Klick-klack-klick-klack“ schlugen unsere Skistöcke ihre Spur in den Schnee. Es war das einzige Geräusch. Ständig wehte der eisige Wind von vorne und wir konnten nur mit Gletscherbrille, Nasen- und Gesichtsschutz gehen. Es war noch ein paar Grad kälter geworden, soweit das überhaupt noch ging. Kälte war hier gleichbedeutend mit Schmerz. Alles musste verdeckt sein, um schlimme Erfrierungen zu verhindern. Wer nicht aufpasst, bei dem beginnt das freie oder erfrierende Hautstück zu pochen und dann zu brennen. Ist ein Stück Haut tatsächlich eingefroren, dann taut es nur unter heftigem Jucken wieder auf, übersät mit Brandblasen. Wir trauten uns nicht, den Gesichtsschutz abzunehmen. Allerdings wurde uns dadurch wieder das Atmen erschwert und durch die Atemluft vereiste auch der Mundschutz. Trotz der Kälte war es wichtig, dass wir beim anstrengenden Ziehen der Pulkas nicht ins Schwitzen gerieten. Schweiß gefror in Sekundenschnelle zu einem schweren Eispanzer um uns herum. Der antarktische Wind war überhaupt ständiger Anlass zur Besorgnis. Wenn wieder einmal Sturm war, drohte ein Orientierungsverlust. Fallwinde fegen fast oder komplett ohne Vorwarnung mit mehr als hundert Knoten von den Hochflächen. Dabei kann es passieren, dass plötzlich ahnungslos schlafenden Expeditionsteilnehmern das Zelt über dem Kopf weggerissen wird.

Immer wieder änderten sich die Wetter- und Lichtverhältnisse

sehr schnell, immer wieder zeigte die Antarktis ein anderes Gesicht. Wenn gerade noch die Sonne die Eiskristalle zum Glitzern gebracht hatte und über uns ein strahlend blauer Himmel leuchtete, konnte innerhalb von ein paar Minuten entweder starker Sturm aufkommen, oder dicke Wolken zogen heran und wir konnten keinen Horizont mehr erkennen. Himmel und Erde verschmolzen zu einem einheitlichen Grau.
Auch die Sonne konnte zum Feind werden. Der Schnee und die extreme Kälte ließen die Schutzbrillen beschlagen. Die Sicht war gleich null, und dann bleibt einem nichts anderes übrig, als sie abzunehmen. Das ist der kritische Moment – denn binnen kürzester Zeit kann man schneeblind werden.
In einem so genannten „White-out" bricht der Schnee das Licht so sehr, dass das menschliche Auge sein räumliches Sehvermögen verliert. Verhängnisvoll, wenn es Gletscherspalten gibt, in die man stürzen kann. Aber auch verhängnisvoll, wenn man ständig über sonst harmlose Schneehaufen stolpert. Außerdem ist das äußert schmerzhaft. Scott litt mehrfach unter Schneeblindheit:

„Es sind derart entsetzliche Schmerzen, die nicht einmal Kokain lindert. Es ist, als würden mir glühende Nadeln in die Augäpfel gestochen, oder als würden die Augen mit grobem Sand geschliffen".

Darauf konnte ich gut verzichten. Und dementsprechend war ich sehr vorsichtig.

Tag X. Devon ging mit seinem Kompass voraus. Wir dicht dahinter. Alles war heute wie in Watte gehüllt. Nicht einmal

mehr das ständige Klicken unserer Skistöcke war zu hören. Der Nebel verschluckte sogar das Geräusch der Skier und Pulkas.
Ich zählte wieder die Schritte. Pro Stunde kam ich etwa auf 1100 Schritte. Bei einem 6-Stunden-Marsch wurden es dann etwa 6600. Dann fing ich wieder von vorne an. Eins, zwei, drei, vier. Ich stellte fest, dass wir langsamer wurden.
In diesen Stunden fragte ich mich nach dem Sinn und Unsinn unseres Unternehmens. Was treibt mich dazu, mich aus freien Stücken in diese Eiswüste zu begeben? Um dann hier den Weg des gefrorenen Irrsinns zu gehen? Was trieb Scott und Amundsen zu derartigen Leistungen an? Gut, die beiden Abenteurer waren in erster Linie Pioniere, es ging um die Ehre, der Erste zu sein. Und ich? Mich treibt die Neugierde. Die haben zwar auch viele, aber während viele Menschen planen und reden, tue ich's. Ich sage mir nicht „Wenn die Kinder groß sind, oder wenn das Haus bezahlt ist, ja, dann mache ich meine Träume wahr", sondern ich mach es, sobald es geht. Sonst kommt man nie dazu. Und während viele Leute ihre Pläne zerreden, realisiere ich die meinen. Ich ziehe meine Pläne durch, ganz egal, auf welchem Gebiet. Ein Schuss Sturheit und viel Freiheitsdrang kommen auch noch hinzu. Viele nennen das auch verrückt. Aber ich mag auch gerne zuweilen ausbrechen aus dem vollkommen geregelten Alltagsleben. Die Regeln werden zur Seite gerückt. Völlig frei zu sein von Vorschriften und Zwängen. Dieser Charakterzug ist mir nicht in die Wiege gelegt worden. Im Gegenteil, ich hatte äußert schlechte Voraussetzungen, große Abenteuer zu erleben. Ich war wegen großer Not meiner Familie als Kind auf die Alm zu meiner Großmutter geschickt worden, damit wir überhaupt überleben konnten. Dort ist der Wunsch geboren, der mich

hierher gebracht hat. Ich bin kein Aussteiger, sondern habe einen bürgerlichen Beruf. Aber was anderes zu sehen, was außerhalb des heimischen Kirchturms ist, das ist einfach meine Motivation immer gewesen. Ich habe ungeheuer Wertvolles auf meinen Reisen gelernt, und ich habe anfangs alle Fehler gemacht, die man als Reisender nur machen konnte. Doch eine der wichtigsten Erfahrungen war, es haben mir in Notsituationen *immer* Leute geholfen, ohne dass sie eine Gegenleistung verlangt haben. Vor Ort gab es immer Menschen, die zum Beispiel gesagt haben: „Du hast zu wenig Wasser für diese Wüstentour dabei, komm her, ich geb dir eins mit." Viele haben das nur mit Gesten getan, da ich ja auch kein Englisch konnte. Das hat mich ungeheuer beeindruckt, so etwas kannte ich bis dahin ja noch nicht, dass einem wildfremde Leute einfach so geholfen haben. Die allerbesten Erfahrungen habe ich stets mit Menschen gemacht, die weitgehend von der Zivilisation verschont geblieben waren.

Ich konnte nicht mehr gehen. Meine Kräfte waren vollkommen am Ende. Richard schnaubte hinter mir, Devon verlor kein Wort. Wir würden es nicht schaffen. Der Pol war nicht zu sehen.

Und zum dritten Mal während dieser Expedition hatte ich das Gefühl, dass das endgültige Ende nahe sei. Noch einmal würden wir so eine Krise nicht meistern, noch einmal würden wir nicht so unglaubliches Glück haben.

Das war dann wohl das Ende. Meine letzte Chance, an den Südpol zu kommen, und hier war Endstation? Ich konnte gar nicht mehr soviel denken, mein Gehirn hatte auf die elementaren Bedürfnisse umgeschaltet: essen, schlafen, Erschöpfung. Das Ende der Expedition. Tja, ohne die Technik und das Satelliten-Telefon wäre es auch *unser* Ende. Scott hatte kein Telefon, als er im Schneesturm festsaß. Als es nach unglaublichen Strapazen mit ihm und seinen verbliebenen Männern zu Ende ging und er so langsam erfror. Von einem Depot hatte er Rettung erhofft, doch auch er fand es fast leer vor:

„Drei furchtbare Schläge haben uns getroffen, die alle meine Hoffnungen über den Haufen werfen. Erstens fanden wir zu wenig Öl (ohne eine warme Mahlzeit sind die Männer verloren), selbst bei strengster Sparsamkeit reicht es kaum für die 131 Kilometer bis zum nächsten Depot! Dann zeigte uns Oates seine Füße: seine Zehen sind augenscheinlich erfroren. Der dritte Schlag kam in der Nacht: das Thermometer ging unter 40 Grad hinunter und heute morgen brauchten wir zum Wechseln unserer Fußbekleidung eineinhalb Stunden …
Und das Schlimmste von allem: die Oberfläche des Weges ist einfach grauenhaft! … Wir können die unbedingt nötigen Märsche nicht mehr ausführen und leiden entsetzlich unter der Kälte.“

Auch im nächsten kleineren Depot, das sie mit Mühen und Schmerzen, hungernd und frierend erreichten, fanden sie ihre Hoffnungen enttäuscht. Noch dazu war Oates an den Füßen erkrankt. Plötzlich war der Tod in ihrer Mitte. Das war der Moment, in dem auch der unglaublich tapfere Scott klar sah. Er schreibt in sein Tagebuch:

„Ich befahl Wilson, uns die Mittel zur Beendung unserer Qual auszuhändigen, damit jeder wisse, was er im Notfall zu tun habe. Wir haben jeder 30 Morphiumtabletten. Wilson selbst eine Tube Morphium. Unser Spiel geht tragisch aus.“

Unser Spiel geht tragisch aus. Wie klangen mir diese dramatischen Worte im Ohr. Und so packte sie das Schicksal, Zug um Zug. Am 17. März 1912 konnte der tapfere Oates nicht mehr weiter und bat, ihn allein in seinem Schlafsack zurückzulassen. Er wollte still für sich aus diesem Elend in Eis und Schnee und einer Kälte von 42 Grad aus dem Leben gehen. Scott schreibt über das schreckliche Ende seines Kameraden in sein Buch:

„Sollte dieses Tagebuch gefunden werden, so gebt dieses bekannt: Oates' letzte Gedanken galten seiner Mutter. Wir drei können seine Tapferkeit bezeugen. Wochenlang hat er unaussprechliche Schmerzen klaglos ertragen und war tätig und hilfsbereit bis zum letzten Augenblick. Bis zum Schluss hat er die Hoffnung nicht aufgegeben – nicht aufgeben wollen. Er war eine tapfere Seele, und dies war sein Ende:
Er schlief vorletzte Nacht ein in der Hoffnung, nicht wieder zu erwachen. Aber er erwachte doch am Morgen – gestern. Draußen tobte der Orkan. „Ich will einmal hinausgehen", sagte er, „und ich bleibe vielleicht eine Weile draußen." Dann ging er in den Orkan hinaus – und wir haben ihn nicht wieder gesehen. – Wir wussten, dass der arme Oates in den Tod ging, und versuchten, ihn im Zelt zurückzuhalten. Doch wir verstanden schließlich den letzten Willen eines tapferen Kameraden und eines englischen Gentleman. Wir hoffen alle, dass wir in unserer letzten Stunde so tapfer wie er sein dürfen – und wir wissen, dass diese Stunde bald schlagen wird."

Obwohl Scott sehr niedergeschlagen war, so hoffte er immer noch, dass sie das rettende „Ein-Tonnen-Depot" erreichen würden. Selber konnte er allerdings wegen seines erfrorenen

rechten Fußes nur schwer vorwärts kommen. Aber seine Kameraden Bowers und Wilson waren noch gut auf den Beinen. Kaum zu trinken, fast nichts mehr zu essen, kaum mehr Öl für ihre Lampe – aber günstigen Wind hatten sie. Das war am 19. März 1912 die Lage, da waren sie 29 Kilometer entfernt vom Depot. Nochmals schafften sie neun Kilometer, dann war es aus. Die Männer wurden von einem Blizzard, einem heftigen Schneeorkan, gepackt und in ihr Zelt verbannt. Darin waren sie gefangen – sie verließen dieses Zelt nicht mehr.
In dieser Situation hat Scott die erschütterndsten Worte in sein Tagebuch geschrieben, die ich jemals gelesen habe:

„21. März. Montagabend waren wir noch 20 Kilometer vom Depot entfernt, gestern konnten wir wegen eines wütenden Orkans nicht weiter. Heute wieder eine verlorene Hoffnung – Wilson und Bowers wollen zum Depot gehen, um Brennstoff zu holen.

22. und 23. März. Der Orkan wütet fort – Wilson und Bowers konnten sich nicht hinauswagen – morgen ist die letzte Möglichkeit – kein Brennstoff mehr und nur noch einen, höchstens zwei Tage Nahrung – das Ende ist da. Wir haben beschlossen, eines natürlichen Todes zu sterben – wir wollen mit unseren Sachen oder auch ohne sie zum Depot marschieren und auf unserer Spur zusammenbrechen.

Freitag, 29. März. Seit dem 21. hat es unaufhörlich aus Südwest gestürmt. Jeden Tag waren wir bereit, nach unserem nur noch 20 Kilometer entfernten Depot zu marschieren, aber draußen vor der Zelttür ist die ganze Landschaft ein wirbelndes Schnee-

gestöber. Wir können jetzt nicht mehr auf Besserung hoffen. Aber wir werden bis zum Ende aushalten; der Tod kann nicht mehr fern sein. Es ist ein Jammer, aber ich glaube nicht, dass ich noch weiterschreiben kann. R. Scott.

Um Gotteswillen – sorgt für unsere Hinterbliebenen."

Die allerletzten Reserven. Kein Gedanke, an gar nichts, nur weitergehen, noch einen Schritt. Atmen, dann noch einen und noch einen. Wieder atmen. Meter für Meter kamen wir voran. Unser Weg war an Monotonie nicht mehr zu übertreffen. Aber irgendwie setzte ich trotz bleierner Müdigkeit immer einen Fuß vor den anderen. Es musste doch bald etwas zu sehen sein! Wir waren doch unserem Ziel so nahe. Wir durften jetzt doch auf keinen Fall aufgeben. Ich mobilisierte alle Kräfte und dachte an das Ziel. Ich musste es einfach erreichen, es war meine erste und meine letzte Chance, den Südpol zu erreichen. Ich musste sie einfach wahrnehmen! Es war ja zum Greifen nahe. Und Richard hatte zu Anfang der Expedition gesagt: „Wenn jemand nicht mehr kann, dann soll er sich auf den Pulka setzen, wir wickeln ihn in alle drei Schlafsäcke ein und wir anderen ziehen ihn!" Ich *musste* einfach durchhalten!

Meinen Kameraden ging es wie mir. Die Wetterverhältnisse waren gut, und endlich, endlich tauchten hinten am Horizont dunkle Punkte auf. Sie bewegten sich dieses Mal nicht – und beim Näherkommen verließen uns die letzten Zweifel: es waren die Gebäude der amerikanischen Forschungs-Station, die ganz in der Nähe des Südpols stehen.
Mein Herz schlug bis zum Hals: nun waren wir gerettet! Dort

gab es bestimmt genügend zu essen für uns, vielleicht auch eine heiße Dusche und eine ordentliche Toilette. Vielleicht einen windgeschützten Platz für unser Zelt. Das waren meine ersten Gedanken. An mehr konnte ich in diesem Moment nicht denken, nicht an die Erfüllung meines Traumes, nicht an meine großen Vorbilder, ich war einfach zu erschöpft.

Außerdem waren wir ja noch nicht da – im Gegenteil, der Weg war noch weit. Und ich erinnere mich an dieses letzte Stück nur noch bruchstückhaft. Ich weiß aber noch, dass ich das Gefühl hatte, nicht vom Fleck zu kommen, obwohl ich ständig vorwärts ging. So als würde unser Ziel vor uns zurückweichen.

Das lag daran, dass man durch die klare, saubere Luft sehr weit sehen kann, und wir doch noch weiter vom Ziel entfernt waren, als wir glaubten.

Ein Bayer am Südpol

Am 26. Januar 2003 war es dann tatsächlich soweit: Um 20.00 Uhr abends setzte ich erschöpft, aber überglücklich meinen Fuß auf den Südpol. Und für dieses Gefühl, das mich da überkam, finde ich kaum Worte. Da war sie wieder – die Gänsehaut, die ich als kleiner Bub auf der Alm gespürt hatte, als ich von diesen großen Abenteurern hörte. Mit einem Mal kam alles mit aller Gewalt über mich: die Strapazen, die Gefahren, der Jugendtraum – es kam mir wirklich wie ein Traum vor! Konnte das wahr sein? Jetzt in diesem Moment stand ich genau an diesem historischen Ort, an dem vor über 90 Jahren Amundsen und nach ihm Scott gestanden hatten! Es war einfach überwältigend!

Zutiefst berührt bin ich in Tränen ausgebrochen. Ich habe mich auf den Schnee gelegt, mein Gesicht in die Hände genommen, und dann bin ich ganz für mich allein die ganze Expedition, den ganzen Weg mit ihren Gefahren und Strapazen, durchgegangen. Der ehemalige Hirte, der auf der Alm so aus ganzem Herzen vom Südpol träumte, war angekommen.

Und noch eines ist mir in dem Moment klar geworden: ich hatte es geschafft. Ich hatte es mit 66 Jahren zu Fuß durch die Eiswüste der Antarktis geschafft, der unmenschlichen Kälte getrotzt, einem mörderischen Orkan, leeren Depots und völliger Erschöpfung.

Ich war der erste Bayer, der das geschafft hat.

Ich war der dritte Deutsche, der das geschafft hat. Und ich war der älteste Mensch überhaupt, der je zu Fuß den Südpol erreicht hat.

Was konnte noch schöner sein?

Richard, Devon und ich gratulierten uns gegenseitig. Danach genoss jeder diese Augenblicke für sich. Richard war in sich gekehrt, setzte sich auf seinen Pulka und sprach kein Wort. Meine Begeisterung machte sich dagegen Luft, und ich kostete alles aus. Nach meinem ersten Gefühlsausbruch rief ich zuhause an. Ich musste Renate an meinem Glück teilhaben lassen! Es war halb elf Uhr nachts nach der Ortszeit – wir rechneten in chilenischer Zeit. Das hieß, dass es zuhause in Deutschland noch vier Stunden früher war, also etwa 18.30 Uhr. Das passte ja hervorragend, da konnte ich meiner Frau die sensationelle Nachricht zum Abendessen servieren.
Ich hörte es klingeln. Mein Herz schlug bis zum Hals. Keiner ging hin. Renate, sei daheim!
Endlich, nach einer halben Ewigkeit:
„Kirner".
„Hallo Renate! Es ist der 26. Januar! Ich bin jetzt da! Ich habe den Südpol erreicht!"
„Wahnsinn!"
Ich hörte den Stein buchstäblich plumpsen, der ihr vom Herzen fiel. Sie freute sich natürlich mit mir – und wir jubelten am Telefon miteinander! Bei dieser Expedition war meine Frau doch etwas besorgt gewesen. Nicht zuletzt durch meinen Anruf mitten im Orkan. Aber das war jetzt vergessen. Wie schön, ihre Stimme zu hören und ihr auch noch solch gute Nachrichten übermitteln zu können!

Wie sieht der Südpol aus? Im Grunde sah der Südpol nicht anders aus als unser Weg: unendliche Weite, Schnee und Eis – so ist die Landschaft. Und einige Dinge finden sich an dieser legendären Stelle: Eine Gedenktafel für Scott und Amundsen, unweit davon ist eine Kugel, die die Welt symboli-

sieren soll. In ihrer Nähe stecken 16 Fahnen für die 16 Staaten des ursprünglichen Antarktisvertrages.
Daneben steht der „Dom“, die erste Forschungsstation der Amerikaner. Sie wurde 1978 erbaut und versinkt langsam im Eis. Sie ist schon ziemlich abgesackt, der Eingang ist schon weit unter der Eisfläche.

Natürlich war meine Leistung mit der großartigen Leistung der Südpol-Entdecker nicht zu vergleichen. Aber obgleich die Leistungen von Scott und Amundsen ungleich viel höher bewertet werden müssen, so haben wir doch auch mit der Natur gekämpft, und so haben wir uns auch zumindest vorstellen können, was diese Männer mit viel schlechterer Ausrüstung, mit Null Erfahrung, mitgemacht haben. Wie unterschiedlich die Ankunft von Amundsen und Scott auch war: geschafft hatten es beide, mit der gleichen Leistung. Doch ein paar Wochen Unterschied – und zwischen ihnen lagen Welten. Denn der Triumph gehörte nur einem. Dem, der als erster Mensch der Welt den Südpol betreten hatte und mit seinen Kameraden die norwegische Flagge hisste:

„Liebe und Stolz leuchteten aus den fünf Augenpaaren, die die Flagge betrachteten, als sie sich bei der frischen Brise entfaltete und über dem Pol flatterte. Ich hatte bestimmt, dass das Aufpflanzen selbst – das historische Ereignis – gleichmäßig von allen vorgenommen werden sollte. Nicht einem allein, nein, allen denen kam es zu, die ihr Leben in den Kampf mit eingesetzt und durch dick und dünn zusammengestanden hatten. Dies war die einzige Weise, auf die ich hier an dieser einsamen verlassenen Stelle meinen Kameraden meine Dankbarkeit beweisen konnte.

Fünf rauhe, von Frost mitgenommene Hände griffen nach der Stange, hoben die wehende Fahne auf und pflanzten sie auf – als die einzige und erste auf dem geographischen Südpol."

Ja, Amundsen stand da, als erster Mensch auf der Welt. Er hätte der glücklichste Mensch der Welt sein müssen. Und doch – er war es nicht. Denn sein Traum war eigentlich ein ganz anderer gewesen:

„Ich kann nicht sagen – obgleich ich weiß, dass es eine viel größere Wirkung hätte – dass ich da vor dem Ziel meines Lebens stand. Dies wäre doch etwas übertrieben. Ich will lieber aufrichtig sein und gerade heraus erklären, dass wohl noch nie ein Mensch in so völligem Gegensatz zu dem Ziel seines Lebens stand! Die Gegend um den Nordpol – ach ja, zum Kuckuck – der Nordpol selbst hatte es mir von Kindesbeinen an angetan, und nun befand ich mich am Südpol! Kann man sich etwas Entgegengesetzteres denken?"

Amundsen war bereits 1909 zum Nordpol unterwegs gewesen, als er hörte, dass dieser nun entdeckt worden war. Im selben Moment drehte er um und nahm Kurs auf den Südpol. Und da war *er* nun der erste. Bis dann, 35 Tage später, nach einem dramatischen „Wettlauf", Robert Scott ankam. Und auf ihn warteten kein Triumph, sondern die norwegische Flagge und ein Brief des Ersten am Pol – die schlimmste Enttäuschung seines Lebens. Dabei war seine Leistung die gleiche:

„Wir müssen hinkommen, koste es, was es wolle! Jetzt schreckt mich nur noch die Möglichkeit, dass die norwegische Fahne vor der unseren dort flattern könnte! …

Nach der zweiten Marschstunde entdeckten Bowers's scharfe Augen etwas, das er für ein Wegzeichen hielt. In wortloser Spannung hasteten wir weiter – uns alle hatte der furchtbare Verdacht durchzuckt, und mir klopfte das Herz zum Zerspringen.
Eine weitere halbe Stunde verging – da erblickte Bowers vor uns einen schwarzen Fleck! Ein Schneegebilde war das nicht – konnte es nicht sein! Geradewegs marschierten wir darauf los, und was fanden wir? Eine schwarze, an einem Schlittenständer befestigte Flagge! In der Nähe ein verlassener Lagerplatz – Schlittengeleise und Schneespuren kommend und gehend – und die deutlich erkennbaren Eindrücke von Hundepfoten – vieler Hundepfoten – das sagt alles. Die Norweger sind uns zuvorgekommen. – Amundsen ist der erste am Pol!"

Und im Anschluss die berühmten Worte, die voller Dramatik und Vorahnung steckten, und die sich in bitterer Weise bewahrheiten sollten:

„Mir graut vor dem Rückweg."

Die Worte, die jeden, der sie liest, niederschmettern. Er schrieb sie nicht ohne Grund. Was hätte er uns noch erzählen können, von Mut und Ausdauer. Aber wenigstens haben wir seine Tagebücher. Die nach ihm suchenden Retter haben sie gefunden, in einer Tasche in Scotts Zelt bei den erfrorenen Männern der Expedition.

Ein unfreundlicher Empfang

Meine Gedanken kamen wieder zurück in die Gegenwart. Jetzt waren *wir* am Pol! Das war die Realität. Das spürte ich nicht zuletzt an einem immer deutlicher werdenden Magengrummeln: ich hatte Hunger! Mit einem Mal fiel die ganze Spannung und Euphorie von mir ab und ich fühlte gar nichts mehr. Ich fühlte mich irgendwie leer. Das war auch kein Wunder, denn wir hatten wiederum seit längerem nichts mehr gegessen!

Vor lauter Begeisterung hatte ich gar nicht auf meinen Hunger geachtet. Doch jetzt machte sich die ganze Erschöpfung bemerkbar. Die ganz primären Bedürfnisse erlangten die Oberhand. Wie gut, dass uns jetzt sicherlich ein freundlicher Empfang bereitet werden würde. Unsere Expedition war ja ordnungsgemäß angemeldet. Natürlich würden wir erwartet werden, umso mehr, als wir ja auch ein paar Tage später dran waren. Sie wussten jedoch täglich unsere genaue Position.

Wie schön würde es sein, endlich einmal eine Hütte zu betreten, seine nassen gefrorenen Kleidungsstücke auszuziehen und zum Trocknen aufzuhängen. Auch freute ich mich auf so was wie eine warme Dusche, mal wieder auf einem Stuhl sitzen, einen Tisch benützen, vielleicht in einem richtigen Bett schlafen. Das höchste der Gefühle für den Moment! Und natürlich mal wieder etwas Gescheites zum Essen haben, mich so richtig satt essen. Darauf freute ich mich wirklich.

Natürlich hatten die Wissenschaftler der Forschungsstation unsere Ankunft sofort bemerkt. Ein russischer Forscher kam auf uns zu und gratulierte uns zu unserem Erfolg. Gleichzeitig machte er uns aber unmissverständlich klar, dass sie mit uns sonst nichts zu tun haben wollten! Was war jetzt los? Sie gestatteten uns nicht einmal, unser Zelt windgeschützt hinter einem der vielen Container aufzustellen. Geschweige denn, ihre Station zum Aufwärmen zu benützen. Sie waren auch nicht bereit, uns mit irgendwelchen Nahrungsmitteln zu versorgen. Natürlich hätten wir diese bezahlt. Was für ein merkwürdiger Empfang. Wir waren völlig überrascht und auch enttäuscht. Was war der Grund? Er ist mir bis heute nicht klar. Aber ich erinnerte mich: schon Arved Fuchs und Reinhold Messner berichteten von einem ähnlichen Empfang. Das Erste, was wir als Begrüßung erhielten, war ein Rüffler, weil wir den Antennenwald der Forschungsstation widerrechtlich betreten hätten. Das wussten wir aber gar nicht, dass da ein Antennenwald war. Es standen lediglich ein paar Drähte in die Luft. Sie hätten nur etwas zu sagen brauchen. Wir sahen keinerlei Anzeichen, warum wir da nicht hätten durchgehen sollen, es waren weder Zaun noch Schilder zu sehen, niemand hat uns im Vorfeld daran gehindert. Dann wären wir natürlich nicht durchgegangen.

Nebenbei bemerkt: es ist überhaupt nichts passiert. Wir haben keine Drähte abgezwickt und nicht einmal was berührt: Wir sind lediglich zwischen ein paar Drähten hindurchgegangen, links und rechts mit mindestens 20 Metern Abstand.

Ich fühlte mich wie ein Eindringling behandelt; waren sie die „Hausherren“? Gehörte der Südpol ihnen? Richard und Devon fühlten genau wie ich. Wir konnten dieses Verhalten nicht verstehen.

Biwak am Südpol

Aber wir beschlossen, dass uns dieses unschöne Erlebnis unsere Stimmung nicht verderben sollte. Und so bauten wir eben wieder unser Zelt auf, nur in einiger Entfernung von der Station neben der Gedenktafel für Scott und Amundsen. Biwak am Südpol – das hatte ohne Zweifel auch was! Und es war ausnahmsweise mal richtig „warm“: es hatte minus 28 Grad, als wir ankamen, und am Nachmittag hatte es sogar minus 25 Grad! Das war ein so wohliges Gefühl, dass wir uns einen Schneewall bauten und uns in die Sonne legten.
An diesem Abend war alles anders. Wir waren sehr gesprächig und mussten diesen denkwürdigen Tag immer wieder bereden. Dabei diskutierten wir drei Expediteure, warum es Amundsen geschafft hatte und Scott nicht. Beide waren sehr erfahren, beide hatten einen genauen Plan und alles gut durchorganisiert. Amundsen war mehr der Abenteurer-Typ, Scott war mehr Wissenschaftler.
Die Kernfrage ist: warum hat es Scott nicht geschafft? Als größten Fehler schreibt man ihm zu, dass er sich auf sibirische Ponies als Zugtiere verlassen hat. Auch schreibt man ihm ungenügend Erfahrungen mit den Skiern zu. Amundsen hingegen baute voll auf Schlittenhunde und nahm davon gleich über hundert Hunde mit. Und sie bedeuten eine ungeheure Erleichterung. Ich hatte das ja selber gesehen, ich war schon in mehreren arktischen Gebieten. Ein Beispiel ist die Grönland-Durchquerung gewesen: wenn die Kondition zu Ende war, dann setzte man sich einfach auf den Schlitten, der von den Hunden gezogen wurde. Oder man konnte sich zumindest am Schlitten festhalten und ein wenig vorwärts ziehen lassen. Natürlich bedeutete das viel weniger Kraftaufwand,

wenn man sich mal ein Weilchen ausruhen kann und überhaupt seinen Schlitten nicht selber ziehen muss.
Hatte die Entscheidung, auf Ponies statt auf Hunde zu setzen, Scott letztendlich das Leben gekostet? Oder – wie manche behaupten, die Tatsache, dass er in seinem Zelt die Fässer mit Flüssigkeit im Stehen und nicht im Liegen gelagert hatte? Als er zurückkam, war das meiste verdunstet.
Der Schlüssel zu Scotts Schicksal liegt in dem Verlauf, den seine Expedition nahm. Sie waren bestens ausgerüstet. Der Naturwissenschaftler George Simpson hatte Wetter und Strecke vorausberechnet. Doch im Verlauf der Expedition passte nichts mehr zusammen. Die Berechnungen trafen nicht mehr ein. Eine ungewöhnliche anhaltende Kälte machte alle ihre Pläne zunichte. Möglicherweise lag darin die Ursache der Katastrophe.
Bevor Amundsen und Scott das Festland der Antarktis überhaupt erreichten, mussten sie Hunderte von Meilen im schwimmenden Schelfeis überqueren. Scott war mit 11 Männern, 17 Ponies und einigen Hunden sowie zwei Motorschlitten von Neuseeland aus gestartet. Schon auf der Hinfahrt zur Antarktis gab es viele Probleme. Schwere Unwetter während der Überfahrt kosteten vielen Tieren das Leben. Die Ponies konnten sich nicht mehr auf den Beinen halten. Einige Hunde werden direkt über Bord gespült. Dann kamen Eisberge und Packeis früher, das heißt nördlicher als erwartet. Im Packeis saß ihr Schiff, die „Terra Nova“ sogar fest. Die Eisfelder sind einen Meter dick. Sie beschließen, auszusteigen. Die Hunde werden mit Schlitten auf das Eis gebracht. Es ging ihnen sehr schlecht, sie waren zu fett und atmeten schwer. In dieser Zeit geht es mit den Ponies immer weiter bergab. Ein Pony bekommt eine Hautkrankheit und verliert das Fell. Weihnach-

ten 1910 verbringen sie im Eis. Nach knapp drei Wochen wird das Eis endlich dünner und die Eisfelder können befahren werden. Die Gefangenschaft ist zu Ende.
Schon am ersten Tag der Weiterfahrt herrscht starker Seegang – Gift für die Ponies. Aber sie schaffen die Landung am Kap Evans.
Zuerst kamen die Motorschlitten auf das Eis, dann die Ponies. Durch die Strapazen waren sie mager und kraftlos geworden. Aber als die Qual der Überfahrt ein Ende hatte und sie wieder Schnee unter den Hufen spürten, schienen sie wieder aufzuleben. Alle 17 Ponies konnten auf dem Eis angepflockt werden.
Ein größeres Problem waren zu dem Zeitpunkt die Hunde. Sie gingen mit leichten Lasten ins Geschirr, zeigten aber schon am ersten Tag eine Demoralisierung, die viel Ärger bereitete. Schuld daran waren die Pinguine, die in Scharen auf das Eisfeld losschossen. Die Hunde heulten und zerrten an den Leinen, um ihnen zu entkommen.
Die Motorschlitten beförderten sofort große Lasten ans Ufer. Von ihnen hatte sich Scott am meisten versprochen. Er sollte sich auch in diesem Punkt irren.
Sie machten sich daran, eine Winterhütte zu bauen. Ihre Expedition war ja auf längere Zeit eingerichtet, sie konnten die Zeit auch nicht so genau einschätzen, die sie schon durch die Unbilden der Herfahrt verloren hatten. So mussten sie irgendwo überwintern. Der Start ging noch einigermaßen. Einige Ponies waren zwar noch zu schwach, aber die meisten überraschten durch ihre Zugkraft: Sie beförderten Lasten von 320 bis 450 Kilo. Welche Unmengen an Ausrüstung Scott mitgenommen hatte! Aber schon bald gingen auch auf dem Eis die Probleme mit dem riesigen Tross los: die Ponies gefielen

sich in heftigen Kapriolen. Das glatte Eis und die Schlitten hinter sich machten sie nervös, störrisch und unlenksam.

„Wenn ich nur wüsste, wo wir die Ponies im Winter unterbringen! … Wir sind vom Schiff abgeschnitten, was aber noch schlimmer ist, ein Motorschlitten liegt auf dem Grunde des Meeres. Er war zu schwer, das Eis hat ihn nicht getragen."

Das Schiff, das auch noch der Versorgung dient, muss also an eine neue Anlegestelle gebracht werden, wo das Eis noch fest ist. Einer der besten Hunde hustet, zwei Minuten später ist er tot. Die Ponies werden immer störrischer, erschrecken vor dem Schlitten, bocken, rasten aus, galoppieren mit dem Schlitten bergauf und bergab, zerreißen die Halfter.

„Diese unerwarteten Schwierigkeiten haben uns alle sehr verstimmt."

Der Kampf mit den Tieren bestimmt den Verlauf der Expedition. Scott und seine Männer wussten nicht, worauf sie sich in dem Gebiet mit den vielen Tieren einließen, wie sich das entwickeln würde. Zu viele Unbekannte! Bei einem Marsch über morsches Eis wollte ein Pony über eine Spalte springen, sank dabei ein, und kam immer noch tiefer in den Eisschlamm. Es wurde mit viel Mühe gerettet.

„Die Hunde sind sehr stürmisch und kaum zu halten. Ich zweifle, dass sie sich gut machen werden. Dagegen arbeiten die meisten Ponies mit großer Sicherheit, marschieren flott und munter und folgen einander auf dem Fuße. Sie haben nur einen Nachteil, dass sie im weichen Schnee leicht einsinken und

schon da durchbrechen, wo ein Menschen-Fuß kaum einen Eindruck auf die Oberfläche macht.“

Ein Pony ist lahm, ein weiteres leidet an einer Schwäche der Vorderbeine. Wie lange würden sie aushalten?
Die Ponies sanken derartig tief in den Schnee ein, so dass sie eine neue Erfindung ausprobierten: *Pony-Schneeschuhe!* Leider hatten sie nur ein Paar dieser Zauberdinge dabei, denn sie bewährten sich großartig. Das erste Pony mit Schneeschuhen, „Willi“, lief jetzt wie auf hartem Boden, wo es sich sonst gewaltig hatte abschinden müssen. Die anderen Pony-Schneeschuhe hatten sie in der Winterstation zurückgelassen, wie ärgerlich.

„75 Stunden lang Orkan! Dieser hat die Ponies sehr angegriffen, alle sehen sehr stumpfsinnig aus und drei sind sehr mager geworden. Dem Pony von Fordes geht es am schlimmsten, sodass er den Schlitten selbst zog und das Pony hinter sich herführte. Es sah aus wie eine jammervolle Vogelscheuche. Ich fürchte, wir werden nicht allzu weit kommen, wir müssen aber in jedem Fall die Mehrzahl der Ponies am Leben halten.“

Den Hunden ging es indessen soweit gut. Waren sie vorher noch unberechenbar, so haben sie sich während des Orkans unter dem Schnee zusammengerollt und kamen zu den Mahlzeiten aus ihren dampfend warmen Höhlen heraus, für sie war der Sturm nur eine angenehme Ruhepause. Einmal, als die Ponies wieder bei jedem Schritt stark im schlechten Boden einsanken, fiel eines von ihnen hin. Die nachfolgenden Hunde gingen daraufhin durch. Sie fielen über das Pony her, das sich aber nach Kräften wehrte. Hunde und Ponies erlitten Verletzungen.

Trotzdem war die Ausdauer der Hunde bewundernswert. Ihre Beine schienen aus Stahl zu sein, berichtet Scott. Ermüdung war ihnen unbekannt. Auch die Ponies haben sich zwischendurch wieder gut erholt. Scotts Plan schien nach anfänglichen Schwierigkeiten doch aufzugehen. Obwohl es immer wieder Zwischenfälle gab. Einmal fiel ein Hundegespann bei einer unsichtbaren Schneebrücke mit 13 Hunden in eine Spalte, der Schlitten mit dem Leithund blieb oben. Die Hunde hingen an den Seilen, doch alle wurden gerettet. Einige waren aber verletzt.

Was ich mich gefragt hatte, war: wusste Scott überhaupt von Amundsen und seinen Plänen? Ja, er tat es, er hatte auf der Überfahrt davon erfahren. In einem Zelt wartete dann eine unangenehme Überraschung auf Scott.

„Im Zelt des Sicherheitslagers war ein Brief von Campbell, der mir über seine Tätigkeit Bericht erstattete und unter anderem mitteilte, dass er in der Walfischbucht Amundsen im Winterquartier gefunden habe. Zweifellos ist Amundsens Erscheinen für meine Pläne eine ernstliche Störung. Sein Abstand vom Pol ist 110 Kilometer kürzer als der meinige und ich hätte nie gedacht, dass er so viele Hunde sicher auf die Eisbarriere hätte bringen können!
Sein Plan, mit ihnen zu fahren, scheint ausgezeichnet, vor allem kann er seine Reise schon früh im Jahr antreten, was mit den Ponies unmöglich ist. Ich weiß schon jetzt kaum, wie ich die Ponies von hier aus in Sicherheit bringe!

Ich darf mich aber durch Amundsens Vorgehen nicht beirren lassen und bleibe bei meinem ursprünglichen Plan, als wenn ich nichts von Amundsen wüsste."

Was für eine Spannung! Doch Scott wusste wohl in diesem Moment schon, dass er die schlechteren Karten hatte. Er wusste, dass die Ponies mehr Schwierigkeiten mit sich brachten, als er geplant hatte. Die riesige Zahl an Hunden, die hingegen Amundsen mit sich führte, brachte weniger Probleme. Im Gegenteil, Amundsen konnte später die Hunde selbst als Nahrung verwenden, für die Mannschaft und für die anderen Hunde selbst. Sogar am Pol schlachteten sie einen weiteren treuen Hund. Ein schwerer Augenblick für Amundsen und seine Männer. Aber es ging ja um das Überleben. Während der ganzen Expedition wurden unterwegs 18 Hunde für die Verpflegung der Mannschaft geopfert.

Aber wie ging es indessen mit Scott weiter? Hier nahm das Schicksal Zug um Zug seinen Lauf. Es gab erneut Orkane, und die Ponies litten furchtbar darunter. Sie waren mager und ganz schwach. Ein Pony starb. Die wichtigste Aufgabe war nun, das Leben der anderen zu erhalten. Denn sie konnten kein weiteres entbehren und mussten mindestens drei oder vier gesund nach Kap Evans zurückbringen.
Auf dem Weg zur Hüttenspitze führte der Weg über blankes Eis. Die Hunde-Abteilung kampierte auf der sicheren Hüttenspitze, von wo aus sie die Pony-Abteilung durch das Fernglas sehen konnten. Doch – oh Schreck – das ganze Meereis war in Bewegung und auf den wogenden Schollen trieb in weiter Ferne die Pony-Abteilung fort! Sofort starteten sie

eine Rettungsaktion, bei der aber wiederum zwei Ponies in die Eisspalten stürzten.
Im weiteren Verlauf wurden die Ponies immer schwächer. Die Männer waren ebenfalls ziemlich erschöpft, denn der nasse Schnee war ungeheuer schwer. Nur – die Hunde waren großartig, doch sie hatten nichts mehr zu fressen. Und so musste ein Pony erschossen werden. Und noch eins. Und zwei Tage später wieder eines. In allen Zelten steht Ponyfleisch auf der Speisekarte. Und dann kommt ein Sturm auf, der das Schicksal der Tiere besiegelt:

„Das Wetter ist furchtbar, der Sturm dauert an, die Lage wird immer ernster. Für morgen bleibt nur eine kleine Futterration. Wir müssen also morgen wieder marschieren, oder die Ponies opfern. Im Moment können wir nur in unseren nassen Schlafsäcken liegen. Alles ist nass, auch die Socken.
Minus drei Grad. Der Schneefall hat den Weg unerträglich gemacht. Die Ponies kommen kaum vorwärts. Abends waren sie völlig am Ende, schleppten sich mühsam noch einige hundert Meter vorwärts. Im Lager, dem „Schlachthaus“, wurden alle erschossen.“

Vielleicht war das bereits der Wendepunkt von Scotts Expedition. Die Ponies hatten in der Antarktis keine Überlebenschance. Den Rest kennen wir. Die Hunde hielten noch eine Weile durch, aber es waren zu wenige. Den Menschen ging es nicht besser. Sie mussten ihre Schlitten nun selber ziehen. Denn diese sanken sofort ein, wenn sie stehen blieben. Sie mussten also ständig in Bewegung gehalten werden. Die Männer sind am Ende ihrer Kräfte. Fünf von ihnen leiden durch Unvorsichtigkeit an Schneeblindheit. Zwei kehren um.

Durch Stürme, Orkane, Schneefall, Kälte und Hunger waren nach wenigen Wochen von der riesigen Mannschaft nur noch fünf Männer übrig. Doch diese Fünf waren unglaublich zäh: Robert F. Scott, Dr. Wilson, Bowers, Evans und Oates erreichten den Südpol, wenn auch nach Amundsen. Doch der Rückweg gelang ihnen nicht mehr. Ein Grund war sicherlich auch, dass sie ihre Brennstoffvorräte im Depot im Stehen und nicht im Liegen gelagert hatten. Als sie zurückkamen, war das meiste daraus verdunstet.
Dazu hatten sie Pech mit dem Wetter. Es war permanent etwa 15 Grad kälter als erwartet. Der Boden war mit Schnee bedeckt. Dieser Schnee setzte sich als Behinderung an den Schlittenkufen fest. Die stumpfe Oberfläche hatte verheerende Folgen auf das Tempo. Statt der geplanten 24 Kilometer schafften sie gerade mal 5 Kilometer am Tag. Wenn sie stehen blieben, war der Tod nah. Doch um sich zu bewegen, brauchten sie einigermaßen trockene Füße. Die hatten sie auch nicht mehr. Die ständig nassen Socken wurden zu harten, brüchigen Eispanzern. Sie bauten ihr Lager auf. Stürme ließen sie nicht mehr aus ihrem Zelt kommen. Das war dann das Ende. Dass es ausgerechnet den so mutigen Scott treffen musste, ist besonders tragisch. Als er das Ende spürt, schreibt er:

„Wären wir zurückgekehrt, ich hätte Euch so viel von Mut und Ausdauer und von der Expedition erzählen können.“

Amundsen hingegen kam zurück. Auch er und seine Mannschaft hatten ungeheure Strapazen auszuhalten, aber ihre Rechnung ging auf. Der Norweger hatte vielleicht mehr im Einklang mit der Natur gehandelt. Er war natürlich auch fast auf Skiern aufgewachsen. Dort in den norwegischen Bergen, wo ähnliche Bedingungen herrschten wie in der Antarktis. Und während Scott auf dramatische Weise mit der Natur kämpfte, handelte Amundsen stets sehr professionell mit den Elementen. So unterscheiden sich seine Berichte grundlegend von den Scotts:

„Heftiges Schneegestöber und aufgejagte Schneewehen – Himmel und Erde verschwammen ineinander, nichts war zu sehen. Trotzdem ging es glänzend vorwärts ... die ganze Zeit über musste man sich auch Nase, Mund, Wangen und Ohren auftauen. Natürlich hielten wir dabei nicht an, dazu hatten wir keine Zeit. Wir zogen einfach während des Marsches einen Fausthandschuh aus und legten die warme Hand auf die erfrorene Stelle.“ (Roald Amundsen)

Als sie den Pol erreichten, verbrachte Amundsen einige Tage mit Messungen. Dann errichteten sie ein Zelt, nannten es „Polheim“ und ließen ihr überflüssiges Gepäck darin zurück, einen Brief an ihren König und einen Brief an Robert Scott.

Der Rückweg verlief trotz der Schwierigkeiten, die das Gelände mit den Spalten und Rissen und tückischen Hügeln aufwies, glatt. Auch die Stürme und der Schnee konnten ihnen nichts mehr anhaben. Ihre Hunde waren so zahlreich, dass sie auch noch auf dem Rückweg zum Ziehen der Schlitten und als „Verpflegung“ gedient haben. Nach nur 41 Tagen waren sie wieder zurück.

„Am 26. Januar fanden wir unser Haus wieder mit zwei Schlitten und 11 Hunden. Alle Tiere und auch die Menschen strotzten vor Gesundheit. Da standen wir in den frühen Morgenstun-

den vor der Haustüre und warteten aufeinander. In geschlossener Reihe wollten wir uns vorstellen. Es war so ruhig und still drinnen – sie schliefen wohl alle. Wir traten ein. Stubberund fuhr in seiner Koje auf, starrte uns an und hielt uns für Gespenster. Nun erwachte einer nach dem anderen aus seinem Schlaf, und sie konnten zuerst gar nicht fassen, was geschehen war.
Aber dann war des Begrüßens in allen Tonarten kein Ende, und lauter Jubel brach los, als sie hörten, dass wir alle wohl und gesund zurückgekehrt seien. – „Und wie ging's mit dem Pol? Seid ihr am Pol gewesen?" Ja, natürlich, sonst hättet ihr uns wohl kaum wiedergesehen."

Das war am 26. Januar 1912, während Scott mit seinen Männern gegen Hunger und Kälte kämpfte. Amundsen war zurückgekommen. Und er konnte erzählen. Stefan Zweig hat den „Wettlauf zum Südpol" auf die ihm eigene Art sehr treffend zusammengefasst:
„Das Unfassbare in der Menschheit ist geschehen: der Pol der Erde, seit Jahrtausenden unbeseelt und vielleicht seit allem Anbeginn ungeschaut vom irdischen Blick, ist in einem Molekül der Zeit zweimal entdeckt worden. Und so sind die Zweiten – nur einen einzigen Monat von Millionen von Monaten zu spät – die Zweiten in einer Menschheit, für die der Erste alles ist und der Zweite nichts."

▲ *Ein Teil des Zeltlagers Patriot Hill.*

Bei der Untersuchung auf Tauglichkeit durch den Expeditionsarzt. ▼

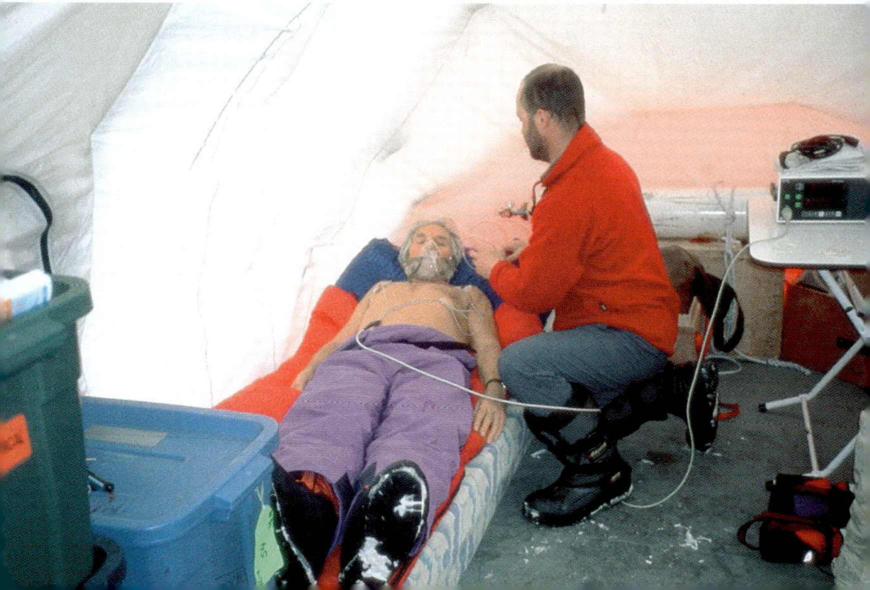

▲ *Schorsch Kirners Zelt in Patriot Hill bei Sturm*

Vor dem Abmarsch beim Präparieren des Pulkas. ▼

▲ *Kirner mit den Vertretern von Papst Johannes Paul II.*

Die einsame Tankstelle in der Antarktis mit den Eisplastiken des Eskimo. ▼

▲ *Die Begleiter Kirners: Richard Bauer und Devon der Kanadier.*

Einsame Spuren im ewigen Eis der Antarktis. ▼

▲ *Rast in der weiten Eiswüste.*

Richard Bauer, Schorsch Kirners Freund und Begleiter. ▼

▲ *Über das unendliche Eis geht es in Richtung Südpol.*

Wie eine Fata Morgana tauchte dieser Radfahrer vor uns auf. ▼

▲ *Schorsch Kirner beim Freischaufeln des Biwaks.*

Das abgestürzte Flugzeug, das uns das Leben rettete. ▼

▲ *Richard und Devon kurz vor der amerikanischen Station am Südpol.*

26. Januar 2003 am Südpol – ein Traum ging in Erfüllung. ▼

Das Abenteuer ist noch nicht zu Ende

Als wir am Morgen unseres zweiten Tages am Südpol aufwachten, schwoll schon wieder der Wind zu einem kräftigen Sturm an. Nicht schon wieder! Wir setzten uns telefonisch mit der Flugzentrale in Patriot Hills in Verbindung, um ein Flugzeug anzufordern, das uns von hier abholen sollte.
Die Antwort mussten wir erst einmal verdauen: ein Flug war wegen des schlechten Wetters unmöglich. Vor allem in den Thiel-Bergen herrschten wieder Schneestürme. Und so waren wir dazu gezwungen, das zu tun, was wir im Verlaufe unserer Expedition so oft hatten tun müssen: warten.
Wieder einmal ging es darum, ein Depot zu finden, denn unsere Vorräte waren zu Ende. Leider bot uns ja die Crew von der Forschungsstation keine Hilfe an. Wenn es jetzt noch ein paar Tage dauern würde, bis unser Flugzeug würde landen können, dann hatten wir wieder einmal definitiv zu wenig zu essen. Also war unser Abenteuer noch nicht zu Ende!

Auch wenn wir es nicht wahrhaben wollten, es blieb uns nichts anderes übrig, als trotz des Sturms zu versuchen, das nächstgelegene Depot zu finden. Auch um den Südpol herum waren Versorgungsdepots angelegt, und in unserer Skizze war eines in etwa 20 Kilometer Entfernung eingezeichnet. Das bedeutete für uns zwei Tage unter härtesten Bedingungen zu gehen. Der Sturm, die dünne Höhenluft dieser Region und unser geschwächter körperlicher Zustand machte uns das Gehen sehr schwer. Wir bepackten unsere Pulkas nur mit dem Nötigsten für zwei Tage, aber trotzdem war er so schwer wie nie – so kam es mir zumindest vor.
Mühselig wurde diese Aktion, hatten wir doch eigentlich

schon abgeschlossen mit den Strapazen der Expedition und waren gar nicht mehr auf derartige Anstrengungen eingestellt. Diese beiden Tage fielen mir wirklich sehr schwer! Aber sie waren wenigsten von Erfolg gekrönt:

„Depot gerade voraus!“ erklang der Ruf des an der Spitze gehenden Devon. Und in dem Moment waren wir alle sehr erleichtert. Das Depot war voll mit Lebensmitteln und Brennstoff. Nun konnte uns wirklich nichts mehr passieren! Wir entnahmen so viel, wie wir für ein paar Tage benötigen würden und kochten uns ein fürstliches Mahl: Nudeln mit Würstchen. Dann zogen wir unsere wieder schwer gewordenen Pulkas zum Pol zurück. Dort konnten wir uns nach Herzenslust satt essen, und das taten wir zur Genüge. Wir mussten ja keinerlei Kilometer mehr zurücklegen und keine Rücksicht auf unsere Kondition nehmen. Und ich musste mich wirklich wundern, wie viel ich und meine Kameraden auf einmal essen konnten!

Nach dem ausgiebigen Mal legten wir eine ebenso ausgiebige Rast ein. So waren der Sturm und der Schneefall am Pol schon wesentlich leichter zu ertragen!

Zauberteilchen

Mitten im Schneesturm bewegte sich eines Tages die Zeltwand, es wollte uns wohl jemand besuchen. Als ich das Zelt öffnete, stand der Stationsleiter vor mir. Er hatte inzwischen mein genaues Alter erfahren und konnte das nicht fassen, dass ich hier hergekommen war. Er hatte einen Vater von 62 Jahren, und der konnte sich kaum mehr bewegen. Wir kamen ins Plaudern und ich sagte ihm, es wäre viel wichtiger, die Jahre zu erleben, statt sie zu zählen.

Danach durften wir sogar noch für eine Stunde die Forschungsstation besichtigen, den „Dom". Der sah allerdings eher aus wie eine Halbkugel. Die Station wurde 1978 gebaut und war die erste am Südpol. Ich war gespannt auf das berühmte Gebäude. Das Erste, was mir in ihrem Inneren entgegenschlug, war eine ungeheure Hitze! Es herrschte nur die normale Raumtemperatur, aber mir kam es natürlich völlig überheizt vor. Das war's dann auch schon mit der Besichtigung, denn sie war auf die Aufenthaltsräume und die Bibliothek beschränkt. Diese waren bestens eingerichtet und technisch auf dem neuesten Stand. Die Messstation durften wir nicht anschauen. Das war geheim. Aber für einen Eindruck reichte es. Die Wissenschaftler, die auf der Station lebten, mussten nichts entbehren, sie hatten alles Wichtige und Angenehme des Lebens bei sich und konnten es dort gut aushalten.

Danach durften wir noch die deutsche Forschungsstation besichtigen. Die Antarktis-Forschung nimmt eine Schlüsselfunktion ein, was Erdgeschichte und Klimaforschung angeht. 500 000 Jahre Erdzeitalter lagern in den dicken Eisschichten der Antarktis. So birgt der Kontinent so manches Geheimnis unter seinem Eispanzer. Dieses unwegsame Gebiet ist selbst für Forscher und Wissenschaftler schwer zugänglich. Trotzdem zieht es seit vielen Jahren Abenteurer und Wissenschaftler magisch an. Der Großteil der Forschung findet zwar am Rande des Kontinents statt, aber jedes Jahr nehmen auch hunderte Forscher die Strapazen im Landesinneren auf sich. Seit 1976 versuchen deutsche Forscher in ihrer eigenen Station, dem Ort ein paar Geheimnisse zu entlocken.

Hunderte von Messgeräten, Computer, Skalen und Tafeln zieren die Wände der deutschen Forschungsstation. Inmitten dieser Wissenschaft begegnete ich den *Neutrinos.* Ich muss gestehen, dass ich dieses Wort niemals vorher gehört hatte. Aber jetzt kenne ich es und werde es so schnell nicht mehr vergessen. Denn es verbirgt sich eine ungeheuer spannende Geschichte hinter diesen geheimnisvollen Teilchen. Für die Erforschung dieser Teilchen wird weltweit ein riesiger Aufwand betrieben. In der Antarktis soll das größte Experiment der Welt stattfinden. Und die deutsche Forschungsstation ist maßgeblich daran beteiligt.

Was ist so interessant an diesen Geisterteilchen, dass ein derartiger Aufwand betrieben wird, und jeder Forscher ins Schwärmen gerät? Neutrinos sind Teilchen, die praktisch durch nichts aufzuhalten sind. Lediglich eine Bleiwand von 1000 Lichtjahren Dicke – das ist völlig unvorstellbar – könnte ein Neutrino wirksam stoppen. Manche entstehen in der Sonne und rasen bis zur Erde und durch die ganze Erde hindurch. Und weil sie praktisch nicht aufzuhalten sind, fliegen sie in alle Ewigkeit weiter. So bringen sie uns Infos aus der Vergangenheit und der Zukunft des Kosmos, sie „berichten" über „Schwarze Löcher" oder Sternenexplosionen, kurzum: die Neutrinos öffnen ein Fenster zum Universum!

Würde zum Beispiel die Sonne 20 % ihrer Kraft verlieren, dann wäre die Erde nicht mehr existenzfähig. Die Neutrinos melden diese Information binnen weniger Tage. Eintreten würde der Kraftverlust erst nach 20 000 Jahren. Ein beruhigendes Warnsystem!
Warum wird gerade in der Antarktis danach geforscht? Erstens ist genügend Platz – das Teleskop muss riesig sein, damit sich genügend Neutrinos aus dem All darin verfangen. Zweitens ist das kilometerdicke Polareis kristallklar – eine Voraussetzung dafür, dass man die Neutrino-Blitze überhaupt sehen kann, und drittens ist das Polareis tief genug, um Störstrahlung von oben weitgehend abzuschirmen. Der unglaubliche Trick dabei: das Teleskop steckt kopfüber im Eis und misst die Neutrinos, die auf der *Nord*halbkugel der Erde eingedrungen sind und den ganzen Erdball durchquert haben!
Und übrigens, damit keiner denkt, mit Neutrinos wäre er noch nie in Berührung gekommen: Neutrinos gibt es überall. Durch jede Hand rauschen 11 Billionen Neutrinos, und das pro Sekunde.

Abschied vom Eis

Wir verbrachten noch einige Tage am Südpol. Nach wie vor waren wir mit dem Ausschaufeln und Festhalten des Zeltes beschäftigt. Aber dazwischen hatten wir auch Pausen. Es kostete mich nach wie vor jedes Mal eine große Überwindung, aus dem warmen Schlafsack in die eisige Kälte hinaus zu müssen. Daran würde ich mich nie gewöhnen. Aber das war nun einmal nötig. Trotzdem waren wir bester Laune. Wir hatten genug zu essen, wir konnten uns einfach im Zelt ausruhen, gemütlich miteinander plaudern. Und – meine gute Stimmung hatte noch einen Grund: mein 67. Geburtstag stand bevor! Ihn feierte ich am allerletzten Tag, den wir am Südpol verbrachten, und es war einer der ungewöhnlichsten Geburtstage, die ich in meinem Leben jemals gefeiert habe. Viel mit Feiern war zwar nicht, ein paar Gratulationen, ein Schokoriegel – mehr hatten wir nicht zur Verfügung, aber das schönste Geschenk hatte ich mir selber gemacht: mein Ziel erreicht zu haben.

Ich hatte schon oft Geburtstag, wenn ich auf Expedition war. Aber komischerweise habe ich ihn in den meisten Fällen gar nicht gefeiert. Ich habe ihn einfach vergessen! Das ist genauso wie mit den Wochentagen, Sonntagen – es ist nicht wichtig, welcher Tag ist. Da bin ich vielmehr mit den Problemen vor Ort beschäftigt, wenn jemand krank ist, oder ich schauen muss, wo ich wieder was zu essen herkriege. Mein Geburtstag kam mir nur dann in den Sinn, wenn ich gerade Tagebuch geschrieben oder jemanden angerufen habe.

Der letzte Morgen war angebrochen. Wir packten zum letzten Mal unseren Pulka an diesem Ort, der so geschichtsträchtig ist wie kaum ein anderer. Ich saß auf meinem Schlitten und erlebte die letzten Stunden am Südpol. Was war das für eine Zeit, damals, als die Pole entdeckt und erreicht wurden! Es war das Jahr 1912, als die Eroberung des Südpols mit Scott ihr trauriges Ende fand. Im gleichen Jahr war die Titanic untergegangen. Da waren 1517 Menschen ums Leben gekommen. Die Weltpresse berichtete davon. Ein denkwürdiges Jahr.

Aus der Ferne hörte ich das Knattern des Flugzeuges, das uns nach Patriot Hills zurückbringen sollte. Unsere Zeit hier war zu Ende. Der kleine gelbe Vogel setzte auf. Wir schoben unsere Pulkas hinein, ließen uns in die Sitze fallen und – flogen zurück in die Welt.

Da saßen wir drei nun, bei einer köstlichen Dose Bier, das auch sogleich seine Wirkung tat. So viele Wochen hatten wir auf jeden Luxus verzichtet. Fast auf jeden, denn Richard hatte ja eine Flasche Schnaps zum „Begießen des Erfolgs" mitgenommen. Die hatten wir allerdings anderweitig verwendet. Mit leichtem Silberblick schauten wir hinunter auf die unendliche Eisfläche, auf der wir noch vor kurzer Zeit unsere Schlitten zogen und so manche kritische Situation bewältigen mussten. Irgendwie war mir die Antarktis näher gerückt.

Die beiden Pole, die Arktis und die Antarktis, müssen geschützt und erhalten bleiben. Sie sind für mich so etwas wie die Kronjuwelen der Erde. Haben die Pole eine Chance?

Warum war die Antarktis so spät erst erforscht worden? Der Grund dafür liegt in den Gefahren des Südpolar-Meeres. Schon seit Jahrtausenden jagten Menschen am Rande des Nordpolarmeeres. Als das Nordpolarmeer leer gefischt war, lockte der Reichtum im Süden rücksichtslose Walfänger und

Robbenjäger herbei. Im Jahr 1900 hat es etwa 250 000 Blauwale im Südpolarmeer gegeben. 1965 hat die Walfangflotte im gesamten Jahr nur ganze 4 Exemplare gesehen. Nicht viel besser ist es den Robben ergangen. Wegen ihres Fells wurden mehr als 5 Millionen Robben in der Antarktis erschlagen. In der letzten Zeit haben sich sowohl die Wal- als auch die Robbenarten durch den Einsatz von Tierschützern leicht erholt.

Derzeit ist die Bedrohung des Südpolgebietes durch Umweltverschmutzung relativ gering. Die Nutzung der reichlich vermuteten Bodenschätze ist bis auf 50 Jahre verboten. Eine gezielte Suche nach Bodenschätzen ist ohnehin stark eingeschränkt durch die bestehenden Schutzverträge, die die rein wissenschaftliche Nutzung des Kontinents vorsieht. Der Kontinent steht so unter internationalem Schutz, und die beteiligten Länder verzichten auf jeden Gebietsanspruch. Die Antarktis ist völkerrechtlich staatenlos. Heute gehören 44 Nationen zum Antarktisvertrag. Deutschland ist 1978 dem Vertrag beigetreten

Auch Tankerunglücke sind eher eine geringe Gefahr. Eines hat sich 1989 ereignet – ein argentinisches Schiff war auf Grund gelaufen. 900 000 Liter Öl liefen aus und gefährdeten Fische und Seevögel.

Der im Moment profitabelste Rohstoff der Antarktis ist sie selbst, ihre unberührte Schönheit. Am häufigsten schippern Kreuzfahrtschiffe an der Küste des antarktischen Kontinents, wo sich auch die Tierwelt gut beobachten lässt. Etwa 14 000 Touristen sind es im kurzen antarktischen Sommer, verführt von der Sehnsucht nach dem urzeitlichen Zustand der Erde. Diese Besucher stören allerdings wenig, sie benehmen sich angemessen und respektvoll. Darauf passt man auf. Es sieht also ganz gut aus.

Vom Südpol ging's zurück nach Patriot Hills. Es herrschte hektische Betriebsamkeit, denn das Camp war im Auflösen begriffen. Der antarktische Winter war eingebrochen, und alles, was nicht fest verankert war, wurde abgebaut. Wer nicht mehr gebraucht wurde, verließ den Kontinent. Es war der letzte Flug ans Festland. Die Iljuschin holte uns ab, wurde voll gepackt mit all den Geräten und Zelten aus dem Camp und brachte uns nach Punta Arenas zurück.
Wir landeten spät am Abend, und als ich aus dem Flieger stieg, war es *dunkel!* Was war denn jetzt passiert? Ja, es war plötzlich wieder Nacht geworden. Nach vielen Wochen in ständiger Helligkeit war auf einmal wieder Nacht geworden! Das war das erste Zeichen, dass wir wieder in unserer „alten" Welt waren. Um drei in der Früh betraten wir unser Hotelzimmer, duschten uns, setzten uns auf Stühle und aßen eine Kleinigkeit an einem Tisch. Das war das zweite Zeichen! Und kaum waren wir in unserem Zimmer, läutete auch schon das Telefon. Eine Stimme meldete uns, dass wir bereits um fünf Uhr früh einen Flug nach Deutschland bekommen würden. Das war das dritte Zeichen. Und das Thema Schlaf hatte sich erledigt.
Devon war in einem anderen Haus untergebracht. Ihn wollten wir eigentlich am folgenden Tag in der Früh treffen, um uns voneinander zu verabschieden. So fiel mit unserem unerwarteten Flug auch gleich noch unser Abschied ins Wasser. Das war sehr schade, waren wir doch so lange Zeit so eng beieinander gewesen. Und Freunde geworden. Doch Hektik und Termine hatten uns schon wieder fest im Griff, noch bevor wir überhaupt zuhause waren. Die Leute um uns herum rauchten, Frauen hatten Seidenstrümpfe an, hielten ein Handy ans Ohr, rannten in Windeseile durch das Hotel, spä-

ter am Flughafen kamen sie mir sogar noch schneller vor. Sicherheitskontrolle, einchecken, schnell die Koffer! Wohin muss ich jetzt, wo ist der richtige Eingang? Mein Ticket, grade hatt' ich's noch! Wo war jetzt wieder Richard?
Ich fühlte mich noch wie in einer anderen Welt.
Erst im Linienflieger nach Deutschland fiel dann die ganze Anspannung von mir ab. Und dann erst konnte sich das richtig tiefe Glücksgefühl einstellen. Ungetrübt von Sorgen oder irgendwie gearteten Gefahren. Was für ein lang gehegter Traum war da für mich in Erfüllung gegangen. Und was war das für ein wunderbares Gefühl gewesen, nur ich mit zwei Kameraden in einer unberührten faszinierenden Natur. Fast wünschte ich mich schon ein bisschen dorthin zurück! Vor allem, wenn ich an die vielen Menschen denke, an die Hektik, die viele verbreiten. Wie schön war die Einsamkeit. Natürlich freute ich mich auf meine Frau, sehr sogar. Und auf Freunde. Doch Luxus – den habe ich nicht vermisst. Nicht das Auto, das Radio oder den Fernseher. Auch während der Expedition denke ich nicht an solche „Annehmlichkeiten". Ich weiß ja, was mich in der Natur erwartet und mache mir da keine Illusionen. Und das Erlebnis übertrifft die Strapazen bei weitem.

Worauf freute ich mich zuhause am meisten?
Wie freute ich mich auf die Krokusse, die daheim blühen würden. Und ich freute mich vor allem auf ihre kräftigen Farben, ihr sattes Gelb, ihr volles Lila. Nach dieser so langen Zeit, in der alles nur weiß und grau war, keine Farben existierten! Ob sie wohl schon herausspitzten? Die Schneeglöckchen, die waren auf jeden Fall schon da.
Und ich freute mich auch ganz besonders auf das Zwitschern

der Vögel! Wenn sie im Garten auf den Bäumen sitzen und ihre Lieder singen, das ist schon was Tolles. Das völlige Fehlen von Tieren und Pflanzen ist ein merkwürdiges Gefühl.

„Was könnte ich dir alles erzählen von dieser Reise. Wieviel besser war sie, als daheim zu sitzen in zu großer Bequemlichkeit.
Aber welchen Preis habe ich dafür bezahlt."

Das schrieb Scott in seinem letzten Brief an seinen Freund.
Natürlich bin ich nicht der Erste am Südpol gewesen. War für mich diese Expedition nicht so etwas wie die „Eroberung des Unnützen"?
Ich möchte auf keinen Fall diese Erlebnisse und Erfahrungen missen, denn trotz aller Strapazen hat mir diese Reise Spaß gemacht. Irgendwie wollte ich immer meine Träume und Wünsche erfüllen und voll am Leben teilnehmen. Ich wollte nie nur als passiver Zuschauer die Erlebnisse der anderen bewundern. Ich wollte und will auf gar keinen Fall am Ende meiner Tage auf ein Leben voller Versäumnisse zurückblicken.
Der Südpol war für mich die vielleicht letzte große Herausforderung, der ich mich stellen wollte, mein letzter Wunschtraum, den ich mir erfüllen konnte. Das Erreichen des südlichsten Punktes dieser Erde war für mich ein unbeschreibliches Glücksgefühl. Solche Momente, in denen man so unglaublich glücklich sein kann, die wünsche ich jedem Menschen. Sie machen das Leben unvorstellbar schön.
Allerdings empfindet jeder bei einer anderen Gelegenheit dieses vollkommene Glück. Für den einen ist es das höchste Glück, wenn er für seinen Fußballverein ein Tor erzielt. Der

andere empfindet es auf dem Gipfel eines Berges, bei der Geburt eines Kindes, oder wenn im Garten die ersten selbstgezogenen Pflanzen gedeihen. Es gibt viele Gelegenheiten, bei denen der Mensch Glück empfindet. Aber sie fallen einem meistens nicht in den Schoß, man muss sie suchen und oft genug auch darum kämpfen. Solch schöne Augenblicke muss man dann aber auch genießen und für schlechtere Zeiten in seinem Inneren aufbewahren. Dann kann man, wenn es einem gerade nicht so gut geht, von diesen Erinnerungen zehren.
Für mich war es ein Jugendtraum, den Südpol zu Fuß zu erreichen. Ich habe nicht wirklich daran geglaubt. Dass ich das geschafft habe, ist *mein* höchstes Glück.

Draufgebracht hatte mich damals der Schmuggler mit seinem Buch. Das war vor 53 Jahren.
Ich habe das Buch heute noch.

„Yake, yake Tuan“

Expedition zu Menschen,
die heute noch auf Bäumen leben

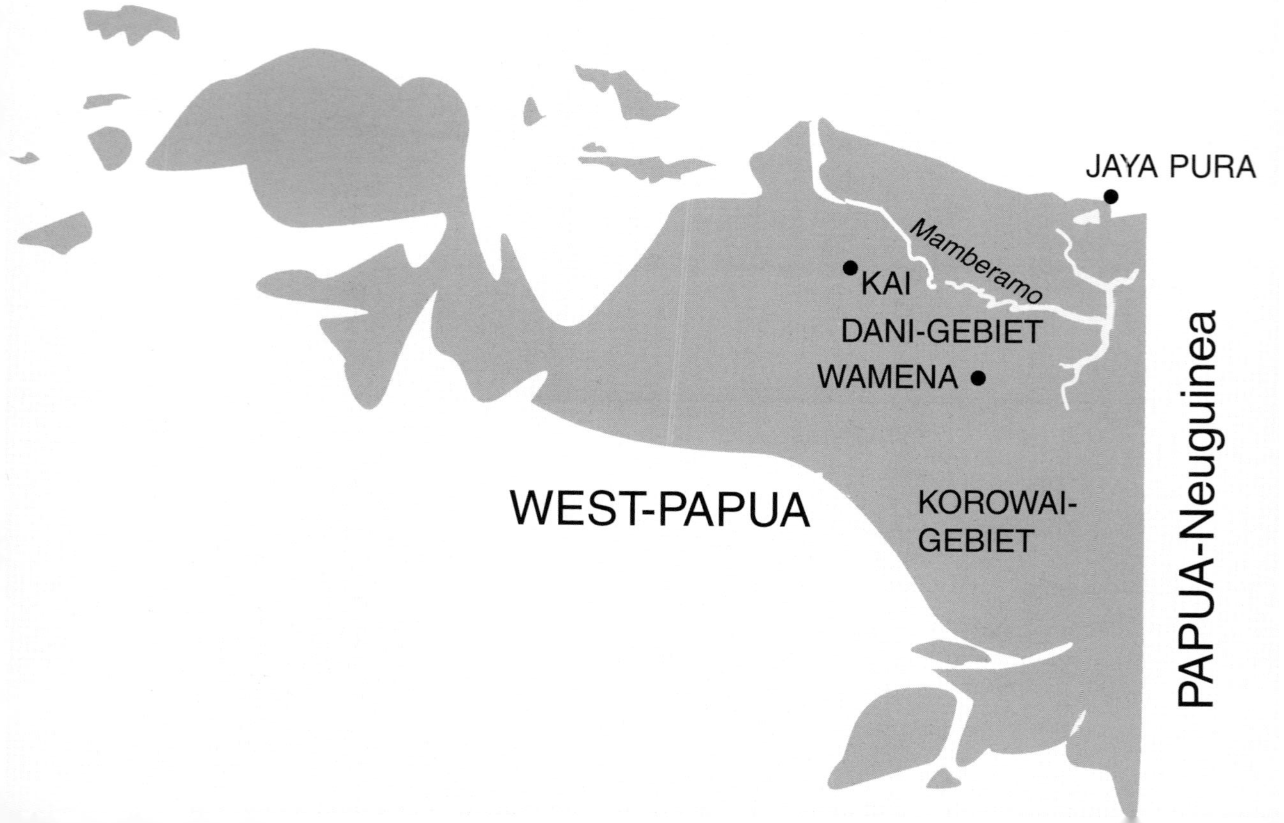
JAYA PURA
Mamberamo
KAI
DANI-GEBIET
WAMENA
WEST-PAPUA
KOROWAI-
GEBIET
PAPUA-Neuguinea

Zurück zur Steinzeit oder wozu braucht man ein Radio?

Ich setzte den Kopfhörer ab. Ich brauchte ihn nicht mehr. Wozu brauchte ich überhaupt Kopfhörer, oder ein Radio? Was heißt überhaupt „brauchen“? Was brauchte ich wirklich?
Das Brummen der Motoren machte mich schläfrig.
Ich sitze in einem Flugzeug. Nachdenklich blicke ich in Richtung Cockpit. Wofür brauche ich ein Flugzeug oder ein Auto? Ich könnte Rad fahren oder zu Fuß gehen.
Ich habe Kopfhörer auf und höre Musik.
Könnte ich auf all das verzichten?
Ich möchte Menschen kennen lernen, die diese Dinge *nicht* haben, die keinerlei Luxus kennen. Ich möchte den „puren“ Menschen kennen lernen, der nach den Gesetzen der Natur lebt und nach nichts anderem. Den Menschen, der durch nichts verdorben ist.
Ich habe das Gefühl, als könnte ich bei diesen Menschen etwas finden, was es sonst nirgends mehr gibt. Was suche ich überhaupt? Den Ursprung der Menschen – vielleicht ist es das.

Die Gelegenheit dazu bekam ich schon bald. Ich hatte von den „Steinzeitmenschen“ in Neuguinea gehört. Es soll dort Stämme geben, die noch nie einen Weißen gesehen hatten, die noch unberührt von der Zivilisation lebten. Genau die wollte ich suchen. Sie sollten sich im Westteil der Insel Neuguinea befinden, den die Indonesier West-Papua nennen und 1963 als ihre Provinz annektierten.
Ich flog nicht zum ersten Mal nach West-Neuguinea. 1974 war

ich Teil der ersten deutschen Neuguinea-Expedition, bei der wir die Carstenz-Pyramide, einen schneebedeckten Berg, bestiegen. 1980 war ich allein unterwegs und wollte einem befreundeten Arzt dringend benötigte Medizin in sein Urwald-Krankenhaus bringen. Auf dem Flug dorthin gerieten wir in ein Unwetter. Der Blitz schlug in unser kleines Flugzeug ein, ich kann mich an den ohrenbetäubenden Knall erinnern, als wäre es gestern gewesen. Wir stürzten ab. Dass wir nicht am Boden zerschellten, verdankten wir den hohen Urwaldbäumen, die uns wie ein Sprungtuch auffingen. Durch den Aufprall wurde ich in der Maschine eingeklemmt. Der nur leicht verletzte Pilot wollte sich bis zum Krankenhaus durchschlagen, um Hilfe zu holen. Ich wartete, doch tagelang kam niemand. Er wurde niemals gefunden, am Krankenhaus ist er nie angekommen.

Wer aber kam, waren die Einheimischen: Sie hatten den Göttervogel am Himmel gesehen, der in ihrem Glauben von den Ahnen geschickt worden sei. Sie fanden mich im Wrack eingeklemmt und befreiten mich mit Stangen. Dann boten sie mir eine selbst gemachte Zigarette an. Ich lehnte entschieden ab. Um mich herum lagen mehrere Kerosinfässer! Sie schleppten mich zehn Meter weiter und zwangen mich schließlich, zu rauchen. Mir blieb nichts anderes übrig. Ich hatte nicht genau gesehen, was sie in die Blätter der Zigarette hineingedreht hatten. Doch schon merkte ich die Wirkung: Es war ein Narkotikum! Ich spürte keine Schmerzen mehr und schlief ein. Mit ihrer Medizin aus dem Urwald pflegten sie mich wieder gesund.

Das war meine Erinnerung an Neuguinea.

Was würde mich dieses Mal erwarten?

Schritt für Schritt verließ ich die Zivilisation. Ich flog mit ei-

ner Verkehrsmaschine nach Indonesien, Djakarta, von dort aus weiter nach Jayapura auf Neuguinea. Mit einer normalen Linienmaschine flog ich dann bis Wamena im unzugänglichen Bergland. Die Stadt ist nur mit dem Flugzeug erreichbar. Eine bunte Stadt, die Vermischung der Papua- mit der indonesischen Kultur. Eigentlich heißt Wamena „Ort der Schweine". Schweine stellen für die Papua einen hohen Wert dar.
Bis hierher hatte ich einen offiziellen Weg eingeschlagen. Normalerweise wäre hier Schluss – doch meine Reise begann hier erst: Ich tauchte ein in eine „Welt abseits der Welt".

Es gibt keine Wege in den Dschungel, und kaum jemand bekommt die Erlaubnis dazu in ihn einzudringen. Dass ich überhaupt von Wamena weiterkommen konnte, war ein großes Glück. Es bestand darin, dass mich mit dem indonesischen Staatspräsidenten Habibie von einer früheren Zusammenarbeit her gute Beziehungen verbanden. Und der erfüllte mir meinen sehnlichen Wunsch, in die unerforschten Gebiete seines Landes vordringen zu dürfen. Mir schlug das Herz bis zum Hals, als ich von dieser einmaligen Chance erfuhr. Ich sollte mitten in den geheimnisvollen Urwald kommen, wo vor mir noch kein Weißer gewesen war. Was würde ich zu sehen bekommen? Welche Geheimnisse verbargen sich noch in diesem weiträumigen, unwegsamen und unberührten Paradies?
Ich begann meine Reise am Mamberamo, dem Oberlauf des größten Flusses von West- Neuguinea. Mit einer Militärmaschine des indonesischen Militärs wurde ich in die Flussniederungen des Mamberamo eingeflogen. Die wackelige Maschine brachte uns ins Niemandsland des Dschungels: nach Mamberamo Hulu. Einen anderen Namen hat dieses Gebiet

nicht. Es gibt keine Orte mehr, es heißt einfach „Mamberamo Hulu", das Mamberamo-Gebiet. Aus der Luft sah ich dunkelgrünen Dschungel, ein feuchtwarmes, dämpfiges Gebiet, durchzogen von Flüssen, die sich wie Schlangen durch den Urwald schlängelten.

Nach einigen Stunden landeten wir an einer kleinen ehemaligen Militärstation. Um weiterzukommen, musste ich einen Einbaum besorgen, dazu Verpflegung, Sprit und eine Begleitmannschaft. Nach einigen Verhandlungen und mit Hilfe von Mittelsmännern hatte ich schließlich alles beisammen: Einen Begleiter, der einen Einbaum fahren und den Außenbordmotor reparieren konnte. Ohne ihn wären wir in der Wildnis verloren. Zwei weitere Männer waren für das Tragen verantwortlich. Viel hatte ich zwar nicht dabei, aber für mich allein war es nicht zu schaffen. Meine einheimischen Begleiter hatten zudem eine überaus wichtige Rolle: Sie sollten den Kontakt zu den Stämmen herstellen, die wir besuchen wollten. Das war eine höchst komplizierte und langwierige Angelegenheit. Es konnte uns passieren, dass einfach überhaupt kein Kontakt zustande kommen würde. Wenn die Stammesangehörigen mich nicht sehen und kennen lernen wollten? Dann würde alles nichts nützen. Alles hing vom Verhandlungsgeschick meiner Männer ab. Und sie waren schließlich für die Papua genauso Fremde wie ich.
Und dann war noch Isak dabei. Er wurde zu meinem persönlichen Begleiter und sollte während der ganzen Expedition bei mir bleiben. Isak war Indonesier und sprach auch Englisch. Mit ihm konnte ich mich direkt verständigen, bei allen anderen halfen nur Gesten. Isak übersetzte meine Worte einem unserer Begleiter, der wiederum sprach Indonesisch und –

den Dialekt eines einheimischen Stammes. Also brauchte ich manchmal drei Dolmetscher, um mit den Menschen Kontakt aufnehmen zu können! Doch dazu kommt noch, dass jeder Stamm seinen eigenen Dialekt hat! Und diese sind untereinander wieder völlig verschieden. Den Westteil von Neuguinea bewohnen 156 verschiedene Bevölkerungsgruppen. Es existieren 142 Sprachen, die sich in noch mehr Dialekte untergliedern lassen. Es dauerte lange, bis wir wieder auf jemanden stießen, der sowohl die betreffenden Stammessprachen als auch Indonesisch konnte. Und ständig würden wir auch unsere Dolmetscher wechseln müssen.

Eintauchen in den Dschungel

Unser Ausgangspunkt war der Oberlauf des Mamberamo. Wir starteten, sobald unser zehn Meter langer Einbaum beladen war. Meine Männer ließen ihn ins Wasser gleiten. Es war brütend heiß. Die hohe Luftfeuchtigkeit sorgte zusätzlich für Schwüle. Ich saß im hinteren Ende des Einbaums, neben meiner Alukiste. Die Kiste habe ich immer dabei, wenn ich unterwegs bin: sie hält jede Witterung aus, ist stoßfest und kann auch mal ins Wasser fallen. Sie ist mir eine treue Begleiterin, beherbergt sie doch all meine Schätze: meine Kamera, neue und geschossene Filme, meinen Wasserfilter. Neben meiner „Schatzkiste" war das Boot hauptsächlich mit Sprit für den Außenbordmotor voll gepackt. Er lagerte in zahlreichen Plastikkanistern auf dem Boden.
Als Verpflegung hatten wir Trockenfleisch, Reis, einen lebenden Gockel sowie ein paar Büschel Bananen im Boot. Sie schmeckten sehr süß. Jeden Tag fingen wir Fische, die einer unserer Männer über dem Feuer zubereitete. Ich kannte die Namen der Fische nicht, ich hatte sie auch noch nie zuvor gesehen.
Wir hatten auch ein Gewehr dabei. Aber ich wollte nicht, dass jemand damit Tiere erschießt. Ich sah es als reinen Schutz an, vielleicht würden wir uns einmal verteidigen müssen.

Dann hatten wir noch zahlreiche Kanister mit Trinkwasser dabei. Die waren anfänglich für mich. Alle außer mir tranken das Wasser aus dem Fluss. Das kam für mich vorerst nicht in Frage – es wimmelte wahrscheinlich vor Krankheitserregern, an die die Einheimischen aber gewöhnt waren. Ich musste

mich erst langsam daran gewöhnen, wobei mir aber Tabletten und der Wasserfilter halfen.
Schwärme von Moskitos schwirrten um uns herum. Es war, als stächen einen hundert Nadeln. Mein Blut mochten sie besonders gerne. Ich hatte keine Malaria-Prophylaxe eingenommen. Es gibt so viele Resistenzen, dass eine Prophylaxe nur etwa gegen die Hälfte der verschiedenen Malaria-Erreger wirkt. Und welche es hier genau waren, wer weiß das schon so genau? Für den Notfall hatte ich aber Tabletten dabei, die als Breitband-Spektrum gegen alle Arten kurzfristig halfen.

Wir tuckerten einen kleinen Nebenfluss entlang. An einigen Stellen ragten umgestürzte Bäume aus dem Wasser. An beiden Seiten des Ufers wuchs meterhohes Schilf, undurchdringliche Büsche säumten das Wasser. Der dichte Urwald reichte bis an den Fluss. An Land konnten wir auch nicht gehen – wie sollten wir die Nacht verbringen? Im Boot konnten wir nicht schlafen. Hin und wieder tauchte eine Sandbank am Ufer auch. Konnten wir nicht hier anlegen? Es wäre zumindest eine Möglichkeit, einen Ausstieg zu finden.
„Können wir hier bleiben?“ Hoffnungsvoll sah ich Isak an.
„Nein. Hier schlagen wir kein Lager auf. Es hat gestern weiter flussaufwärts geregnet. Dann steigt in der Nacht das Wasser an. Das Hochwasser würde uns in der Nacht wegschwemmen. Das ist hier schon einige Male passiert.“
Diese Sandbank war also unter Umständen eine tödliche Falle. Sie konnte aber auch der Rastplatz für Krokodile sein! Das war nicht zu erkennen. Aber natürlich war klar: wir würden weiter suchen. Wir mussten uns eine Schneise in den Urwald schlagen. War das überhaupt möglich?
Das leise Summen der Moskitos steigerte sich langsam, die

Blutsauger wurden schlagartig mehr. Ich sah mich um und wurde ungeduldig. Ich hatte ein winziges Zelt dabei, das mussten wir aufbauen, bevor die Sonne unterging! Sonst würden uns Schwärme von Moskitos heimsuchen. Einer der Männer steuerte unser Boot in aller Seelenruhe flussabwärts. Isak hieß mich hinsetzen:
„Mach dir keine Sorgen, wir suchen ein Bewak."
Was suchen wir? In meinen Bergsteiger-Ohren klang es wie „Biwak". Und tatsächlich liefen wir kurze Zeit später eine kleine Hütte am Ufer an. Ich hatte im Verlauf des Tages in unregelmäßigen Abständen so eine Hütte gesehen. Sie bestand aus einer erhöhten Plattform, damit sie bei Hochwasser nicht fortgerissen wurde, und damit die Tiere nicht hinauf konnten. Natürlich, das war ja ideal zum Schlafen! Wir legten an, kletterten in das Bewak hinein und machten sofort ein Feuer, um die Moskitos zu verjagen. Die Nacht war lau und wunderschön. Und laut! Alle möglichen Laute erfüllten die Nachtluft: ein echtes Spektakel. Es war ein Zirpen, Kreischen, Quaken, Summen, Pfeifen, Gurren, Zwitschern. Ja schlief denn hier kein Tier in der Nacht? Dann begann es, heftig zu regnen. Eigentlich hat es gar nicht „begonnen": es prasselte einfach los. Aber wie! An uns war trotz des Bewaks nach kürzester Zeit kein trockener Faden mehr. Das sollte auch die meisten Nächte so bleiben.
Trotzdem schlief ich ein und war am Morgen ziemlich ausgeruht. Als ich mir meinen Weg durch den Dschungel zum Fluss zurück bahnte, stieg plötzlich vor mir eine schwarze Masse mit lautem Gesurre in die Luft. Ich erschrak und sprang auf die Seite – fast wäre ich in einen Wasserlauf gestürzt! Die schwarze Wolke bestand aus lauter Moskitos, die ich aufgeschreckt hatte. Der ganze Schwarm hatte sich vor mir unter

Blättern auf dem Boden befunden, ich konnte ihn nicht sehen. Mitten im Zentrum des Schwarms fühlte ich mich alles andere als wohl! Tausende dieser Sauger umschwirrten mich. Ich ergriff die Flucht und spürte schon die ersten Stiche. Insgesamt bekam ich etwa 50 Stiche ab. Dann verzog sich der Schwarm
Wir packten zusammen und fuhren in unserem Einbaum wieder los.

Am dritten Tag verließen mich völlig unerwartet zwei Männer meiner Crew. Sie wollten nicht mehr und gingen einfach wieder zurück zu ihren Familien. Wie lange hatten wir nach ihnen gesucht! Sie sollten die Brücke zwischen mir und dem gesuchten Stamm bauen, und jetzt kamen sie einfach nicht mehr weiter mit! Alles Überreden nützte nichts, die Männer blieben hart. Sie erklärten, dass sie auf keinen Fall zu diesem aggressiven Stamm mitgehen wollten. Das war ihnen offenbar jetzt erst klar geworden. Sie wollten ihr Leben nicht riskieren und würden uns nicht in das gesuchte Gebiet führen. Wir hatten keine Chance, sie bei uns zu halten. Wir mussten wieder umkehren und neue Männer suchen. Die Menschen, die dort in den Dörfern leben, sind Jäger und Sammler. Sie müssen ihre Familien durchbringen. Geld spielt für sie überhaupt keine Rolle. Die meisten kennen es gar nicht. Oder sie können sich damit nichts kaufen. Im Urwald gibt es keine Geschäfte. Warum also sollten sie sich unserer kleinen Truppe anschließen? Mit Lohn konnten wir sie nicht locken. Wie dann? Wer würde so eine verrückte Tour eines „weißen Spinners“ mitmachen? Und warum? Sie wissen genau um die Schwierigkeit und die Gefahr eines solchen Unternehmens. Mit größter Wahrscheinlichkeit würden sie nicht in Freund-

schaft empfangen werden. Und natürlich war viel Misstrauen im Spiel. Aber wir waren auf diese Leute vor Ort angewiesen. Mir selber war es völlig unmöglich, irgendeinen Kontakt zu einem Stamm herzustellen. Angefangen damit, dass ich den Stamm überhaupt nicht finden würde.
Vielleicht würde es über Sympathie laufen. Vielleicht über Gastgeschenke. Ich hatte Tabak und Angelhaken dabei. In erster Linie musste ich auf die Überredungskünste meiner einheimischen Begleiter vertrauen.
Endlich erklärte sich ein junger Mann bereit, uns zu dem Stamm zu bringen. Opak hieß er. Ich war begeistert, obwohl der Ausgang dennoch völlig ungewiss war. Würden wir sie überhaupt finden? Wo waren diese Urmenschen? Was war das für ein Stamm, zu dem keiner wollte? Er soll angeblich Kiri-Kiri heißen. Davon hatte ich aber nur einmal flüchtig gehört. Noch nie war jemand zu ihnen vorgedrungen und hatte ihnen einen offiziellen Namen aufgedrückt. Doch einer unserer Begleiter kannte das Gebiet, in dem sie wohnten. Nachdem sie kein Nomadenstamm waren, hatte ich die Hoffnung, irgendwann tatsächlich auf sie zu stoßen.
Was wusste ich von dem geheimnisvollen Stamm? Die Kiri-Kiri bleiben an einem Ort. Ihr Sprachgebiet ist genauso groß wie ihr Jagdgebiet. Auf zwei Seiten war es durch ein hohes Gebirge von jeglichem Außenkontakt abgeschlossen. Zudem waren die Kiri-Kiri mit den angrenzenden Stämmen verfeindet. Das sollte fast immer der Fall sein: Die Stämme untereinander kämpften immer um ihr angrenzendes Jagdgebiet, denn das bildet die Lebensgrundlage und ist von größter Wichtigkeit. Das war alles, was ich wusste. Außerdem gab es in diesem Gebiet Frauenraub, der wieder weitere Racheakte nach sich zog. Es stellte sich als sehr, sehr schwierig heraus, jeman-

den vom Nebenstamm zu kriegen, der überhaupt zum anderen Stamm hinüberging. Würden wir das überhaupt schaffen? Oder blieben mir die Geheimnisse dieses Gebietes für immer verborgen?

Ich genoss die Fahrt durch die Urwaldflüsse. Die unberührte Natur um uns herum barg viele Schönheiten. Vor allem, wenn die Dämmerung hereinbrach, funkelte das Licht golden, und einige Zeit später sahen wir unglaublich schöne Sonnenuntergänge. Abends saßen wir zusammen, und ich sprach meist mit Isak. Er hatte in Djakarta studiert. Aber er konnte mit seinem akademischen Grad nichts anfangen. Er war froh, seine Familie über Wasser halten zu können mit Gelegenheitsjobs – egal, welchen. So kam ihm die Reise mit mir in den Dschungel gerade recht. Im Verlauf der Tour lernten wir uns recht gut kennen. Wir führten lange Gespräche, in denen er verstehen wollte, was mich in sein Land führte. Und er war Indonesier: Er hatte viel Einfühlungsvermögen für die einheimischen Völker und konnte viel über die Stämme erzählen. Isak war eine echte Bereicherung für mich. Trotzdem blieb ich ihm immer ein Fünkchen suspekt: Er hat nie ganz verstanden, was ich denn wirklich in der Wildnis wollte.
Wenn wir konnten, legten wir am Abend an einem Bewak an. Einmal fanden wir eines, das verlassen war – so dachten wir wenigstens. Gebaut wurde jedes Bewak von den Urwald-Bewohnern. Wenn sie auf ihrer Jagd nichts schossen, wanderten sie zum Fluss, fingen mit Reusen Fische und räucherten diese. Mit ihnen gehen sie dann wieder zurück. So kam es, dass wir in der Nacht in unserem Bewak ruhig schliefen, bis ich ein Geräusch hörte. Es war das Knacken von Zweigen. Ich lauschte. Eindeutig, es war jemand da. Leise weckte ich Isak

und kroch an den Eingang. In der Morgendämmerung sah ich Dutzende von Pfeilen auf mich gerichtet! Eine ganze Gruppe von Eingeborenen-Männern hatte uns umzingelt und richtete Pfeil und Bogen auf uns. Wir waren in ihre Hütte, in ihr Gebiet eingedrungen. Mir schoss das Blut in den Kopf. Hinter mir krochen meine Begleiter aus dem Bewak. Sie redeten heftig auf die Eingeborenen ein.
„Wir kommen als Freunde. Dieser weiße Mann will Euch kennen lernen, er ist ein Freund."
So übersetzte mir Isak ihre aufgeregten Worte. Ich sah von einem zum anderen. Nach langen Verhandlungen legten die Eingeborenen ihre Waffen nieder. Das war noch mal gut gegangen! Dass wir aber ihren Platz räumen sollten, daran bestand kein Zweifel. Wir verließen das Bewak ohne weitere Worte.

Neun Tage fuhren wir nun schon über die weit verästelten Nebenflüsse des Mamberamo. Unsere Lebensmittelvorräte waren schon sehr geschrumpft. Auch der Gockel war nicht mehr unter den Lebenden. Wir hatten uns zunehmend der hier vorhandenen Nahrung angepasst. Unser Speiseplan enthielt immer mehr Fische, Reis und Bananen.
Spannung lag in der Luft. Jeden Tag brannte die Sonne erbarmungslos auf uns herab. Im Boot hatten wir keinen Schatten. Hundert Prozent Luftfeuchtigkeit. Manchmal ergoss sich der Himmel über uns, so kam es mir vor. Ohne jede Vorwarnung schüttete es wie aus Kübeln auf uns herab. Warmer Regen.
„Wie weit ist es denn noch?"
„Wir sind schon in der Nähe", antwortete mir Opak.
Woran sah er das? Die Flusslandschaft sah seit Tagen gleich aus. Wusste er überhaupt, wo er uns hinführte? Ich verließ

mich einfach auf ihn. Er würde schon wissen, was er tat. Schließlich lebte er hier.

Auf kleinen Wasserstraßen suchten wir Tag für Tag nach Spuren der Ureinwohner. Am zwölften Tag tauchten direkt vor uns umgestürzte Baumstämme im Wasser auf. Das war an sich nichts Ungewöhnliches, doch hier waren es nicht einer oder zwei, sondern gleich ein ganzer Haufen! Einer nach dem anderen lagen sie in der gleichen Ausrichtung vor uns im trüben Wasser. Das konnte nichts Natürliches sein. Ganz klar: Das war das Werk von Menschen.
„Wir sind da", verkündete Opak.
Ich sah am Ufer nichts anderes wie sonst auch: dichten Urwald. Wir ruderten zum Ufer und ankerten. Keine Spur zeugte von Menschen, lediglich die gespenstischen Bäume im Wasser. Auf den Grund dieser geheimnisvollen Anordnung sollte ich erst viel später kommen. Zunächst machten sich drei Männer meiner Mannschaft auf den Weg zu dem Stamm. Auch sie waren natürlich für die Stammesangehörigen Fremde, obgleich sie Indonesier waren. So nahmen sie Gastgeschenke von mir mit: Salz und Tabak. Isak und ich blieben am Boot zurück.
Ich hoffte inständig, dass ihr Verhandlungsgeschick ausreichen würde, um die Menschen freundlich zu stimmen. Etwa eine Stunde waren ihre Hütten von unserem Ankerplatz entfernt. Wie gerne wäre ich schon gleich mitgegangen! Doch dann hätten wir die Mission gleich vergessen können. Niemals hätten sie mich freundlich empfangen. Und wie es ungebetenen Gästen vor mir ergangen war, das sollte ich noch erfahren.

Die Begegnung mit der Steinzeit

Wir saßen am Boot und warteten. Zwei Tage lang. Würden sie uns empfangen? Oder war unsere Mission umsonst gewesen? Dann hörte ich sie schon von weitem kommen und sprang auf. Es dauerte noch eine ganze Weile, bis sie tatsächlich zu sehen waren. Ich war fast zum Zerreißen gespannt. Aus dem Dickicht tauchten sieben Menschen auf, sie kamen auf mich zu und blieben direkt vor mir stehen. Fast schwarz waren ihre Gesichter, wulstig ihre Lippen. Sie hatten die breiten Nasen, die ihnen einen wilden Ausdruck verliehen. Einige der Männer waren am ganzen Körper und im Gesicht mit grauem Schlamm bedeckt. Die Frauen waren kleiner und sahen unterernährt aus. Durch die Nase hatten sie Knochenstücke oder Holzstücke gesteckt. Eine Frau hatte auch Federn eines Urwaldvogels durch ihre Nase gezogen. Als Kleidungsstück trugen sie alle eine Art Rock aus geklopfter Rinde. Sie waren barfuss.
Gab es bei ihnen so etwas wie eine Begrüßung? Wie sollte ich mich verhalten? Ich wartete ab. Einer von ihnen kam mit unbewegter Miene auf mich zu. Um die Hüfte hatte er einen Lendenschurz aus Baumrinde geschlungen. Er sah wild und furchterregend aus. Der Häuptling, dachte ich. Er reichte mir etwas auf seiner ausgestreckten Hand: Würmer und Larven als Gastgeschenke.
„Yagge-Yagge Tuan“ sagte er mit einer hohen, leicht brüchigen Stimme. Es glich eher dem Bellen eines Hundes. Ich begriff sofort, dass ich das Angebotene essen musste. Also nahm ich sie ebenso unbewegt entgegen und zwang sie mir in den Mund. An diesem Willkommensgruß sollte es nicht scheitern, auch wenn es mir insgeheim den Magen umdrehte.
Mein Dolmetscher fragte nun, ob wir mit in sein Dorf kom-

men dürften. Ich erhoffte eine Antwort – aber so einfach war das nicht. Der Häuptling zog sich erst einmal mit den Männern zur Beratung zurück. Mir blieb nichts anderes übrig, als zu warten. Gespannt verfolgte ich die lautstarke Debatte. Nach einer nicht enden wollenden Wartezeit kam der Häuptling wieder auf uns zu und überbrachte uns das Ergebnis der Beratung: Wenn der Fremde – also ich – auch seinen Körper mit Schlamm bedecken würde und damit seine Freundschaft bekundete, dann dürften wir mitkommen. Darin sah ich kein Problem: am Flussufer gab es Schlamm genug! Außerdem hatte er eine Menge Vorteile: Der Schlamm kühlt die Haut, denn man reibt immer wieder neue Schichten darüber. Und er war ein guter Schutz gegen die Moskitos. Also nahm ich auf der Stelle ein Schlammbad und wir konnten aufbrechen. Wir zogen unseren Einbaum ans Ufer und sicherten ihn. Er war schließlich das einzige Verkehrsmittel, mit dem wir in dieser Wildnis vorwärts kommen konnten. Zwei meiner Männer ließ ich am Boot bei unserer Ausrüstung zurück. Das sah aus: Ich vollkommen mit Lehm beschmiert und mit meinem Trachtenhut auf dem Kopf! Unterschiedlicher konnten die Kulturen nicht sein, die hier aufeinander trafen.
Wir machten uns auf den Weg. Ich war auf dem Boot barfuss gewesen; für den Marsch durch den Urwald zog ich mir meine festen Schuhe an. Es gab so viele Dornen, kleines Getier und spitze Zweige auf dem Urwald-Boden. In kürzester Zeit wären meine Füße ohne Schuhe aufgerissen gewesen. Die Urwald-Menschen gingen natürlich weiterhin barfuss, ihre Füße hatten bereits eine dicke Hornhaut. Sie schlugen einen Weg durch den unwegsamen Urwald. Dabei redeten sie ständig durcheinander und zupften aufgeregt an mir herum: sie wollten feststellen, ob meine weiße Farbe angemalt sei. Sie ging

nicht ab. Dann tasteten sie meinen Rucksack ab, so etwas hatten sie auch noch nie gesehen. Die nächste Attraktion war meine Brille: sie schauten von allen Seiten durch, drehten sie in den Händen – es war ein heilloses Durcheinander! Ich hatte zwar einige Bedenken, dass meine Brille kaputtgehen könnte, aber natürlich ließ ich sie gewähren. Ich wollte ja nichts verderben.

Das Dorf lag nicht weit vom Fluss entfernt. Nach etwa einer Stunde erreichten wir eine kleine Lichtung im Urwald. Auf dieser Lichtung standen ein paar Strohhütten: der Kral. Die Hütten standen wegen des Hochwassers auf Stelzen. Dazwischen liefen Hunde und Schweine herum. Alte Frauen und Kinder waren nicht zu sehen, sie hatten sich wohl in ihre Hütten zurückgezogen. Die Männer führten mich sofort in ein Haus in der Mitte der kleinen Ansiedlung. Das „Männerhaus“, wie ich erfuhr. Da es inzwischen dunkel geworden war, brannte in dieser Hütte ein Feuer. Ein seltsamer Geruch lag in der Luft: Rauch, Schweiß und weitere undefinierbare Düfte waren dabei – diese Mischung sollte mir in den nächsten Tagen immer vertrauter werden. Die einzige Lichtquelle weit und breit war das Feuer, um das wir uns setzten. Der Häuptling brachte zur Feier des Tages einen Willkommensgruß: auf einem Bananenblatt servierte er mir dicke Maden der Sago-Palme. Eine echte Köstlichkeit. Der Dolmetscher erklärte mir, dass ich tatsächlich der erste Weiße war, der jemals in diesem Dorf war. Ich musste diese mir angebotenen Köstlichkeiten auf jeden Fall essen. Daran führte kein Weg vorbei. Alles andere wäre eine schlimme Beleidigung gewesen. An mögliche Folgen mochte ich gar nicht denken. Wie so oft bei meinen Abenteuern musste ich meinen Ekel überwinden. Ich nahm eine dieser dicken weißen, vier Zentimeter großen Maden in die Hand und sah sie an. Dann steckte ich sie in den Mund und schluckte sie sofort hinunter. Ich wusste, dass mich die Männer in dem Moment genau beobachteten. Sie wollten ja sehen, wie mir diese Köstlichkeit schmeckte. Mit größter Anstrengung brachte ich auch noch ein freundliches Gesicht zustande. Erst jetzt machten sich die Gastgeber ihrerseits über die Maden her. Das nahm ihre ganze Aufmerksamkeit in Anspruch. Sie achteten nicht mehr auf mich und ich konnte mir weitere Happen ersparen.

Über meinen Dolmetscher bedankte ich mich für die freundliche Aufnahme und verteilte den mitgebrachten Tabak unter den Männern. Nun war ich in die Dorfgemeinschaft aufgenommen und durfte mich frei bewegen. Ich war sehr müde und legte mich als erstes in einer mir zugeteilten Hütte schlafen. Eine Hütte des Krals war ständig leer: Sie war immer für Kranke frei oder für mögliche Besucher reserviert. Es dauerte lange, bis ich einschlafen konnte. Die Aufregung, es wirklich bis hierher geschafft zu haben, hielt mich wach.

Am nächsten Morgen weckte mich das Grunzen von mehreren Schweinen. Einen Augenblick lang musste ich überlegen, wo ich eigentlich war. Dann kroch ich aus meiner niedrigen Hütte und – sah eine Gruppe von Kindern vor meinem Eingang stehen. Sie erschraken heftig, als ich endlich auftauchte und rannten laut schreiend zu ihren Müttern. Sie hatten noch nie einen weißen Menschen gesehen. Sah ich so furchterregend aus? Vor allen Dingen aber hatte ich einen Bart. Aus sicherer Entfernung betrachteten mich die Kinder. Ich setzte mich hin und schnitt ein paar lustige Grimassen. Sie kamen ein Stück näher. Noch eine Grimasse und ich machte ein paar kleine Zauberkunststücke. Bald schon siegte ihre Neugier: Ich hatte sie mit meinen Spielchen für mich gewonnen.

Von Glühwürmchen und Zaubervögeln

Die ersten Tage verbrachte ich nur mit Beobachten. Wie lebten diese Menschen? Ich schaute oft staunend mit offenem Mund zu. Wenn sie mich mitnahmen, ging ich mit den Männern auf die Jagd. Ich saß oft vor meiner Hütte und sah ihnen stundenlang einfach nur zu.

Die Hütten des Krals waren einen Meter fünfzig über dem Boden, ein Hochwasser würde ihnen nichts anhaben können. Außerdem bestand der Fußboden aus einem Lattenrost aus Bambus, der durchlässig war. Fielen Essensreste zu Boden, so fielen diese durch den Lattenrost durch. Unten warteten Schweine und Hunde, ob etwas für sie abfiel. Die Tiere halten ständig Kontakt zu den Menschen und lassen auch ihrerseits alles fallen. Ihr Geruch ist vor allem in der Nacht äußerst gewöhnungsbedürftig!

In meiner Hütte konnte ich nicht aufrecht stehen. Sie war etwa eineinhalb Meter hoch.

Natürlich akzeptierte ich alle Sitten und Gebräuche meiner Gastgeber. In allen Belangen passte ich mich an und hielt mich an die Regeln, die mir meine Dolmetscher erklärten. Nach ein paar Tagen hatte sich die Aufregung darüber, dass ich im Dorf war, etwas gelegt. Allerdings nicht, was die Frage der Toiletten anging. Wenn ich mich einmal „in die Büsche schlagen“ wollte und ein Stückchen weg ging, wurden alle schlagartig aufmerksam. Wo ging der Fremde hin? Der Dolmetscher erklärte ihnen, dass ich „zur Toilette“ gehen wollte. Das war natürlich unheimlich interessant für den ganzen Stamm! Würde ich es genauso machen wie sie? Oder anders? So kamen die Dorfbewohner alle mit, denn das durften sie auf keinen Fall verpassen.

Ich allerdings war nicht sehr erfreut über mein Publikum, und das Thema Toilette hatte sich erst einmal erledigt. Wen stören denn etwa 35 Zuschauer dabei nicht?! Ich verkniff es mir und stahl mich des Nachts heimlich hinaus.

Ich lernte, dass sich nur die jungen Männer mit frischem Schlamm einrieben. Das sollte zeigen, dass sie unverheiratet waren und noch kein Kind gezeugt hatten. Wenn die Männer auf die Jagd gingen, kamen sie manchmal tagelang nicht mehr heim. Die Frauen und Kinder schienen aber nicht in Sorge zu sein. Wenn die Männer auf der Jagd erfolgreich waren, dann hängten sie sich einen der Eckzähne der erlegten Tiere um den Hals. Die Würdenträger des Stammes, wie Medizinmann oder Häuptling, trugen aus Gräsern geflochtene Kopfbedeckungen, die zusätzlich mit Federn geschmückt waren.
Was sehr auffällig war: sie sprachen sehr viel miteinander. Den ganzen Tag hörte ich ihre harten hellen Töne. Sie schienen immer etwas zum Bereden zu haben. Wie gerne hätte ich etwas davon verstanden! Ihre Sprache schien aus vielen kurzen Silben zu bestehen. Sie klangen wie hingeworfen. Am aufschlussreichsten waren die Nächte, wenn wir zusammen im Männerhaus um das Feuer herum saßen.
Alle sprachen durcheinander und es hörte sich an wie ein vielstimmiges helles Bellen. Ich saß dabei und wollte alles wissen. Mein Dolmetscher bemühte sich, möglichst viel zu verstehen, und über drei Etappen erreichte mich das Gesagte.
„Wo kommst du her“? fragte mich einer von ihnen.
„Dort, wo die Sonne untergeht, dort ist meine Heimat.“
„Wie weit ist deine Heimat weg?“ wollte er wissen. „Wie lange braucht man mit dem Einbaum bis zu deinem Stamm?“

Wie sollte ich ihnen das nur erklären? Zuerst fliegst du von Djakarta nach Frankfurt, kam mir in denn Sinn. Ich versuchte, Worte für die Entfernung zu finden, dic sie verstehen konnten.

„So viele Finger und Zehen, wie ihr alle zusammen hier im Stamm habt, so viele Tagesreisen mit dem Einbaum sind es bis zu meinem Stamm!“

So hatten sie zumindest eine vage Vorstellung davon, dass es sehr weit weg war. Sie redeten auch sofort eifrig weiter.

„Was hat er jetzt gesagt?“ Ich löcherte Isak.

„Er hat von einem Ereignis erzählt, das sich vor langer Zeit hier zugetragen hat“. .

„Frag nach, was er damit meint“ bohrte ich weiter.

Was hieß „vor langer Zeit“? Diese Menschen hatten ja ein ganz anderes Zeitgefühl. Aber das Ereignis war ihnen noch derartig genau in Erinnerung, dass es noch nicht allzu lange her sein konnte. Mein Dolmetscher berichtete mir die ganze Geschichte: Damals wütete ein gewaltiges Gewitter mit grellen Blitzen und lautem Donner, die Wolken hatten eine eigenartige Farbe, aber es regnete nicht. Der Medizinmann orakelte, dass dies ein warnendes Signal aus dem Reich der Toten sei. Man hatte den verstorbenen Stammesangehörigen zu wenig geopfert und sie zu wenig verehrt. Deshalb würde ihren Stamm eine Strafe treffen.

Der Ahnenkult spielt bei diesem Stamm eine große Rolle. Die Verstorbenen, die nach ihrem Tode zu Geistern geworden sind, werden mit in das tägliche Leben einbezogen. Wie die Menschen, so haben auch die Geister Rechte und Pflichten. So kann es vorkommen, dass ein Ahnengeist, der auf die Opfergaben keine gute Ernte spendete, keine weiteren Opfer mehr bekommt. Daraufhin kann es aber vorkommen, dass

der Ahnengeist erzürnt ist und sich mit Blitz und Donner bemerkbar macht!
Kurz nach dem heftigen und merkwürdigen Gewitter ereignete sich Bedrohliches. Ein großer unbekannter und Furcht einflößender Vogel kreiste über ihrem Jagdgebiet und ließ irgendetwas fallen. Ein paar Tage später kam der Vogel wieder und landete mit großem Lärm direkt auf dem Fluss vor ihrem Dorf. Alle gerieten in Panik, denn sie glaubten, dass die Götter ihre Drohungen nun wahr machten. Sie glaubten, dass dieser Geistervogel direkt aus dem Totenreich käme und die bösen Dämonen sie nun strafen würden, wie es der Medizinmann vorausgesagt hatte. In Panik flüchteten sie zunächst in den Urwald. Nach kurzer Zeit kamen sie aber wieder zurück – aus Neugier? Sie beobachteten, wie fünf eigenartig aussehende Männer aus dem Bauch des Geistervogels krochen, der auf dem Wasser stand. Das konnten nur die angekündigten bösen Dämonen sein! Sie zogen ihre Giftpfeile auf und töteten mit ihnen vier Missionare und einen Piloten, die mit ihrem Wasserflugzeug auf ihrem Fluss gelandet waren. Damit kein weiterer Geistervogel auf ihrem Fluss landen konnte, legten sie Baumstämme in einer Art Gitter über den Fluss.
Die Baumstämme, natürlich! Sie sollten den Stamm vor ungebetenen Besuchern schützen. Die fünf Fremden mussten ihr Leben lassen, weil sie Regeln, die sie nicht kannten, übertreten hatten. Dass es mir nicht ähnlich wie den Missionaren ergangen ist, verdanke ich wohl dem Umstand, dass ich auf *ihre* Weise gekommen bin: mit dem Einbaum, zu Fuß und mit einheimischen Begleitern, die erst um Erlaubnis fragten. Dass ich mich vorsichtig und abwartend ihrer Lebensweise angepasst habe. So habe ich ihre Gefühle nicht verletzt und stellte keine Bedrohung dar.

Nach einigen Tagen wollte ich ihr faszinierendes Leben dokumentieren. Ich hielt es nicht länger aus, und mein indonesischer Begleiter holte meine Kamera von unserem Einbaum. Wie würden sie darauf reagieren? Nun, es war natürlich für die Leute etwas Unbegreifliches. Speziell die Linse hatte es ihnen angetan. Die Linse war für sie ein Auge ohne Augenlid. Sie schauten durch den Sucher. Da sahen sie ihre Hütten und Freunde ganz klein! Sie glaubten, dass diese kleinen Menschen in dem schwarzen Kasten drin seien. Sie bedrängten mich, den Kasten aufzumachen und die Menschen drinnen rauszuholen. Ich machte auf – keiner drin. Sie blickten durch die Linse, da waren ihre Freunde klein. Als sie wieder aufschauten, waren sie wieder groß. Ich wies meinen Dolmetscher an, ihnen die Technik des Fotos in den Grundzügen zu erklären. Doch das funktionierte nicht. Ein paar Stunden später fasste ich mir ein Herz und schoss die ersten Fotos. Erstaunlicherweise machte es ihnen überhaupt nichts aus! Nur einmal machte ich einen entscheidenden Fehler: Ich schoss ein Foto mit Blitzlicht. Ich hatte einfach nicht daran gedacht! Ein Blitz war ihnen ja aus der Natur bekannt, aber dass er aus meinem schwarzen Kästchen kam, war ungeheuerlich. Die Reaktionen darauf waren heftig. Einer der Fotografierten warf sich hin und wälzte sich auf dem Boden. Er dachte, ein Dämon hätte ihn erwischt. Auch die anderen waren völlig durcheinander. Es dauerte lange, bis sie wieder besänftigt waren und mir wieder vertrauten. Das war mir eine Lehre, geblitzt habe ich bei diesem Stamm nie wieder.

Mein Freund, der Medizinmann

Genau wie ich über sie, so staunten die „Ur-Menschen“ auch über mich. Was für mich alltäglich war, war ihnen natürlich völlig fremd. Das führte zu unglaublichen Überraschungen. Nachdem ich tagsüber immer heftig schwitzte, wollte ich meine dadurch verlorenen Mineralien und Salze durch Mineralpulver ausgleichen. Ich holte das Pulver aus meiner Alukiste, füllte meine Thermosflasche mit Wasser und löste das Pulver darin auf. Das sorgte für ungeheures Aufsehen: Die Menschen starrten abwechselnd auf mich und in meinen Becher. Da merkte ich erst, was los war: Es sprudelte und schäumte in meinem Becher. Sie glaubten, dass ich Sand ins Wasser geschüttet hatte und damit dieses zum Kochen bringen konnte! Als ich dann auch noch meinen Spirituskocher anzündete, war für sie das Wunder perfekt. Konnte ich auch Wasser anzünden? Durch diese Kenntnisse bekamen sie großen Respekt vor mir.

Vor allem der *Medizinmann* hatte Gefallen an mir gefunden. Er hatte meine „Fähigkeiten“ genau beobachtet und wich mir nicht von der Seite. Das war ein großer Vorteil. Der Medizinmann war im Stamm ein sehr wichtiger Mann und seine Gunst war überlebenswichtig. Um diese Sympathie zu festigen, zeigte ich ihm am abendlichen Feuer ein paar meiner Zauberkunststücke. Und ich ließ ihn den Spirituskocher anzünden und auch ein paar Tütchen Mineralpulver in Wasser auflösen. Das verhalf ihm zu noch größerem Ansehen im Stamm. In mir sah er offensichtlich so etwas wie den Zauberer oder Medizinmann eines anderen Stammes und nannte mich seinen „Freund“. Wenn er gesagt hätte, dass ich Unglück über den Stamm brächte, wäre das mein Todesurteil gewesen.

Ich war sehr froh über diesen Kontakt, er sollte mir auch noch weitere Türen zu den Stammesgeheimnissen öffnen.
In einer hellen Vollmondnacht nahm mich der Medizinmann in seinem Einbaum mit. Ich hatte keine Ahnung, wohin es gehen sollte. Lautlos glitten wir auf einem kleinen Fluss dahin. Nur die unheimlichen Rufe der nachtaktiven Tiere durchbrachen die Stille. Wir legten an und gingen auf einem kleinen Pfad, der nur vom Mond etwas beleuchtet wurde. Der Medizinmann bedeutete mir, dass ich leise sein müsse. Nach einer halben Stunde kamen wir zu einem etwa drei Meter hohen Busch, der hell und geheimnisvoll leuchtete. Es berührte mich sonderbar – so etwas hatte ich noch nie gesehen. Langsam ging ich darauf zu. Bei näherem Hinsehen erkannte ich, dass der Busch über und über mit Leuchtkäfern übersät war! Ich blickte auf den Medizinmann. Er war in einiger Entfernung stehen geblieben und sah ehrfürchtig auf den Busch. Eine seltsame Ruhe lag über diesem Ort. Der Medizinmann legte verschiedene Früchte ab und murmelte etwas vor sich hin. Dann verschwanden wir wieder lautlos.
Tief beeindruckt von diesem Erlebnis saß ich in dieser Nacht in meiner Hütte mit Isak zusammen. Ich hatte ein fast unwirkliches Gefühl dabei, wie bei einem Traum.
„Was ist das nur, was ich erlebt habe, Isak? Ich habe kein Wort verstanden, und doch habe ich ganz deutlich den Zauber dieses Ortes gespürt!“
Isak war mit Hilfe der Dolmetscher dem Geheimnis auf die Spur gekommen:
„Die leuchtenden Punkte, das sind für die Leute im Dorf die Seelen ihrer Verstorbenen, die ihnen gut gesonnen waren. Sie warten auf Opfergaben. Bekommen sie kein Opfer, so bringt das Unglück über das Dorf.“

„Warum mussten wir leise sein?"
„Wenn jemand nur ein lautes Wort spricht, dann werden die Toten in ihrer Ruhe gestört. Dann könnten sie zornig werden."
Was hatte ich nur erlebt heute! Ein wahrhaft heiliger Ort. Ich war in eines der tiefsten Geheimnisse der Stammeskultur eingedrungen. Das heißt, ich war eingeladen worden, es mitzuerleben. Noch nie hatten sie bisher einen Fremden bei sich aufgenommen. Einige Fremde haben sie sogar getötet. Zu mir aber waren sie immer freundlich gewesen. Mehr noch: Sie hatten mir sogar Einblicke in ihr Leben und in ihren Ahnenkult gewährt.
Ich war dankbar und froh über alles, was ich sah.

Als wir eines Abends wieder um das Feuer saßen, die anderen Männer und ich, hörte ich den bellenden Klängen ihrer Stimmen zu. Sie erzählten und erzählten in einem fort. Was gab ihnen nur so unaufhörlich Gesprächsstoff in ihrem Leben? Isak saß neben mir und übersetzte mir die Worte des Dolmetschers. Ich wollte soviel wissen wie möglich. Viele ihrer Gespräche drehten sich um die Jagd. Einiges konnte auch der Dolmetscher nicht verstehen. Zwischendurch aßen wir etwas. Alles schmeckte köstlich, was nicht an Maden erinnerte. Auf einmal änderte sich der Tonfall der Stimmen. Ich horchte sofort auf.
„Worüber sprechen sie jetzt?"
„Sie sprechen über Rekan."
„Rekan, wer ist das?"
„Kennst du nicht den Urwaldgeist?"
Ich kannte ihn nicht. Aber seine Geschichte ist eine der faszinierendsten, die ich jemals gehört habe. Rekan, der Urwaldgeist, kommt zu jedem neugeborenen Kind und fragt es:

„Willst du in deinem Leben als alter Mensch, gebückt, mit grauen Haaren, und krank von dieser Welt scheiden, oder schon als junger Mensch, der noch im Vollbesitz seiner Kräfte ist?“
Die Neugeborenen entscheiden sich, die Antwort kennt allein Rekan. Wenn zum Beispiel ein Kind drei Tage nach seiner Geburt stirbt, ist keiner traurig. Denn es hatte sich selbst dafür entschieden, lieber ins Reich der Toten zurück zu gehen als auf dieser Welt zu bleiben. Für diesen Entschluss hat jedes Neugeborene Zeit bis zum nächsten Neumond.
Viele entscheiden sich dafür, als Baby wieder zurück in das Totenreich zu gehen. So erklären die Kiri-Kiri ihre ungeheuer hohe Kindersterblichkeit. Sie liegt bei etwa 80 %! Das liegt zum großen Teil an dem unglaublichen Dreck bei der Geburt. Viele Frauen greifen in die Geburt ein. Keine davon wäscht sich die Hände; keine Rede von keimfrei. Natürlich entstehen da sehr viele Infektionen. Viele der Frauen sterben ebenfalls bei der Geburt oder kurz danach. Doch die Erklärung für die Todesfälle liegt für die Stammesangehörigen bei Rekan.
Isak war müde. Er war den ganzen Tag auf den Beinen gewesen und hatte mir unermüdlich übersetzt. Er selber hatte genug gehört und wollte schlafen. Ich aber brauchte ihn noch:
„Noch eine Geschichte, Isak. Ich spüre, dass sie etwas Interessantes erzählen. Sie schauen immer zum Himmel hinauf!“
Seufzend vertiefte sich mein Begleiter wieder in das Gespräch, überwand zum wiederholten Mal seine Müdigkeit, fragte nach, schaltete den Dolmetscher ein, hörte ihm zu. Eine Reise mit mir kann für andere sehr strapaziös sein! Aber die Mühe hatte sich wieder gelohnt. Wir waren einem weiteren Geheimnis auf die Spur gekommen:
Die Sterne haben auch eine besondere Bedeutung. Das Stern-

bild des Orion ist einer der Urwald-Dämonen, der mit ausgebreiteten Armen über sie hinweg zieht. Orion ist eine Art Gott-Vorstellung für sie: Zu ihm sprechen sie, ihm erzählen sie ihre Sorgen und Nöte. Orion zieht über ihren Kral wie ein Schutzschild hinweg.
Ich war derart fasziniert, dass ich mich in dieser Nacht erst im Morgengrauen schlafen legte. Ich wollte nur diese Eindrücke festhalten.

Das große Schweinefest

Mir war klar, dass ich das auf keinen Fall versäumen durfte: In zwei Tagen sollte im Stamm ein Schweinefest stattfinden, und wir durften dabei sein. Etwas ganz Seltenes, wie mir mein Dolmetscher voll Vorfreude verkündete. Die Kralbewohner wollten sich mit dem Schweineopfer bei den verstorbenen Ahnen für die vielen Sagopalmen und das Jagdglück bedanken.

Früh am Morgen fingen sie das auserwählte Schwein ein. Sein lautes Quieken tönte durch den sonst stillen Kral. Die Männer fingen das Tier mit den Händen ein und banden seine Beine sofort mit Lianen zusammen. Ein speziell dafür vorgesehener Mann tötete dann das Tier mit Pfeil und Bogen. Nicht der Mensch, der ein Freund des Schweins ist, sollte es töten, sondern ein Pfeil.

Danach begannen alle Dorfbewohner zu tanzen. Ein Tanz festigt die Verbindung innerhalb des Stammes. Und er wehrt böse Geister ab. Die Männer hatten jetzt Pfeile und Bogen dabei. Einige waren mit Federn, Eberhauern und Ketten aus Hunde- und Schweinezähnen geschmückt. Auch die Frauen trugen jetzt Ketten um den Hals. Alle zusammen tanzten im Kreis, bis die Dämmerung hereinbrach. Es gab keine Instrumente, mit denen sie den Takt schlugen. Die Tänzer grölten ihren Rhythmus selbst. Isak wippte fröhlich mit, ich sah lieber zu. Nach diesem Tanz zu Ehren des Schweins und der Geister teilten die Männer die Arbeit unter sich auf. Es war eindeutig Männersache, die Frauen durften nicht mitmachen. Eine Gruppe Männer hielt ein Feuer am Brennen und machte darin große Steine heiß. Eine andere hob ein Erdloch aus und polsterte es mit Gras aus. Der Häuptling begann mit der Ar-

beit am Schwein: Zunächst brannte er über dem Feuer die Borsten ab, dann zerteilte er das Tier mit einem Bambusmesser. Das dauerte zwar eine lange Zeit, aber es funktionierte gut.
Inzwischen war der Erdofen fertig und die Steine waren heiß. Sie wurden dann in einen langen, vorne gespaltenen Stock eingeklemmt und in das Erdloch gelegt. Darauf kamen die zerlegten Schweineteile, darüber wurden verschiedene Kräuter gelegt und darauf wieder heiße Steine. Am Schluss wurde alles fest mit dem Gras verschlossen und mit Lianen zusammengebunden. Jetzt war es ein Natur-Dampftopf.
Die Frauen bereiteten am Feuer die unentbehrlichen Süßkartoffeln zu; sie kamen in die Glut eines Feuers. Nach etwa zwei Stunden wurde der Erdofen geöffnet und tatsächlich war das Schweinefleisch durch die heißen Steine gegart. Das Festessen konnte beginnen! Auf dem Boden wurden große Bananenblätter ausgebreitet. Sie dienten als Teller, von ihnen aßen wir mit den Händen. Zunächst durften sich nur die Männer die Fleischstücke holen, die Frauen mussten erstmal warten. Alle waren bester Laune und redeten, was das Zeug hielt.
Am Ende des Schweinefestes war nichts mehr übrig außer ein paar Knochen, die sich die Hunde schnappten. Abfall gab es keinen, alles wurde verbraucht.

Es war mein letzter Abend. Wir hatten beschlossen, aufzubrechen. Aufzubrechen von diesem unberührten Paradies. Ich hätte es am liebsten unter meinen persönlichen Schutz gestellt. Wenn das nur möglich wäre! Doch das Gegenteil wird der Fall sein. Der Hauptfluss dieses Gebietes, der Mamberamo, wird mit Dämmen aufgestaut und es werden Kraftwerke errichtet. Für dieses riesige Bauvorhaben müssen Straßen zum Transport vieler großer Maschinen gebaut werden. Dafür muss der Urwald gerodet werden. Das Schicksal dieser von der Zeit vergessenen Menschen ist wohl besiegelt. Der Preis für eine Zivilisation, von der nur die Fremden profitieren.

Am nächsten Morgen nahmen wir Abschied von diesen wilden, faszinierenden Menschen. Von ihrer ungestörten Welt. Ich wollte sie auch nicht mehr stören. Ich wollte zurück nach Wamena. Hier wollte ich mich erholen und neue Begleiter für mein nächstes Unternehmen suchen.

Die über den Wipfeln wohnen

Isak war wieder daheim bei seiner Familie. Die Korowai zu suchen, meinte er, wäre ein zu verrücktes Unterfangen. Jeder wisse, dass dieser Stamm kriegerisch und feindlich ist. Und dass sie angeblich „Kannibalen“ wären. Und überhaupt würde ich von den hohen Baumhäusern fallen. Was wollte ich also dort? Isak war das alles eindeutig zu viel. Nein, da sollte ich lieber allein hingehen, meinte er. Falls ich sie überhaupt finden würde. Er war nicht zu überzeugen.

Nun saß ich in der verlassenen Missionsstation Yaniruma. 16 Tage hatte ich mit Marius, meinem neuen Begleiter aus Wamena durch schwierigstes Gelände hierher gebraucht. Er war sehr stark und mutig, hatte auch keine Angst vor den Korowai. Ich wollte unbedingt zu diesen Menschen, die auf Bäumen lebten, und die keineswegs auf Besuch erpicht waren. Gefährlich war es – keine Frage. Das Risiko war nicht abzuschätzen. Aber die Faszination, so etwas mit eigenen Augen sehen zu können, siegte bei weitem.

Wie erwartet war es ungeheuer schwer, Begleiter für meine Expedition zu finden. Keiner war zunächst bereit, mit mir zu den Korowai zu gehen. Mein Dolmetscher gab sein Bestes und forschte in der ehemaligen Missionsstation herum, fragte Bekannte und wieder deren Bekannte. Schließlich hatte ich Glück: Guter Lohn und ein paar Geschenke waren ausschlaggebend, dass ein paar junge Leute mitgehen wollten. Sie waren auch Korowai und kannten sich deshalb in dieser Gegend gut aus. Das war natürlich umso wichtiger, weil die Korowai Nomaden waren und es keinen festen Aufenthaltsort gab. Aber so ungefähr, meinte einer der Burschen, würde er das Gebiet schon wissen. Er hieß Assari und wurde unser Führer und Dolmetscher bei den Korowai. Weitere zehn Männer nahm ich als Begleiter und Träger mit.

Mein neues Unterfangen gestaltete sich noch schwieriger, als ich es mir ohnehin vorgestellt hatte. Mit meiner neuen Mannschaft war ich nun schon viele Tage unterwegs. Wir bewegten uns mit Einbäumen auf schmalen Urwaldflüssen fort, manchmal auch zu Fuß durch den fast undurchdringlichen Urwald. Einen „Weg“ gab es nicht, nur eine Richtung. Die Korowai leben in einem noch völlig unberührten Gebiet zwischen den beiden Flüssen Dairan Kabur im Süden und Eilanden im Norden. Ein paar hundert Korowai sollen es noch sein, aber wer weiß das schon! Es gibt dort keine nennenswerten Bodenschätze, keine besonderen Tropenpflanzen für Holzgewinnung oder Medizin. So haben die Korowai ihre Ruhe. Allerdings hat man inzwischen Gold in den Flüssen gefunden, ebenso wertvolles Sandelholz.

Wir mussten immer häufiger eine Rast einlegen. Auch den einheimischen Begleitern forderte das feuchtwarme Klima alles ab, wir schritten immer langsamer dahin. Die zahlreichen Moskitos zerstachen meine Arme und Beine. Wir manövrierten unseren Einbaum durch ein Labyrinth von kleinen Flüssen. Ich hatte ohnehin die Orientierung verloren und musste vollkommen auf meinen Führer vertrauen. Eines Tages ging es auf dem Wasser nicht mehr weiter, wir stiegen aus und gingen zu Fuß weiter. Unser Führer schlug eine Schneise in den Urwald, wir folgten ihm in kurzem Abstand.
Immer, wenn mein Blick durch die dichten Pflanzen fiel, die in allen Arten von Grün im Sonnenlicht schimmerten, dann fühlte ich mich wie im Paradies. Rosa, Lila, Weiß und Orange

leuchteten manchmal auf. Der Wald ist noch völlig intakt. Riesige Farne mischen sich unter die vielen Wurzeln und Sumpfpflanzen, Palmen wiegen sich im Wind. Allein der „Weg“ war ein unbeschreibliches Erlebnis. Das ganze Gebiet, durch das wir uns bewegten, war überschwemmt. Deswegen gingen wir auch meistens in Flussbetten oder Sümpfen. Ich beobachtete wunderschöne Tiere: Baumkänguruhs, weiße Kakadus in den dunkelgrünen Bäumen, fliegende Hunde. Türkisfarbene Käfer krabbelten auf den Blättern. Es gab Schmetterlinge in den schönsten Farben! Einer sah aus, als hätte er auf seinem Rücken noch einen kleinen Schmetterling sitzen. Kronentauben flogen über uns hinweg. Ihr prächtiger Kopfschmuck glänzte in Blau, Weiß und Rot.

Da tauchte vor uns ein Schwindel erregendes Gebilde auf: Sollte es sich da um eine Brücke handeln? Und würden wir da drüber müssen? Es war eindeutig eine Baumbrücke, und sie war auch nicht zu umgehen. Eine tiefe Schlucht tat sich darunter auf. Ich sah, wie wackelig die ganze Angelegenheit war. Zwei Träger hatten meine Alu-Kiste an einen dicken Ast gebunden und balancierten sie darüber. Danach folgte ich. Ich setzte konzentriert einen Fuß vor den anderen und starrte auf das Ende des Stammes. Als eine Art „Handlauf“ liefen Seile aus Lianen links und rechts des Baumstammes. Das hatte mehr psychologischen Effekt, im Ernstfall hätten sie mir wohl keinen Halt geboten. Aber es half mir zumindest, nicht zu schwanken. Unter mir war ein gähnender Abgrund, mir blieb fast das Herz stehen.

Es ging gut, aber als ich den letzten Schritt auf dem rutschigen Stamm machte, war ich doch ordentlich erleichtert. Auch wenn man sicher geht – wie leicht könnte man das Gleichgewicht verlieren und dann wäre es aus.

Unser Nachtlager schlugen wir neben einem kleinen Bach auf. Mit wenigen Handgriffen hatten meine Begleiter eine kleine Fläche von Büschen frei geschlagen. Auf ihr konnte ich mein kleines Zelt aufstellen, die Männer bauten sich einen kleinen Unterstand. Am nächsten Morgen wachte ich auf, als der Nebel um die Bäume waberte. Wir packten zusammen und brachen wieder auf. Unser kleiner Bach war zu einem breiten Fluss geworden. Die Flussläufe markieren die Grenzen der Stammesterritorien. Immer, wenn wir einen Fluss überquerten, befanden wir uns in einem anderen Territorium. Auf wessen Stammesgebiet waren wir wohl gerade? Waren die Korowai in der Nähe? Wir hatten noch keinen einzigen Hinweis auf Menschen entdeckt.

Es gab keine Brücke über diesen Fluss, keinen Baum darüber. Wir würden das Wasser zu Fuß durchqueren müssen. Die Nässe war nicht das Problem, wir waren ohnehin ständig nass geschwitzt. Aber waren Krokodile im Wasser? In dieser Gegend jedenfalls gab es welche, das hatte mir Assari erzählt. Ich blickte auf den Fluss, keines war zu sehen. Meine Begleiter sahen ebenfalls ins Wasser. Sie kennen die Plätze der Krokodile. Dieser hier gehörte dazu.

Das hielt uns aber nicht davon ab, hindurch zu gehen. Sie hatten ihre Methode: Beim Hinübergehen patschten sie mit den Händen möglichst heftig auf das Wasser auf. Dazu schrieen sie laut. Auf diese Weise verjagen sie die Krokodile, zumindest glaubten sie das.

Ich stieg hinter unserem Führer ins Wasser. Die Strömung war nicht so heftig wie ich vermutet hatte, doch das Wasser war hüfthoch und hatte einen weichen Untergrund mit vielen Schlingpflanzen. Meter für Meter kämpften wir uns vorwärts. Hin und wieder blickte ich mich um: Dicht hinter mir stapften die Träger durch die Fluten, und die hatten es am schwersten. Sie mussten meine wertvolle Film- und Fotoausrüstung heil hinüber bringen! Die Träger hielten meine Alu-Kiste über ihren Köpfen, damit ja kein Wasser eindringen konnte! Einmalige Aufnahmen wären sonst zerstört worden! Dazu war ein Teil meines Geldes drin, mein Wasserfilter und mein kleiner Medizinkoffer. Ich hatte diesen Trägern eine besondere Belohnung versprochen, wenn alles unbeschadet bliebe. Wir kamen ohne Krokodile auf der anderen Seite des Wassers an.

Dann hatten wir wieder eine tiefe Schlucht zu überqueren. Über der Schlucht lag ein langer glitschiger Baumstamm. Das sah ja wenig einladend aus. Assari allerdings ließ das vollkommen kalt. Er zuckte mit keiner Wimper und es war keine Frage: Dieser Balance-Akt würde mir nicht erspart bleiben. Meine Begleiter zögerten keine Sekunde und traten auf ihren bloßen Füßen sicher auf dem Stamm auf. Kein Wunder, denn die Einheimischen besitzen Riesenfüße! Ich schätzte sie mindestens auf Schuhgröße „87“! Und da sie auch noch Plattfüße hatten, konnten sie diese fast um die Baumstämme wickeln und sich mit ihren Zehen an den glitschigen Bäumen richtig einkrallen. Das konnte ich natürlich nicht. Ich hatte meine Trekkingschuhe an – an ein aufrechtes Gehen auf einem derart schlüpfrigen, moosigen Stamm war gar nicht zu denken. So musste ich zwangsläufig auf allen Vieren über diese wackelige Brücke kriechen! Stück für Stück bewegte ich mich zur anderen Seite. Gut, dass das keiner sah, der mich kannte. Das sah nicht mehr nach großem Abenteurer aus, wie elegant ich auf allen Vieren eine Schlucht überquerte. Aber alle Einheimischen sahen zu und konnten es nicht glauben. Wie war es möglich, dass ein erwachsener Mensch nicht über einen Baum

gehen konnte? Diese Frage stand ihnen ins Gesicht geschrieben.
„Was hast du überhaupt gelernt bei deinem Stamm, wo du herkommst?“ fragten sie fassungslos, als sie sahen, dass ich mich im Urwald viel unsicherer fortbewegte als die kleinsten ihrer Kinder.
Ich zählte auf, was ich daheim gelernt hatte.
„Lesen, rechnen, schreiben“ und was mir sonst noch einfiel.
„Aber hast du nicht einmal gelernt, durch den Wald zu gehen?“
Das war doch wirklich das Wichtigste, was es in der Kindheit zu lernen gab! Was war das für ein Stamm, bei dem man nicht richtig gehen lernte? Ich merkte, dass ich dadurch deutlich an Ansehen bei ihnen einbüßte. Zumindest wurde ich ihnen suspekt.
Wenn es irgendwie möglich war, lief ich künftig durch den Fluss, statt ihn auf einer Baumbrücke zu überqueren. Aber das ging natürlich nur, wenn die Schlucht nicht zu tief war. Ich bewunderte meine Begleiter ohnehin dafür, mit welcher Sicherheit sie durch das Gelände schritten. Und wie schnell sie waren! Das war schier unglaublich, wie blitzschnell die Männer durch den dichten Urwald rennen konnten. Obwohl ich gut trainiert bin, hätte ich dieses Tempo nicht einmal auf einer ebenen Piste halten können. Zack, und schon waren sie weg, bevor ich richtig schauen konnte! Ein Vorteil im dichten Urwald war ihre Körpergröße von etwa 1 Meter 30.
Und wie sie überhaupt den Weg fanden! Wussten, welcher Pfad, welcher Flusslauf der richtige für uns war. Nie trafen wir einen Menschen auf unserem Weg, den wir hätten fragen können. Im dunklen Urwald konnten wir auch nicht in die Ferne sehen, ob wir vielleicht eines der riesigen Baumhäuser

irgendwo entdecken konnten. Nur wenn sich vor uns eine kleine Lichtung auftat, fiel unser Blick ein bisschen weiter.
„Rumah Tinggi!“ schrie da Assari, der an der Spitze unseres Zuges ging, und fuchtelte mit seinem Stock in der Luft herum.
Einige Meter vor uns ragte ein Baumhaus in die Luft. Besser gesagt: ein Baumhäuschen, denn es war vielleicht zehn Meter über dem Boden. Ganz nett sah es aus, aber ich war ein bisschen enttäuscht. Waren das die legendären Baumhäuser?
„Sind die Rumah Tinggi nicht höher?“ fragte ich Assari.
Und da erklärte er mir die Geschichte der Baumhäuser. Es gab sie in allen Höhen. Und die Höhe hatte ihren Grund. Sie hing vom Zustand ihrer nachbarlichen Beziehung ab. Das ist das ganze Geheimnis. Schutz vor Überschwemmung und Tieren spielen nur eine untergeordnete Rolle. Der wahre Grund ist die Gefahr, die von anderen Familiengemeinschaften ausgeht. Untereinander raubten sich die Männer ihre Frauen und drangen in nachbarliche Jagdgebiete ein. Dazu raubten sie einander auch ihre Hausschweine. Schweine stellen einen hohen Besitz dar. Passierte so ein Diebstahl, kam es zu einer offenen Feindschaft. Und das bedeutete auch immer eine ernste Bedrohung des Lebens. Würde eine Familie auf dem Boden oder in dessen Nähe wohnen, so wären sie für ihre Feinde leichte Beute. Je größer die Feindschaft und damit die Gefahr ist, umso höher muss das Baumhaus gebaut werden. Der höchste Baum der ganzen Umgebung wird dafür ausgesucht. So kam es, dass die Korowai als einziger Stamm auf der ganzen Welt solche Baumhäuser bauen und in ihnen leben.
Die nahe über dem Boden gebauten Hütten lagen entweder in sicheren Gebieten oder aber es gehörte alten Korowai. Für ihre alten Stammesangehörigen, die ein höheres Baumhaus

nicht mehr erklimmen konnten, bauten sie manchmal eine kleine Hütte, nur wenige Meter über dem Boden.
Es musste also noch andere, größere geben. Weiter kämpften wir uns durch diese grüne Hölle, gepeinigt von Moskitos und Blutegeln. Doch dann, in einer kleinen Lichtung, tauchte ein hoher Baum vor uns auf – und ganz oben in den Ästen thronte ein Baumhaus. Ich blieb ergriffen stehen und starrte hinauf. Es war in etwa 25 Meter Höhe und ragte majestätisch in die Lüfte. War das erste Baumhaus eher wie diejenigen, die ich in meiner Jugend gebaut hatte, so hing dieses Haus wie ein fremdartiges Gebilde in diesem hohen Baum. Es war etwa auf der Höhe der Baumwipfel. Beeindruckend! Ob es bewohnt war? Wenn es in der Umgebung keine Tiere mehr gab oder die Früchte abgeerntet waren, dann verließen die Korowai ihr Baumhaus wieder und zogen weiter. Auf die Rufe unserer Begleiter kam keine Antwort. Das konnte auch zweierlei heißen: Entweder es war wirklich verlassen oder sie ließen uns in eine Falle laufen.
Unsere Begleiter berieten sich kurz, dann stieg einer hinauf. Er kehrte sofort wieder um. Oben lagen zwei Tote. Wenn jemand in einem Baumhaus stirbt, dann bleibt der Tote im Baumhaus liegen. Die Familie verlässt diesen Ort und kehrt nie mehr dahin zurück. Die Toten wollen ihre Ruhe haben. Stirbt jemand auf der Jagd, wird er an Ort und Stelle begraben, ohne jedes Zeichen.
Ich hatte ein ungutes Gefühl. Schließlich ging das Gerücht um, die Korowai seien noch Kannibalen. Auch wenn es sich beim Kannibalismus um eine rituelle Angelegenheit handelt, bei der nur das Gehirn gegessen wird, jagte mir allein der Gedanke daran einen Schauer über den Rücken. Wir gingen weiter. Waren wir auf der richtigen Spur?

Auf einmal stand ein kleiner Mann vor uns, der Sandelholz sammelte. Vorsichtshalber fragte ihn unser Führer, ob wir auf dem richtigen Weg zu den „Rumah Tinggi“ waren. Aber der Mann war sehr scheu und deutete nur in eine unbestimmte Richtung. Dann verschwand er wieder im dichten Urwald.

Wie immer begleiteten uns Scharen von Moskitos auf unserem sumpfigen Pfad. Manchmal schreckten wir unabsichtlich einen ganzen Schwarm der Tiere auf, die am Boden lagerten. Wenn wir durch einen Fluss gingen, juckte mich hinterher oft ein Fuß. Ich kratzte mich, sah meine Hände an: alles voller Blut. In meiner Hand hatte ich Blutegel. Sie waren etwa fünf Zentimeter lang und dunkelbraun. Ich streifte sie ab. Die Blutegel waren soweit harmlos und störten mich nicht. Nur das Jucken war unangenehm.
Die Kräfte meiner Begleiter waren von den gewaltigen Märschen allmählich aufgebraucht. Auch an meinen Kräften hatte es gezehrt. Ich hatte schon beinahe die Hoffnung verloren, den Stamm der Korowai zu finden. Wer weiß schon, was mit ihnen geschah? Waren sie vielleicht an einen völlig anderen Ort gezogen? Aber wir hatten doch schon zwei Baumhäuser gefunden. Sie mussten zumindest hier gewesen sein. Ich gab uns noch ein paar Tage Zeit, dann würden wir unseren Marsch abbrechen müssen. Der Urwald wurde dichter und dunkler. Ich fühlte Enttäuschung in mir hochsteigen. Wir haben uns so lange durch den dichten Urwald gekämpft – konnte es überhaupt sein, dass hier in diesem Dickicht Menschen lebten? Ich konnte es fast nicht glauben.
„Assari, wie findest du den Weg?“ fragte ich.
„Ich bin hier geboren“, lautete seine knappe Antwort.
„Aber du bist seit Jahren nicht mehr hier gewesen!“

„Ich kenne mein Land“.
Assari war ein nüchterner, aber verlässlicher Mann. Ich schätzte ihn sehr.
Endlich, am 19. Tag unserer Suche, ein Lichtblick: Wir standen vor einer Lichtung, auf der Bananenstauden und Sagopalmen standen. Das war ein klares Zeichen, dass hier Menschen lebten! Mein Führer hatte Recht behalten: Er hatte trotz meiner wachsenden Zweifel darauf beharrt, dass dieser Stamm nicht wie viele andere in der Nähe des Flusses lebte, sondern versteckt im dichten Urwald. Laut redend bewegten wir uns weiter auf die Lichtung zu. Wären wir leise gewesen, hätten sie uns vielleicht für anschleichende Feinde gehalten. Sehen würden sie uns sowieso. Mein Herz schlug schneller. Waren die Korowai tatsächlich hier? Und wenn ja, wie würden sie uns empfangen?! Wir mussten damit rechnen, dass die Korowai uns als Feinde betrachten und uns mit ihren Giftpfeilen bedrohen! Ich dachte kurz an die Missionare, verwarf den Gedanken aber gleich wieder. Wir spähten nach allen Seiten und gingen langsam weiter. Wie aus dem Erdboden gewachsen stand plötzlich ein Mann vor uns. Mir fiel fast die Machete aus der Hand – doch dann merkte ich, dass der Mann mindestens so erschrocken war wie wir. Ich betrachtete ihn fasziniert. Dieser alte Mann schien aus einer anderen Zeit zu kommen. Er war völlig nackt, hatte nur den Penis mit einem Blatt umwickelt. Durch die Nasenscheidewand hatte er von oben den Federkiel eines Kasuar-Vogels gesteckt. Höchstens einen Meter zwanzig war er groß. Er sah sehr alt aus. Wie alt war er wirklich? Die Korowai werden nicht alt, nur etwa 35 Jahre, es gab zu viele Gefahren und Krankheiten. So war dieser kleine Mann wahrscheinlich nur halb so alt wie ich, sah aber aus wie ein Greis.

Nach der ersten Schrecksekunde sprach einer meiner Männer ein paar beruhigende Worte mit ihm. Er erklärte ihm, dass wir als Freunde kämen. Als Beweis unserer guten Absichten übergab er dem Mann einen Teil des mitgebrachten Tabaks. Ich beobachtete sein Gesicht, in das nun Bewegung kam. Offenbar hatten wir ins Schwarze getroffen, denn er zeigte sich sichtlich erfreut. Auch schien er uns zu verstehen. Meine Hoffnung stieg. Er gab uns ein Zeichen, dass wir ihm folgen sollten. Sofort nahm ich meinen Rucksack auf und stapfte hinter ihm her. Das war ja besser gegangen, als ich gedacht hatte! Voller Spannung folgten wir dem alten Mann. Er sprang behände und geschickt zwischen den Wurzeln und Ästen umher. Immer weiter in den Dschungel hinein. Wir hatten zu tun, dass wir ihm folgen konnten.
Nach einiger Zeit bedeutete uns der Mann, in Richtung Himmel zu schauen. Und ich konnte nicht glauben, was ich sah: Ein Baumhaus in der Astgabel eines riesigen Baumes, in etwa 35 Metern Höhe, auf einem völlig allein stehenden Baum. Mir war sofort klar, dass ich hier etwas Außergewöhnliches sah. So etwas gab es nur einmal auf der Welt. Und noch etwas war mir schlagartig klar: Was musste die Familie gefährliche Feinde haben, dass sie ihr Baumhaus derart hoch gebaut haben!

Ganz nah am Himmel

Ich konnte meine Augen nicht mehr abwenden. Was für ein Wunderwerk hoch über den Wipfeln der Bäume! Im Augenwinkel beobachtete ich die Menschen um mich herum. Auch Assari sah sich nervös um – er war sich nicht sicher, ob wir willkommen waren. Oben am Baumhaus war niemand zu sehen. Doch unten standen ein paar Männer und reparierten die Leiter. Der alte Mann rief ihnen etwas zu. Dass wir Freunde wären, übersetzte mein Dolmetscher, und dass wir seine Gäste wären. Die Männer antworteten nicht, das schien einem Einverständnis gleich zu kommen. Jetzt durften wir zumindest vorerst hier bleiben. Die Männer gehörten zur Familie des alten Mannes.

Ich betrachtete das Baumhaus und seine Konstruktion genauer. Es bestand aus mit Lianen zusammengebundenen Bambus-Stämmen. Es schien leicht zu schwanken. Vom Boden aus führte ein Steigbaum etwa 15 Meter hinauf. In einen kahlen Baumstamm waren mehrere Kerben hineingeschlagen, die als Stufen dienten. Am Ende des Steigbaums war eine kleine Plattform, von der aus eine Leiter zu einer weiteren Plattform führte. Erst von der zweiten Plattform gelangte man in das Baumhaus. Diese Leitern bestanden aus quer liegenden Ästen, die mit Lianen festgebunden waren. Sie waren beschädigt, ebenso wie auch das Dach des Hauses. Später erfuhr ich, dass dieser Familienclan erst am Tag zuvor von einer anderen Gegend zurückgekommen war und das verlassene Baumhaus wieder bewohnbar machen wollte.

Der große Moment war gekommen: Ich durfte hochklettern! Wie hatte ich dem entgegengefiebert, und jetzt war ich aufgeregt. Es gehörte auch viel Gottvertrauen dazu, um da hinauf

zu klettern! Einige Stellen der Steigleiter waren bereits morsch. Ich wog zwar nur 67 Kilo, aber damit war ich immer noch wesentlich schwerer als meine kleinen einheimischen Begleiter. Würde mich die Konstruktion überhaupt aushalten? Der Steigbaum war kein Problem. Die Hängeleiter stieg ich ganz an den Seiten hoch, dort waren die Sprossen an den Lianen festgebunden und würden wohl am besten halten. Ein merkwürdiges Gefühl war das schon, auf diesen wackeligen hängenden Leitern immer höher zu steigen. Ich sah nach unten. Wenn in dieser verlassenen Ecke der Welt etwas passiert, ich ausrutsche, oder die Liane riss und die ganze Konstruktion krachte herunter – wenn so etwas passierte, dann könnte ich ja keinerlei Hilfe erwarten. Sollte ich mir einen Knochenbruch zuziehen, würde das meinen Tod bedeuten, denn medizinische Hilfe gab es nirgends. Mit mulmigem Gefühl kletterte ich weiter. Die Faszination zog mich nach oben. Ich stieg und stieg, und ich überstieg die benachbarten Baumwipfel. Es war ein unbeschreibliches Gefühl, als ich die Bäume des Urwaldes unter mir ließ. Es ging noch weitere zwanzig Meter höher, der riesige Baum stand mutterseelenallein. Die ganze Konstruktion schwankte ein bisschen. Ich hielt kurz inne und sah hinauf zum Baumhaus. Die Menschen oben sahen herunter. Unsere Blicke trafen sich. Dann stieg ich weiter und kletterte durch ein Loch im Boden in das Haus hinein. Geschafft! Oben wartete eine Überraschung auf mich. Ein einzigartiges und ausgeklügeltes System eines Sozialverbandes und ein genauso geniales System ihrer Bauwerke.
Der Einstieg in das Haus lag wie eine Luke genau in der Mitte des Bodens. Fünfzehn Augenpaare starrten mich unverwandt an.
„Grüß Gott“, sagte ich.

Was hätte ich sonst sagen sollen? Sie hätten es ohnehin nicht verstanden.
Alle Personen saßen fast nackt um eine kleine Feuerstelle herum. Sie sahen mich weiterhin nur an. Noch nie hatten sie jemanden aus einer anderen Welt gesehen. Ich hatte sie auch noch nie gesehen. Ihre Haut war sehr dunkel, ihr Haar kurz und kraus. Sie hatten die breiten Nasen der Papua. Nach ein paar Minuten begannen sie wie auf ein unhörbares Kommando hin alle gleichzeitig zu reden.
„Nate nate Tuan“ – willkommen weißer Mann, „Manotroba“ – alles ist gut, bekam ich nun als Antwort zurück. Ich hörte am Klang ihrer Stimmen, dass wir willkommen waren und bleiben durften. Zumindest diese Nacht.

Ich sah hinab auf den Urwald, dessen Baumkronen sich etwa zwanzig Meter unter mir in unendliche Weiten ausbreiteten. Von oben hatte man einen einzigartigen Überblick. Die Bäume und Büsche leuchteten in den unterschiedlichsten Grüntönen. Am Horizont ging allmählich die Sonne unter, es war Abend geworden. In das leuchtende Blau des Himmels mischte sich ein warmer Orange-Ton, der immer mehr in ein schimmerndes Rot überging. Die Bäume überzog ein leichtes Grau, die Blätter wurden dunkler und dunkler. Der Abend legte sich sanft über den Urwald. Unser Baumhaus wiegte sich im Wind. Ein Rascheln ging durch die Bäume. Geheimnisvolle Laute verstärkten den mystischen Eindruck.
Was für ein Zauber lag über diesem Abend.

Die Nächte, die keine waren

Aus dieser einen Nacht wurden viele. Wir waren diesen „Steinzeit-Menschen“ willkommen und genossen ihre Gastfreundschaft. In ihren Bewegungen war keine Eile. Alles, was sie taten, verrichteten sie langsam und sorgfältig. Ohne Hektik holten sie ihre Kinder aus einer Gefahrenzone. Ohne Eile kochten sie ihr Essen. Das änderte sich jedoch, wenn sie auf die Jagd gingen: Dann reagierten sie blitzschnell. Auch wenn sie sprachen, klangen ihre Stimmen schnell und gepresst.

Die Nacht ist für mich sehr wichtig. Ich bin am Tag zu vielen Leistungen bereit und halte allerhand Strapazen aus, doch in der Nacht möchte ich mich regenerieren. Ich *muss* mich regenerieren. Und deswegen brauche ich sehr viel Schlaf. Doch bei den Korowai war an Schlaf nicht zu denken, was zu einem ernsten Problem für mich wurde.

Die Nächte liefen nach einem völlig anderen Muster ab als ich gewohnt war, und nirgendwo später habe ich ähnliches erlebt. Das erste war, dass ja alle fünfzehn Personen und ich zusammen auf dreißig Quadratmetern lebten und natürlich auch während der Nacht schliefen. Es war jedenfalls sehr eng. Dazu kamen die Haustiere. Die Kinder schrieen in der Nacht. Die Hunde bellten unmittelbar neben mir. Das hätte mich alles nicht gestört – ich brauche keine Stille und beileibe kein Himmelbett. Aber hier war es geradezu unmöglich, überhaupt zu schlafen!

Das Problem war, dass sie pausenlos redeten. Und immer alle durcheinander. Sogar unser Dolmetscher verstand nur einen kleinen Teil davon. Wenn einer einmal nichts mehr zu sagen wusste, dann fiel er augenblicklich in Schlaf. Er schlief einfach im Sitzen ein, so, wie er gerade noch geredet hatte. Die anderen redeten und diskutierten unentwegt weiter. Nach etwa einer halben Stunde wachte er auf einmal wieder auf und redete auf der Stelle wieder mit. Dann schlief ein anderer ein. So kam es, dass von den 15 Menschen immer etwa 12 geredet haben. Niemals kehrte etwas Ähnliches wie Ruhe ein. Niemals ging ihnen der Gesprächsstoff aus. Anscheinend waren auch viele Witze darunter, denn oft lachten sie laut auf.

Nach ein paar Stunden vergeblicher Versuche einzuschlafen, begann mich diese lustige Runde doch zu nerven. Aber auf meine Versuche, ihnen ein bisschen Ruhe abzuringen, reagierten sie überhaupt nicht. Ich ertrug es lange. Wenn ich einmal nahe am Schlaf war, und es fast geschafft hatte, dann schleckte mich mit Sicherheit ein Hund ab. Durch das viele Schwitzen war ich natürlich salzig auf der Haut, was den Hunden hervorragend schmeckte. Es roch intensiv nach Schwein. Neben mir grunzte eines. Es lag direkt bei mir und wollte wohl ebenfalls schlafen. Ein Kind krabbelte auf mich drauf und wollte ausprobieren, wie sich ein Weißer anfühlte. Irgendwann reichte es mir.

Ich verlor die Nerven.

„Jetzt hört doch mal auf mit dem Gequassel!“ schimpfte ich laut und fuchtelte zur Verstärkung mit meinen Armen in der Luft herum. Doch das fanden sie gerade lustig und lachten noch mehr. Was machte doch der Fremde für drollige Gesten! Sie ahmten mein Gefuchtel nach. Ich ließ mich frustriert auf meine Matte fallen. Vielleicht würde ich ja mal aus Erschöpfung einschlafen. Kurz davor war ich schon. Meine Augen fielen mir für einen Moment zu.

Da brüllte einer wie am Spieß.

„Was ist denn jetzt passiert?“ Ich fuhr erschrocken hoch. Assari deutete nur auf den Mann neben mir: Dieser wischte sich

einen Ascheklumpen vom Bein. In der Mitte des Baumhauses hatten sie die ganze Nacht ein Feuer brennen. Weil das Baumhaus ja nicht sehr groß war, bekamen sie ständig Funken auf die Haut. Das war nicht so dramatisch, wenn man wach war, denn dann konnte man sie einfach schnell wegkicken. Aber wenn jemand dazwischen einschlief, trafen ihn die glühenden Teilchen ohne Gegenwehr. Die Funken brannten sich wie glühende Kohlen in die Haut. So lange, bis er vor Schmerzen aufwachte.
Die anderen nahmen es überhaupt nicht zur Kenntnis. Wenn ihn ein Funke traf und er schlief, war das halt Pech. So bekamen diese Menschen fast jede Nacht Brandwunden. Und da erst fielen mir die vielen dunklen Flecken an den Menschen auf. Sie hatten die Narben am ganzen Körper. Auch ich blieb nicht davon verschont. Ich legte mich zwar in die hinterste Ecke, aber sie war auch noch nicht weit genug vom Feuer entfernt, dass es ungefährlich gewesen wäre.

Ein technisches Meisterwerk

Am Morgen sah ich mich um. Wo war ich hier eigentlich? Es dämmerte, über den Bäumen lag noch ein leichter Nebel. Irgendwann musste ich eingeschlafen sein. Ich fühlte mich gerädert. Einige Männer schliefen noch, andere waren schon unterwegs. Ruhe lag über dem Wald.
Es war wie ein Wunder, dass ich dieses mir so fremde Leben kennen lernen konnte. Fasziniert schrieb ich bei Tag und Nacht in mein Tagebuch alles, was ich nur sehen konnte. Ich befand mich in einer anderen Welt.

In unserem Baumhaus fühlte ich mich nach einigen Tagen vollkommen sicher. Auch bei starken Stürmen hielt das Baumhaus den Gefahren stand. Als das Haus beim ersten Unwetter zu wackeln anfing, blickte ich mich etwas unsicher um. Schließlich stand der Baum völlig frei. Ich beobachtete die Menschen um mich herum. Die Familie war völlig ungerührt. Sie schien das Unwetter gar nicht zu bemerken. Wie viele Unwetter mussten die Menschen schon erlebt haben? Auf jeden Fall wussten sie es besser als ich, und wenn es für sie kein Grund zur Unruhe war, dann sollte es für mich auch keiner sein. Ihre Ruhe übertrug sich auf mich und ich saß ohne Angst weit oben über dem restlichen Urwald und beobachtete die peitschenden Winde und die heftigen Regenschauer. Regnete es durch das Dach oder an den Seiten herein, dann stieg einer der Männer hinunter und holte einen Arm voll Bananenblätter. Diese riesigen Blätter eigneten sich hervorragend zum Abdichten. Aber meistens war ohnehin alles dicht. Vor allem die Seiten hielten Unwettern stand, zumal der Regen durch den Wind fast immer zur Seite heranprasselte.

Mit am meisten hat mich die Konstruktion des Baumhauses beeindruckt. Ohne jede statische Berechnung, ohne Bauplan entstehen diese stabilen Bauwerke. Die Baupläne befinden sich in ihren Köpfen. Die Bauart ihrer Baumhäuser wird seit vielen Generationen weitergegeben. Wahrscheinlich ist sie seit Jahrtausenden nicht verändert worden.
Sie bauten ihre Häuser so geschickt in Astgabeln hinein, dass sie felsenfest drin saßen. Selbst Stürme konnten ihnen nichts anhaben. Dabei verwendeten sie weder Metall, Nägel oder weitere Hilfsmittel, sondern nur das, was der Urwald hergibt: Bambus, Lianen und Blätter. Der Bau eines Hauses dauert drei Wochen, und alle Clan-Mitglieder helfen zusammen. Zuerst muss ein Stück Wald gerodet werden. Mit der entstandenen Lichtung beginnt für sie das Leben, denn im dichten Urwald mit all seinem Ungeziefer ist kein Leben möglich. Ein Baumhaus der Korowai hält etwa fünf Jahre.
Als Küche, Esszimmer und gleichzeitig Aufenthaltsraum diente der Raum mit der Feuerstelle. Hier saßen alle Familienmitglieder um das kleine Feuer, das fast nie ausging. Doch eines Abends ist es doch passiert. Die Korowai kennen weder Feuerzeug noch Zündhölzer. Mit einer Feuersäge haben sie mühsam das Feuer wieder entfacht. In ein gespaltenes Holzstück legten sie leicht brennbare Holzfasern, anschließend wickelten sie eine Lianenfaser um das Holz. Sie hielten es mit den Füßen fest und bewegten die Liane schnell auf und ab. Das machten sie so lange, bis durch die Reibung am Holz so viel Wärme entstand, dass sich der Zunder – die Holzfasern – entzündete. Das Ganze dauerte ziemlich lange.

Es gibt kein Koch- oder Essgeschirr. Das Essen wird in Blätter eingewickelt und im oder über dem Feuer gebraten. Hauptnahrungsmittel waren Süßkartoffeln, Bananen und die Stärke der Sago-Palme. Außerdem essen sie Fische, Insekten, Schlangen und Schweine. Als Spezialität die Maden der Sagopalme. Ich hatte mich schon fast an diese zweifelhafte Köstlichkeit gewöhnt und eine Art entwickelt, sie zu schlucken ohne sie länger als nötig zu berühren.

Die Schlafgewohnheiten der Korowai hatte ich ja schon kennen gelernt. Über meine kleine Matte haben sie sich sehr amüsiert. Sie selber schlafen auf Gras, das sie zu einem Teppich flechten. Der Fußboden ihres Hauses ist mit Bambusstöcken gebaut. Die Stangen werden in der Mitte gespalten und auseinander gedrückt. Daraus entsteht eine Fläche. Bretter haben sie keine.
Im Blätterdach der Hütte steckten die Jagdutensilien der Männer: Pfeile, Bogen und Pfeilköcher. Daneben hängen Tragenetze, die aus Fasern geknüpft sind, Kürbiskalebassen und Steinbeile.
Auch einige Gebeine hingen am Dach. Ich hatte sie im ersten Moment für Tierknochen gehalten und nicht weiter beachtet. Als aber ein paar Tage später mein Blick wieder auf die Knochen fiel, blieb er an einem hängen. Ich sah ihn mir genauer an. Er kam mir auf einmal so groß vor. Was für ein Tier sollte das gewesen sein? Ein Wildschwein? Nein, danach sah es nicht aus. In seiner Größe und Form erinnerte mich der Knochen eher an … Ich dachte es nicht zu Ende, aber ich fing den Blick des alten Mannes auf, der uns gefunden hatte. Er hatte mich beobachtet und lachte leise.

Ein Leben voller Geheimnisse

Am Morgen war meist die ganze Familie um mich versammelt: Vater, Mutter, Bruder des Vaters, zwei Schwestern des Vaters mit ihren Männern und Kindern. Und der Großvater, dem besondere Ehren zukamen. Im Baumhaus war es ziemlich eng. Der Raum war in zwei Teile geteilt. Männer und Frauen schliefen getrennt. Auch die ständigen Mitbewohner – Hunde und Schweine – schliefen bei ihnen. Allerdings nie lange, ständig liefen alle umher. Vor dem Eingang des Baumhauses befand sich eine Veranda. Sie hatte keinerlei Sicherung oder ein Geländer, das vor einem Absturz schützen könnte. Wie schnell konnte hier ein Kleinkind abstürzen! Aber während der ganzen Zeit, die ich mit den Korowai verbrachte, sah ich kein Kind jemals unbeaufsichtigt. Die meiste Zeit saßen sie im Baumhaus. Kleinkinder waren ohnehin immer bei ihren Müttern, entweder im Tragnetz aus Lianen oder auf ihrem Schoß. Sogar die jungen Schweine wurden in einem Netz am Körper getragen.

Eine junge Frau fiel mir auf, die ein kleines Schwein stillte – ich konnte es kaum glauben. Ich erfuhr, dass sie vor kurzem ihr Kind verloren hatte, und deshalb das Schwein als Baby-Ersatz diente.

Die Frauen trugen kurze Grasröckchen um die Hüften, die Männer ihren Penisschutz aus grünen Blättern. Das Leben dieser Menschen war komplett in die Natur integriert, sie lebten völlig in Einklang mit ihr. Sie hatten überhaupt keine technischen Geräte oder Hilfsmittel in ihrer Hütte. Alles das, was uns selbstverständlich ist, wie Radio, Fernseher, Waschmaschine oder Fahrrad – natürlich gab es das nicht. Stattdessen hatten sie in ihren einfachen Hütten etwas, was in vielen

Häusern bei uns zuhause fehlt: Harmonie und Zufriedenheit. Sie lebten in einem engen Familienverband zusammen, Junge, Alte, Männer, Frauen, Kinder. Ich habe sie untereinander nie streiten sehen. Diese Harmonie unter ihnen war förmlich zu spüren. Besonders, wenn einer der Männer abends auf einer Art Maultrommel seine einfachen, selbst komponierten Melodien spielte. Dieses Instrument bestand aus einem gespaltenen Bambus-Stück mit einer Membran.
Völlig anders war ihr Umgang mit verfeindeten Nachbarstämmen. Sie sind sehr nachtragend. Auch wenn ein Streit oder ein Diebstahl sehr lange zurück liegt, wird er nicht vergessen. Auf einmal kocht die Wut noch mal hoch und führt zu einem Racheakt.

Die größte Gefahr stellten die potentiellen Angreifer von Nachbarfamilien dar. Vom Baumhaus konnte man nicht bis zum Boden schauen. Eventuelle Feinde sahen uns oben also zuerst, aber auch nicht besonders gut. Bis auf die Nacht, da war unser Feuer weithin zu sehen und für die Angreifer leicht auszumachen. Deswegen stieg jeden Abend einer der Männer noch mal die Leiter hinunter und zog den Steigbaum etwa zehn Meter hoch. Erst auf dieser Höhe begann die Leiter. So war das Baumhaus für die Nacht gesichert. Sollte sich jemand am Baum zu schaffen machen, um an die Leiter zu kommen, konnte man mit Pfeil und Bogen auf den Angreifer hinunter schießen.
Waren die Männer auf der Jagd, waren die Frauen ungeschützt. Sie mussten mit den Männern irgendwie in Kontakt bleiben, und dafür hatten sie ein ausgeklügeltes System.
Die Seitenwände des Hauses waren nicht aus stabilem Holz, sondern aus einer starken Rinde. Die Rinde war glatt ge-

klopft. Die Seitenwände können lebensrettend sein: Nicht wegen des Windes, der Kälte oder des Regens, sondern mit Hilfe der Wände senden die Korowai *Morsezeichen* aus. Waren die Männer tagsüber auf der Jagd, hatten die Frauen den Steigbaum eingezogen. Am Tag waren alle Vögel ruhig, kein Geräusch war oben zu hören. Wenn die Frauen aber bemerkten, dass Leute in der Nähe waren, die nicht zu ihrer Großfamilie gehörten, dann bedeutete das auf jeden Fall Gefahr. Und nun beginnen die Menschen, sich über Kilometer hinweg Nachrichten zuzumorsen! Sie schlagen in einem bestimmten Rhythmus auf ihre Seitenwände. Darin haben sie eine spezielle Morsesprache entwickelt. Die Männer, die sich höchstens ein paar Kilometer weit vom Baumhaus entfernen, hören die Gefahr in den ausgesendeten Morsezeichen und kommen sofort zurück. Die unerwünschten Eindringlinge hören die Zeichen ebenfalls und laufen weg.

Ich wunderte mich, wie das mit dem offenen Feuer im Baumhaus funktioniert. Das musste ja zwangsläufig alles abbrennen auf so einem beengten Ort, und zwar inklusive aller Bewohner. Das passiert aber nicht. Warum? Durch ständiges Beobachten lüftete ich auch dieses Geheimnis: Sie benützten feste Rinde, die etwa 70 Zentimeter breit war. Während die Rinde der Seitenwände ganz glatt war, war diese „Feuer-Rinde“ wie eine Schale leicht gebogen. In diese Rinde füllten sie Erdreich oder Sand. In dem Sand machten sie das Feuer. Hier war es relativ unter Kontrolle – sah man einmal von dem ständigen Funkenregen ab.

Ihr Essen, erlegte Tiere oder Früchte von den Bäumen, wickelten sie in Bananenblätter. Dann warfen sie die kleinen Pakete ins Feuer. Das ist ihre Methode zu kochen.

Unter den Kindern sah ich eines, das immer sehr eng an seiner Mutter hing. Als ich es genauer betrachtete, gab es mir einen Stich ins Herz: Das linke Auge des kleinen Jungen war eingedrückt. „Wie ist denn das passiert?“ fragte ich entsetzt meinen Dolmetscher.
Er erfuhr von der Mutter eine grausige Geschichte. In den ersten drei Tagen darf kein Kind seinen Vater anschauen. Bei diesem Baby war es aber doch passiert, und als Strafe dieses Vorfalls hatte ihm das Familienoberhaupt das betreffende Auge eingedrückt. Mir hob sich der Magen. Wie konnte man nur so unmenschlich sein! Dieses Ereignis hat mich lange nicht losgelassen.
Die Kindersterblichkeit ist so hoch, dass die Kinder erst im zweiten Lebensjahr einen Namen bekommen. Das erste Jahr werden sie einfach nur „Kind“ genannt. Eines dieser kleinen Kinder hatte ein dickes Geschwür am Hals. Die Mutter strich ihm einen Brei aus gepressten Pflanzen auf die Wunde. Es überleben nur die Stärksten und Gesündesten. Viele Verletzungen und Krankheiten raffen sie dahin. Sie sterben schnell, wenn sie krank sind. Langes Dahinsiechen kennen sie nicht

Mehrfach am Tag kraxelte ich vom Baumhaus herunter und wieder hinauf. Eine eigentümliche Beziehung haben die Korowai zu ihren Hunden. Sie sehen eigentlich sehr nett aus: hellbraun, mittelgroß und kurzhaarig. Die Hunde liegen tags und nachts zwischen den Körpern der Menschen. Wenn es stark regnet, wird es unangenehm feucht. Die Menschen besitzen keinerlei Kleidung als Schutz. Also nehmen sie ihre Hunde; diese dienen ihnen regelrecht als „Wärmflaschen“. Die Hunde lassen alles mit sich geschehen. Ich habe beobachtet, wie eine Frau einen Hund auf ihr entzündetes Knie legte.

Der Hund blieb liegen. Was mich am meisten gewundert hat: Die Hunde blieben den ganzen Tag auf ihren dreißig Quadratmetern hoch oben über dem Urwald. Müssen sie denn nicht laufen? Springen, jagen? Offensichtlich hielten sie es gut aus, sie wirkten nicht unzufrieden. Wenn die Männer auf die Jagd gingen, dann kamen die Hunde mit. Es sind eingespielte Teams: Zunächst müssen die Hunde die Leiter hinunter getragen werden. Alleine können sie natürlich nicht hinabklettern. Ein Mann klemmt sie unter seinen Arm. Die Hunde halten sich vollkommen ruhig. Unten angekommen rasen sie los. Im Dickicht spüren die Hunde mit ihren feinen Nasen die Tiere auf, meist Wildschweine. Dann laufen sie dem Beutetier nach und umstellen es. Wenig später tauchen dort auch die Jäger auf. Auch sie laufen in atemberaubendem Tempo durch den Urwald. Einige Male durfte ich mit ihnen auf die Jagd gehen. Ich blickte nur einen Moment lang um mich, da waren die Männer alle schon weg. Ich hatte keine Chance, Schritt zu halten. Viel später erst kam ich am Ort des Beutefangs an. Während die Wildschweine sich gegen die Hunde wehrten, erlegten es die Jäger mit ihren Holzspeeren.
Da hier in Äquatornähe bereits um 18 Uhr die Sonne untergeht, verbringen die Korowai viele Abendstunden an der Feuerstelle. Das war für mich eine Fundgrube für neue Geschichten! Assari übersetzte. Ich war nicht sicher, ob immer die richtigen Worte ankamen. Es kam mir vor wie das Spiel „Flüsterpost“, das ich als Kind gespielt habe! Ich schickte nach gewohnter Manier meine Botschaft auf Englisch los. Assari übersetzte sie ins Indonesische, der nächste in die Korowai-Sprache. Manchmal musste ein weiterer alles in den Stammesdialekt übertragen. Was war da noch von der ursprünglichen Bedeutung übrig?!

Nach ihrem Weltbild befragt, erzählte mir der Großvater die Geschichte von Ginol, dem großen Geist. Ihm verdanken wir die Welt. Diese besteht aus vier konzentrischen Kreisen. Der äußerste Kreis ist für die Menschen, Tiere und Geister, und darin liegt auch das Jenseits, die Heimat der Seelen. Sie wird vom großen Wasser umgeben, in dem der Fisch Ndewe zu Hause ist. Im Innersten dieser Welt befindet sich der Himmel mit der Sonne, dem Mond und den Sternen. Zur Verdeutlichung seiner Erzählung malte das Familienoberhaupt die Kreise neben dem Feuer in den Sand.
Dann gab es Abendessen. Nach dem Essen folgte ein unverzichtbares Ritual. Die Pfeife wurde angezündet. Sie bestand aus einem dicken, etwa einen halben Meter langen Bambusrohr. Sie stopften es normalerweise mit Blättern. Ich gab dem Großvater etwas von meinem mitgebrachten Tabak.
„Esai! Esai!“ brüllte er mich an.
Hatte ich was falsch gemacht?
„Das heißt danke“. Assari grinste. Und ich lernte: esai – danke. Pofudai – bitte.
Sie entzündeten die Pfeife am Feuer und bliesen sofort dicke Rauchschwaden aus Mund und Nase. Die Pfeife machte die Runde. Auch ich leidenschaftlicher Nichtraucher musste mitmachen. Es schmeckte furchtbar für mich, natürlich bekam ich einen Hustenanfall. Niemand nahm davon Notiz, denn sie husteten alle.

Die Stein-Korowai

Von der anderen Seite des Flusses waren manchmal Morsezeichen zu hören. Sie stammen von „Stein-Korowai“, die sie zur Menschenjagd aussenden. Diese Stein-Korowai gelten als sehr gefährlich. Sie dulden überhaupt keine anderen Menschen in ihrer Nähe.
Sofort geriet mein Abenteurer-Blut in Wallung. Es gab noch echte Menschenjäger? Das hatte ich der Vergangenheit zugeschrieben. Aber da ich jetzt davon hörte, wollte ich natürlich unbedingt versuchen, sie zu finden!
Doch dieses Ansinnen stieß auf beharrlichen Widerstand bei meinen Begleitern. Das wäre viel zu gefährlich, die Stein-Korowai würden uns mit Giftpfeilen angreifen. Aber wie oft habe ich bei meinen Expeditionen solche Dinge gehört, und wie selten hat es sich bewahrheitet! Auch von diesem Stamm, bei dem ich lebte, hatte man sehr gefährliche Geschichten gehört. Sie hatten mich freundlich aufgenommen. Ich wollte es versuchen. Assari schüttelte den Kopf. Er kannte mich inzwischen gut genug, um zu wissen, dass mich nichts mehr von diesem Vorhaben abbringen konnte.
Im Baumhaus wurde lange debattiert. Das Risiko war nicht kalkulierbar. Ich versprach noch mehr Lohn. Assari konnte mich ja schlecht allein losziehen lassen. Es blieb ihm also nichts anderes übrig, als mitzugehen. Aber ich musste versprechen, dass wir sofort umkehren würden, wenn es gefährlich wurde.

Wir schlugen uns tagelang durch den Urwald, bis wir vor dem Fluss standen, an dessen anderem Ufer dieser Stamm leben sollte. Gelb und träge wälzte sich der Fluss dahin, ange-

schwollen vom Regen der vergangenen Nacht. Es gab keine Brücke, und so suchten wir uns eine flache Stelle. Bald fanden wir eine. In der Mitte lag eine große Sandbank, auf der allerdings auch die Spuren eines oder mehrerer Krokodile zu sehen waren. Wir mussten vorsichtig sein. Mit Lianen banden wir uns gegenseitig fest und durchquerten so das etwa einen Meter tiefe Wasser. Drüben angekommen fand Assari auch einen Pfad, den ich nie wahrgenommen hätte. Er war vollkommen zugewuchert.
Langsam kamen wir voran. Meine Begleiter machten keinen Hehl daraus, dass sie Angst hatten. Immer wieder stießen sie lang gezogene Schreie aus. Sie sollten ausdrücken, dass wir in friedlicher Absicht kämen. Letztendlich übertrug sich diese angespannte Stimmung auch auf mich. Irgendwie war hier alles unheimlich. Aber meine Neugier behielt die Oberhand.

Dann plötzlich ein Aufschrei unseres Führers. Die anderen Begleiter rannten zurück, packten mich am Arm und zogen mich mit. Schrecken stand in ihren Gesichtern, die Augen waren weit aufgerissen. Ich lief mit. Was war geschehen?
Dann sah ich es: Direkt neben dem Pfad hingen mehrere Tier- oder waren es Menschenschädel? Auf jeden Fall ein untrügliches Zeichen dafür, dass jedes Weitergehen tödlich war. Keine Macht der Welt konnte meine Männer mehr umstimmen. So zogen wir uns eilig wieder zum Fluss zurück. Ich wollte am Flussufer abwarten, wie sich die Dinge entwickeln würden. Vielleicht würde ja einer auf mich zukommen? So nahe war ich ihnen gekommen! Doch meine Begleiter waren am Ende ihrer Belastungsfähigkeit angelangt. Sie zerrten mich zum anderen Ufer zurück, obwohl ich nur widerstrebend mitging.

Das hat mir das Leben gerettet. Denn kaum waren wir drüben angekommen, flogen auch schon Pfeile in unsere Richtung!
„Giftpfeile!" keuchte Assari atemlos.
Wir hatten großes Glück, wie durch ein Wunder wurde keiner getroffen. Wir waren noch rechtzeitig fort gekommen.
Wir rannten noch außer Reichweite und sanken dann schwer atmend auf dem Pfad nieder. Erst jetzt erzählte mir der schockierte Assari, dass er das Schlagen der Hölzer gehört hatte. Damit läuten sie nach den Erzählungen unserer Korowai-Familie eine Menschenjagd ein. Nun musste auch ich begreifen, dass diese Ur-Menschen mit allen Mitteln das Eindringen von Fremden verhindern. So wird ihre Kultur wohl noch längere Zeit erhalten bleiben.

Meine Zeit ist abgelaufen

Wir lebten nun schon einige Wochen bei den Korowai. Jeden Tag lernte ich neue Bräuche und Gewohnheiten kennen. Eines Abends hatte ich Schüttelfrost. Kurz darauf begann ich heftig zu schwitzen. Nach ein paar Tagen wurde aus meinem Verdacht Gewissheit: Ich hatte Malaria.

Ich war nicht sonderlich erstaunt darüber. Schließlich befand ich mich in einem Gebiet mit der höchsten Ansteckungsgefahr auf der ganzen Welt. Und ich begegnete der Malaria jeden Tag. Natürlich bekommen sie auch die Eingeborenen. Und so sah ich auch Korowai-Krieger an Malaria sterben. Sie ist allgegenwärtig und fordert viele Opfer. Eine Medizin dagegen haben die Einheimischen nicht. Aufpassen kann man auch nur in Maßen: nicht nach Sonnenuntergang aus dem Zelt gehen. Oder nur lange Ärmel als Schutz gegen die Stiche der Moskitos: Ich hätte einen Hitzschlag bekommen. Das Aufpassen hatte also keinen Sinn.

Nun hatte es mich erwischt. Ich konnte es nicht länger ignorieren. Eine Impfung dagegen gibt es nicht, nur eine Prophylaxe. Bei längeren Aufenthalten ist sie aber wegen der starken Nebenwirkungen auch nicht zu empfehlen. Außerdem gibt es inzwischen auch schon zu viele Resistenzen. Ich hatte mich gegen eine Prophylaxe entschieden. Mit einer Ansteckung musste ich rechnen. So gab es im Ernstfall nur eines: sofort nach Hause und sich dort behandeln lassen. Da ich aber einen sehr weiten Heimweg hatte, musste ich das mitgebrachte Medikament einnehmen. Es ist sehr stark und nur für Notfälle gedacht. Aber der war nun eingetreten.

Allerdings verläuft die Malaria in Schüben. Und zwischen den Schüben fühlte ich mich relativ wohl. Nur ein paar Tage noch bleiben, dachte ich bei mir. Ich würde nie wieder hierher kommen und wollte meine Zeit bis zum Schluss ausnützen. Ich spielte mit dem Feuer. Aber ich konnte dem Bann des Urwalds und dem Abenteuer nicht widerstehen. Allein der Weg von den Korowai bis zu unserem Einbaum am Urwaldfluss dauerte mehrere Tage zu Fuß. Mit dem Einbaum waren es zwei weitere Tagesreisen. Ich hoffte, es noch ein paar Tage zu schaffen, vielleicht eine Woche. Aber ich spürte, dass meine Zeit hier allmählich um war.

Da kam Assari und erklärte, die Korowai hätten eine Überraschung für mich. Sie wollten mir etwas Ungewöhnliches zeigen, und ich müsse unbedingt mitkommen. Was konnte das sein? Ich war sofort wieder neugierig. Wollten sie mir ein noch höheres Baumhaus zeigen? Natürlich würde ich noch mitkommen. Ich würde das schaffen.

Nach kurzer Zeit war ich bereit für den Abmarsch. Einige Familien-Mitglieder gingen mit. Die älteren Frauen und einige Männer blieben bei den Kindern.

Unser ganzer Pulk zog los. Es hatte wieder viel geregnet, und so marschierten wir über schlammigen, rutschigen Boden und durch dicht verwuchertes Urwaldgestrüpp.

„Assari, was suchen wir hier eigentlich?“

„Erst mal die grüne Baumpython. Sie wollen dir einen echten Leckerbissen gönnen.“

Die riesige Schlange war wirklich wunderschön. Aber würde ich sie essen müssen? Das grüne Blätterdach ließ kaum Licht auf den Boden. Im Halbdunkel erkannte ich riesige Gespensterheuschrecken. Sie warten geduldig auf Beute. Dann flog ein Nashornvogel auf, aber die gesuchte Schlange ließ sich nicht blicken. Aus der Baumpython bereiten die Korowai eine Delikatesse zu. Sie wird zusammen mit Sagomehl über dem

Feuer gebraten, aber noch halbroh gegessen. Ich war froh, dass dieser Kelch an mir vorüberging.
Das war aber nicht die Überraschung. Ich wurde schon etwas ungeduldig. Die Männer und Frauen bewegten sich gewohnt sicher auf den glitschigen Baumstämmen. Wir waren bereits eineinhalb Tage unterwegs. Ich spürte meine Kräfte schwinden. Deutlich spürte ich trotz meiner Gegenmittel die Anzeichen der Malaria. Ein Blick in die spiegelnde Fläche meiner Aludose bestätigte einen anderen Verdacht: In meinen Augen war Eiter, sie hatten sich entzündet.

Hoffentlich war die Überraschung diese Strapazen wert. Wir stießen auf die erste gefällte Sago-Palme. Die Männer stießen ein Triumphgeheul aus und blickten mich voller Stolz an. Ich verstand noch nichts, spielte aber mit und schaute vorsichtshalber erfreut drein. Gleich danach machten sich die Männer an die Arbeit. Mit Steinäxten spalteten sie den morschen Baum, um dann die Fasern vorsichtig bis zum Mark abzuhacken. Dabei kamen die dicken weißen Maden zum Vorschein. Das war also die Überraschung. Sie zeigten mir die geheimen Plätze ihrer Maden! Um diese Maden „ernten" zu können, hatten die Männer schon früher einige Palmen gefällt, denn nur in die langsam verrottenden Stämme legt der Capricorn-Rüsselkäfer seine Eier. Diese entwickeln sich dann zu fetten, eiweißreichen Larven. Dieser Baumstamm hier gab eine gute Ernte ab. Alle konnten sich satt essen. Es war ein großer Vertrauensbeweis, dass sie mir diesen Platz gezeigt hatten.
Aber mir hatte das gerade noch gefehlt. Jetzt musste ich in meinem Elend auch noch diese Maden hinunterwürgen. Assari beobachtete mich aus den Augenwinkeln, er ahnte, dass ich fast am Ende meiner Kräfte war. Endlich war das große

Schlemmen vorbei. Die Frauen packten den Rest in ein Stück Rinde und nahmen es mit nach Hause. Ich sah missmutig drein, stapfte aber hinterher.

Als wir nach einem Tagesmarsch fast wieder beim Baumhaus waren, hörten wir Morsezeichen. Doch etwas war anders. Das hörte selbst ich ganz deutlich. Das Morsen bedeutete diesmal keine Gefahr durch feindliche Angreifer. Es enthielt eine andere, aber klare Botschaft: Die Fremden sollen verschwinden, sie sind hier nicht mehr erwünscht. Das betraf einzig und allein uns. Was war in der Zwischenzeit geschehen? Ich stieg unter auf einmal feindseligen Blicken noch ein letztes Mal in das Baumhaus und suchte meine Habe zusammen. Was hatte das plötzliche Umschwenken ihrer Freundlichkeit bewirkt? Ich würde es nie erfahren.

Wir nahmen einen abrupten Abschied, der keiner war. Ich sprach kein einziges Wort mehr zu ihnen, nicht einmal zu dem alten Mann, der uns vor Wochen aufgelesen hatte. Assari hatte es mir klar vorgemacht. Ein merkwürdiges Gefühl. Ich hatte mich schon ein bisschen als „Freund" von ihnen gefühlt, zumindest hatten wir wochenlang auf engstem Raum zusammen gelebt und jede Stunde des Tages geteilt. Es gibt einfach keinen Abschied, weil sie so etwas gar nicht kennen. Es passiert sehr häufig und sehr plötzlich, dass jemand stirbt. Sie konnten es sich gar nicht leisten, dann traurig zu sein. Niemals haben sie ihre Gefühle gezeigt. Niemals habe ich sie untereinander Zärtlichkeiten austauschen sehen. Niemals haben sie sich oder ihre Kinder in den Arm genommen oder geschmust. Diese Nüchternheit schützt sie vor zu großer Bindung, denn Trennungen gab es zu viele in ihrem Leben.

So gingen wir eben einfach wieder aus ihrem Leben. Erwünscht waren wir ohnehin nicht mehr. Unsere Zeit war abgelaufen.

Der Rückweg nach Yaniruma war ungeheuer mühsam. Zwei meiner Männer steckten sich ebenfalls mit Malaria an. Wir schleppten uns den Pfad hinunter zum Fluss. Nach einigen Stunden hörte der Pfad auf und wir schlugen uns selber einen Weg durch den Dschungel. Das kostete viel Kraft. Die Hitze schien mir viel brennender als beim Hinweg. Dabei trug ich weniger Gepäck.

Als wir endlich zu unserem Einbaum kommen sollten, wartete eine böse Überraschung auf uns. Die Stelle, an der wir unsere beiden Einbäume zurückgelassen hatten, war überschwemmt. Die Einbäume waren fortgerissen. Nur noch eine braune, dreckige Brühe floss an uns vorbei. Das war doppelt schlimm. Wie sollten wir die restliche Wegstrecke ohne Einbaum schaffen? Es bedeutete zwei zusätzliche Tage Fußmarsch. Bei unserer Verfassung schien mir das unmöglich. Außerdem stellte der Einbaum für die Einheimischen einen großen Wert dar. Man konnte sie nirgends kaufen. Einen Baum zu schlagen und auszuhöhlen war eine mühselige monatelange Arbeit.

„In zwei Tagen sind wir da.“

Assari wollte mir Mut machen. Ich sah gelb im Gesicht aus. Es half nichts, ich musste mich mit dem Gedanken abfinden, zu Fuß zu gehen. Wir stapften durch knietiefen Morast. Schlamm lief mir in die Schuhe. Sie saugten sich am Boden fest, und ich brauchte bei jedem Schritt viel Kraft, um sie wieder hoch zu ziehen. Ich verspürte ein heftiges Jucken an meinem linken Fuß. Ich setzte mich hin und zog die Schuhe aus. Etwa ein Dutzend Blutegel hatte sich festgesaugt. Meine Füße waren zwar blutig, aber ansonsten unversehrt. Ich zog die Schuhe wieder an. Der Schweiß stand mir auf der Stirn. Ein ganzer Schwarm Moskitos steuerte uns an. Wieder unzählige Stiche. Alle waren kraftlos und erschöpft. Keiner sprach mehr ein Wort. Wir schleppten uns am Fluss entlang in Richtung Yaniruma. Manchmal schwanden mir für kurze Zeit die Sinne. Ich hatte nur einen Gedanken: ankommen. Den anderen erging es nicht viel besser. Assari blieb zum Glück gesund und trug immer mehr Gepäckstücke von mir.

Wir erreichten Yaniruma und ich flog mit Assari nach Wamena. Das kleine Flugzeug hatten wir in Yaniruma per Funk aus Wamena angefordert, in meinem geschwächten Zustand wäre der Fußmarsch dorthin nicht mehr möglich gewesen. In Wamena atmete ich auf, aber in medizinische Behandlung begab ich mich nicht. Assari kümmerte sich rührend um mich und verschaffte mir einen Sonderplatz in der nächsten Maschine nach Europa. Sie war eigentlich schon ausgebucht gewesen.

In den letzten Stunden in Wamena sah ich ein paar Dani, die stolzen Krieger von einst, wie sie in den Abfalltonnen der Stadt nach etwas Essbarem stocherten. Mein letzter Eindruck, und was für ein trauriges Bild. Die einst reichen Dani, jetzt als „Strandgut" der Zivilisation.

Dann ging meine Maschine. Länger hätte ich es auch wohl nicht geschafft.

Mit letzten Kräften überstand ich den Flug. Gleich nach der Ankunft fuhr mich meine Frau vom Flughafen direkt ins Tropeninstitut des Krankenhauses.

ENDE

Die Kiri-Kiri und die Korowai in Neuguinea leben wie in der Steinzeit. Sie können kein Eisen verhütten, kein Tuch weben. Sie kennen kein elektrisches Licht und haben noch nie durch eine Fensterscheibe geschaut. Ich fühlte mich an die Anfangsgeschichte der Menschheit zurückversetzt. Ich sehe das als großes Glück an, dass ich dies erleben durfte.

Ich habe soviel erlebt, dass ich stundenlang nur reden könnte.
Wochenlang könnte ich nur reden!
Was brauchte ich im Leben wirklich?
Diese Reise hat mir eine Antwort darauf gegeben: Familie und Freunde.

▲ *Einheimische vom Stamm der Kiri Kiri empfangen Schorsch Kirner.*

Kirner mit dem Sohn des Häuptlings. ▼

▲ *Der Häuptling der Kiri Kiri. Er tötete die Missionare.*

Der Medizinmann des Stammes. ▼

Im Urwald unterwegs zu den Baummenschen vom Stamme der Korowai.

▲ *Großer Schreck in der Morgenstunde in unserem Bewag.*

Ein typischer Angehöriger des Stammes der Korowai. ▼

Ein Baumhaus der Korowai in etwa 40 Meter Höhe.

▲ *Zwei Korowai reparieren die Leiter zu ihrem Baumhaus.*

Ein Baumhaus in luftiger Höhe. Lebensraum für Mensch und Tier. ▼

▲ *Einer Frau ist ihr Kind verstorben, deshalb säugt sie dieses Ferkel.*

Diesem Kind wurde nach seiner Geburt das linke Auge ausgedrückt. ▼

▲ *Unterwegs über Baumbrücken zur „Maden-Spezialität“.*

Der Korowai hält in der linken Hand Maden des Capricorn-Käfers. ▼

Expedition zum Nagel der Welt

Erfahrungen mit einer Gruppe

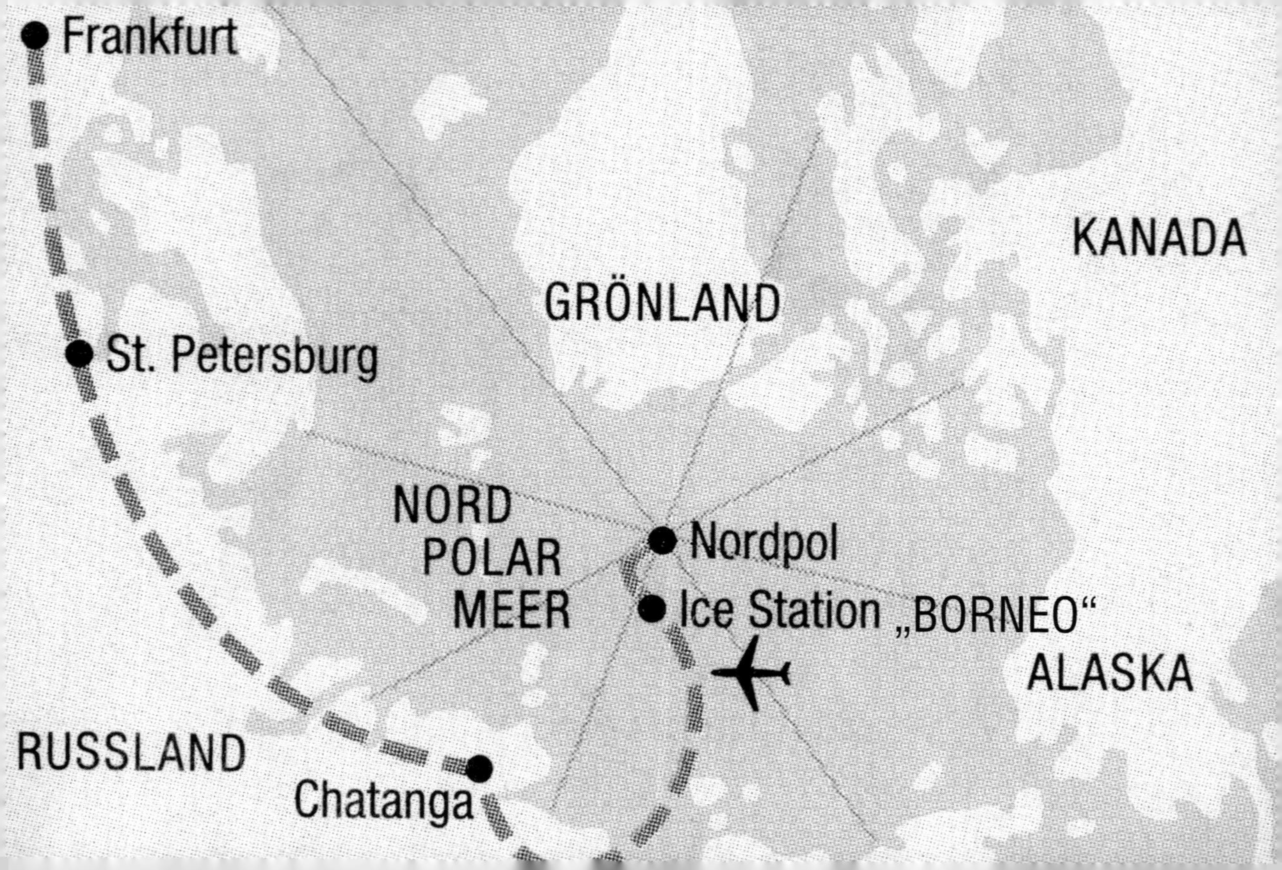
Frankfurt
St. Petersburg
KANADA
GRÖNLAND
NORD
POLAR
MEER
Nordpol
Ice Station „BORNEO“
ALASKA
RUSSLAND
Chatanga

Faszination Eis

„Wie weit ist es noch zum Nordpol?"
Ich fragte unseren russischen Expeditionsleiter Victor nun schon zum dritten Mal. Wieder kam keine Antwort. So leicht war meine Frage auch nicht zu beantworten. Denn in dieser eiskalten Abgeschiedenheit gibt es keine festen Entfernungen. Es war keine Landmasse, auf der wir standen, sondern wir befanden uns auf riesigen Eisschollen! Diese immensen Schollen können so groß wie ganze Landkreise sein! Es ist Treibeis, ist bis zu vier Meter dick und driftet permanent in Richtung Süden ab. Wir waren also ständig woanders, genauso war der Nordpol ständig woanders! Nur durch Messungen mit seinem GPS-Gerät konnte Victor meine Frage beantworten. Es waren noch ungefähr 35 Kilometer bis zu dem Punkt, um den sich unsere Erde dreht. Bis zu dem Punkt, an dem nach dem Glauben der Eskimos ein großer Nagel in der Erde steckt, der die Welt zusammenhält. Der Nagel der Welt. Würde ich ihn erreichen?

Das Schicksal schlägt zu

Die Geschichte meines Nordpol-Abenteuers beginnt etwa zwei Jahre *vor* der eigentlichen Expedition. Ohne jenes denkwürdige Ereignis damals hätte diese Expedition zum Nordpol niemals stattgefunden. Ein Ereignis, das mich jäh aus meinem bisherigen Leben riss.

Ich bin 1999 am Nordpol gewesen. Zwei Jahre vorher wurde ein beliebiger Tag in meinem Leben zu meinem Schicksalstag. Es war der 3.Oktober. Ich bin eine Landstraße zwischen Leogang und Zell am See entlang gefahren. Meine Vortragsreise durch Österreich war ein Erfolg, am Vorabend hatte ich bereits einen Vortrag gehalten und danach einen alten Freund besucht. Er hatte mich schon öfter eingeladen:

„Wenn du mal in der Gegend bist, dann musst du mal bei mir vorbeischauen. Ich züchte privat Alpenblumen, da hätt' ich für dich ein paar für dein Alpinum!"

Wunderbar! Wir verbrachten einen schönen Abend. Am nächsten Tag lud ich die Pflanzen in mein Auto und verabschiedete mich gegen Mittag von meinem Freund. Er scherzte beim Abschied:

„Fahr vorsichtig! Auf der Straße ist das Leben gefährlicher als bei deinen Extrem-Touren!"

„Da fehlt nichts", flachste ich zurück. „Was soll denn da sein, ich fahr vorsichtig, kennst mich doch!"

Ich fuhr los und genoss die wunderbare Gegend, die grünen Hügel, die herbstlichen Bäume in ihren braunen und gelben Farben und die hohen Berge. In Gedanken ging ich meinen Vortrag für den Abend noch einmal durch; über dasselbe Thema hatte ich am Vortag schon gesprochen: Habe ich auch denjenigen das Land näher gebracht, die selber noch nie dort waren? Hatte ich die Bilder und Dias auch entsprechend ausgesucht? Wie sollte ich diesmal meine Einleitung gestalten? Schließlich war ich zufrieden, es war alles in Ordnung. So schweiften meine Gedanken ab zu einem anderen Thema. Ich erinnerte mich daran, dass der Deutsche Alpenverein in seinem Programm den Nordpol angeboten hatte. Mensch, das wär' doch was, dachte ich mir. Das hätte ich ungeheuer gerne erlebt! Alleine zum Nordpol – das ist nicht durchführbar, weil es einfach viel zu teuer ist. Aber bei einer solchen Expedition teilzunehmen – das könnte vielleicht möglich sein.

Während ich diesen schönen Gedanken nachhing, musste ich an einer Ampel anhalten. Es war 14.00 Uhr nachmittags, die Sonne stand hoch am Himmel. Vor mir standen noch etwa fünf Autos. Meine Ampel schaltete auf Grün um. Ich nahm es erfreut zur Kenntnis, dachte bei mir „jetzt geht's wieder weiter", aber noch hatte sich die kleine Schlange vor mir nicht in Bewegung gesetzt. Der Gegenverkehr war bereits gestartet, und ich sah einen LKW mit Anhänger uns entgegenkommen. Er hatte riesige Baumstämme auf seinem Anhänger geladen. Ich dachte kurz „der ist ziemlich schnell drüber gefahren" und wollte selbst losfahren. Doch bevor ich das konnte, musste der LKW genau auf meiner Höhe scharf bremsen. Niemand hat jemals danach den Grund dafür erfahren. Ich konnte in dem Moment auch keinen Grund erkennen, denn ich schaute ja nach vorne, und der LKW war fast schon an mir vorbei. Da hörte ich auf einmal ein Quietschen und Krachen, und in dem Moment sah ich, wie der riesige Anhänger mitsamt seinen Baumstämmen direkt auf mich zustürzt!

Es waren nur Sekundenbruchteile, die mir noch blieben: wegfahren konnte ich nicht, da ja das Auto vor mir noch stand. Ich realisierte in diesem Moment, dass es kein Entkommen mehr gab und ließ mich in einem Reflex nach rechts zum Beifahrersitz umfallen. Die meterlangen Baumstämme flogen auf mich zu – ich hielt die Hände über den Kopf – nach einem ohrenbetäubenden Krach war alles schwarz.

„Der rührt sich nicht mehr".
„Da ist schon alles zu spät".

Wie im Nebel hörte ich Wortfetzen, dann war alles wieder weg. Später habe ich erfahren, dass drei Autos hinter mir ein Sanitätswagen mit Notarzt stand – sie überführten gerade einen Kranken in ein Krankenhaus. Das war meine Rettung. Der Notarzt eilte sofort zu mir. Mein Auto war unter den Baumstämmen begraben, die ersten Passanten hatten in dem zerquetschten Wrack einen Menschen entdeckt. Mich. Keiner gab mir eine Chance. Nur die Notärzte gaben mich nicht verloren. Sie kletterten auf die Stämme und legten mir durch die Baumstämme hindurch eine erste Infusion. Sie hat mir wahrscheinlich das Leben gerettet. Leider ist es mir nie gelungen, die Namen oder die Adressen meiner Lebensretter herauszufinden. Ich würde ihnen so gerne danken.
Eine Woche lag ich im Koma. Währenddessen haben die Ärzte in der Unfallklinik in Zell am See um mein Leben gekämpft. Als mein Zustand einigermaßen stabil war, wurde ich – immer noch im Koma – ins Münchner Klinikum Rechts-der-Isar überführt. Das hatte ich in meinen Unfallpass geschrieben, den ich ständig bei mir habe. Und dort kam ich wieder zu mir. Zuerst sah ich eine verschwommene weiße Wand. So nach und nach kamen die Entfernungen, die Räume wieder, danach die Farben. Ich erkannte meine Frau Renate, die neben meinem Bett saß. Ich war wieder zurück im Leben.

Die große Krise

Ich konnte mir zunächst nicht vorstellen, warum ich hier lag. Meine Erinnerung war vollkommen weg. Meine Finger konnte ich nicht bewegen. Die linke Schulter schmerzte.
So nach und nach bekam ich mit, was eigentlich passiert war. Es war alles zertrümmert: ich hatte 17 Knochenbrüche erlitten, alle Rippen waren gebrochen, die Lungenflügel waren gequetscht. Eine Woche war ich im Koma gelegen. Bei einer Visite teilte mir der Professor mit, er müsse mir ein künstliches Schultergelenk einsetzen, es gäbe keine Rettung mehr. Das müsse dann nach zehn Jahren ausgetauscht werden. Das gefiel mir gar nicht. Wie würde es mir überhaupt in zehn Jahren gehen, würde ich da so eine schwere Operation überhaupt noch überstehen? Ich bestand in meinem Zustand darauf, es nicht zu tun, und verweigerte meine Einwilligung. So operierte mich ein Spezialistenteam sechs Stunden lang, um meine Schulter zu erhalten.
Die Operation verlief gut. Doch ich merkte so nach und nach, dass nichts mehr so war wie vorher. Ich war fünf Jahre vor diesem Unfall in Rente gegangen und wollte diese Zeit intensiv für meine Expeditionen nutzen. Ich hatte im Arbeitsleben jeden Urlaub für meine Abenteuer ausgenutzt, aber jetzt hatte ich uneingeschränkt Zeit. Wie hatte ich mich darauf gefreut! Und was hatte ich noch alles geplant! Und jetzt lag ich wochenlang im Krankenhaus. Meine Fortschritte waren zwar gut, aber bei diesen schweren Verletzungen würde ich wohl nie mehr auf Reisen gehen können. Ich war draußen. Vorbei! Mein Leben war vorbei. Diese Erkenntnis war schlimmer als alle Schmerzen, die ich durchlitten hatte. Mit einem Mal war mein Lebenstraum ausgeträumt, ausgelöscht von einem Un-

fall, den ein anderer verursacht hatte. Und wie ein Hohn erschien es mir, dass ich, der ich Flugzeug-Abstürze, Tropenkrankheiten und unglaubliche Gefahren überlebt hatte, in Österreich auf der Straße zusammengefahren worden war. Einfach so, und völlig unverschuldet. Ich würde nie in meinem Leben zum Nordpol gelangen. Nie mehr nach Tibet, nie mehr nach Neuguinea, nicht einmal einen Berg in den bayerischen Alpen würde ich mehr besteigen können! Was blieb mir noch, als daheim ein bisschen spazieren zu gehen? Diese Gedanken legten sich wie Blei auf meine Seele.

Meine Frau tat ihr Bestes, um mich ein bisschen aufzuheitern. Aber nichts hatte Erfolg. Ich sah keinen Lichtblick, nichts vermochte mich zu trösten.

Ich las in der Zeitung über mich. War das des Abenteurers letztes Kapitel? Gab der Schorsch auf? Gab *ich* auf?

In dieser Zeit, die eine der schwärzesten in meinem Leben war, besuchten mich viele meiner Freunde und Verwandten im Krankenhaus, später besuchten sie mich daheim. Einige kümmerten sich rührend um mich. Manche ließen überhaupt nichts von sich hören. Nur die echten Freunde blieben. Nur, helfen konnten sie mir auch nicht. War ich wirklich daran, aufzugeben? Mir passierten Dinge, die mir niemals zuvor passiert waren. Aus heiterem Himmel fing ich plötzlich an zu weinen! Ich saß in meiner Bauernstube, und ohne irgendeinen Grund überfiel mich ein Weinkrampf, und ich konnte gar nicht mehr aufhören. Renate sah mich bestürzt an. Sie erkannte ihren Schorsch nicht wieder. Wo waren mein Optimismus, meine Späße geblieben? Ich wusste selbst nicht, was mit mir los war. Ich bekam mein Leben lange, lange nicht mehr richtig in den Griff! Mein Leben, das ich mir ganz anders vorgestellt hatte.

Irgendwann, unmerklich fast, wendete sich das Blatt. Ich war zur Erholung nach Bad Füssing gefahren, wo ich Bäder und Massagen bekam. Das alles tat mir gut und ich merkte, wie es mit mir wieder aufwärts ging. Meine Schulter ließ sich immer besser bewegen. Schritt für Schritt ging es voran. Gleichzeitig mit meiner Kondition stieg auch meine Stimmung. Sollte ich doch wieder auf die Beine kommen? Ich ergriff den Strohhalm und trainierte, was das Zeug hielt. Ich machte lange Spaziergänge. Ich fing wieder an, mit meinem Radl zu fahren. Ich ging wieder zum Schwimmen. Danach unternahm ich meine erste Bergtour. Und irgendwann war ich wieder in ziemlich guter Verfassung! Ich merkte, wie meine Umgebung, die so mit mir gefühlt hatte, aufatmete. Allen voran natürlich Renate, ihr merkte ich die Erleichterung förmlich an. Wie freute sie sich mit mir über jeden Fortschritt! Und irgendwie rückte der Nordpol wieder in meine Gedanken. Schon liebäugelte ich wieder mit diesem verloren geglaubten Abenteuer. Aber nein, es war einfach zu teuer. Ich legte den Prospekt zur Seite.
Ein paar Wochen nach dem Unfall hatte man meine Photos und den Kofferinhalt in einem Fluss gefunden. Alles Wertvolle und Wichtige war weg. Wer macht das: einem Schwerstverletzten auch noch sein Hab und Gut aus dem Wrack zu stehlen? Ich spürte verzweifelte Wut.
Monate später folgte die langwierige Gerichtsverhandlung des Unfalls. Das Ergebnis hatte ich erwartet: mich traf nicht das kleinste bisschen Teilschuld. So wurde mir ein Schmerzensgeld von 25000 Mark zugesprochen. Mein erster Gedanke war: da konnte ich ja doch zum Nordpol! Was für eine Ironie des Schicksals, dass ich mir mit dem Schmerzensgeld meines tragischen Unfalls einen Traum erfüllen konnte.

Eine unglaubliche Geschichte

Sofort, als ich von der Verhandlung zurückkam, meldete ich mich für die Nordpol-Expedition an. Mein Leben hatte wieder einen Sinn, und ich setzte mein gewohntes Training fort. Schwimmen, radeln, bergsteigen. Meine Schulter erlaubte mir bestimmte Bewegungen nicht mehr, aber das Aufsetzen und Führen der Skistöcke, das für die Expedition so wichtig war, das funktionierte tadellos. Meine Kräfte waren wiedergekehrt und die Vorfreude hatte mich schon gepackt.

Mein Unfall war eineinhalb Jahre her, und ich spürte kaum noch seine Folgen. Meine Kondition war wiederhergestellt, und alles, was ich noch erledigen musste, war, mich hin und wieder beim weiterbehandelnden Arzt vorzustellen. Das tat ich auch gewissenhaft. Zur Stabilisierung meiner Schulter waren zwei Kürschnerdrähte in den Knochen eingesetzt worden. Das waren Stahlnägel von 15 Zentimetern Länge, die vorne sehr spitz zuliefen. Alles war in Ordnung, das zeigte auch das Röntgenbild. Noch waren es vier Monate bis zur Expedition, und die Vorbereitungen liefen wie am Schnürchen.

Weitere drei Monate später rief ich meinen Freund an, um mit ihm ein Erlebnis einer früheren Tibet-Reise zu besprechen. Er ist auch Arzt, und nachdem er von meinem Nordpol-Vorhaben erfuhr, war er begeistert:

„Oh, da beneide ich dich! Wenn ich die Zeit hätte, würde ich das auch machen. Wie fühlst du dich eigentlich nach deinem Unfall?“

„Soweit gut – ich trau mir den Marsch zu.“

Er bot mir an, mich im Hinblick auf die Reise noch einmal komplett durchzuchecken. Ich hielt das für unnötig, aber ich gab seinem Drängen nach und fuhr zu ihm ins Starnberger

Krankenhaus. Auf einer Notliege musste ich liegen, solange er mit mir drei Tage lang alle möglichen Untersuchungen anstellte. Die Ergebnisse waren durchwegs gut, auf die Laborergebnisse und letzten Werte sollte ich noch weitere drei Tage warten. Indessen verabschiedete ich mich von ihm und fuhr wieder heim. Damit war für mich der Fall erledigt, und ich war in Gedanken bereits am Nordpol.
Am Montag läutete wie verabredet das Telefon. Mein Freund war dran. Irgendetwas in seiner Stimme alarmierte mich.
„Du Schorsch, pack sofort deinen Koffer und lass dich auf der Stelle nach Gauting in die Lungenklinik fahren!"
Ich verstand nichts.
„Was soll ich denn dort?!"
„Die werden dich heute noch operieren! Einer dieser Kürschnerdrähte aus der Schulter steckt in deiner Lunge! Kurz vor der Aorta, vor der Hauptschlagader! Er hat sich selbständig gemacht – wie das passieren kann, begreife ich selbst nicht! Beeil dich, das OP-Team wartet schon auf dich!"
Ich war noch wie vom Donner gerührt, als ich im Taxi nach Gauting saß. Ich konnte das alles nicht glauben! Was war in meinem Körper passiert? Noch bevor ich richtig zum Denken kam, lag ich schon auf dem Operationstisch und es wurde wieder einmal Nacht.

Als ich aufwachte, konnte ich immer noch nicht fassen, was mit mir passiert war. Vor mir stand der staunende Oberarzt, der sich ebenfalls überhaupt nicht erklären konnte, wie so etwas zustande kam. Da war doch tatsächlich der Kürschnerdraht von meiner Schulter in die Lunge „gewandert" und steckte kurz vor der Aorta. Ein kleiner Hustenanfall oder eine ruckartige Bewegung hätten ihn in die Hauptschlagader gestoßen – und ich wäre rettungslos verblutet. Was ich doch für ein unglaubliches Glück hatte, dass mein Freund das mehr oder weniger zufällig bemerkte! Er hatte es auf dem Röntgenbild gesehen und sofort die lebensrettende Operation veranlasst. Es war in letzter Minute geschehen.

Wieder einmal hatte ich um Haaresbreite überlebt. Doch so richtig freuen konnte ich mich nicht darüber. Ich starrte auf die Drainagen, die aus meiner linken Körperseite hingen. Und zum zweiten Mal fühlte ich alles zu Ende gehen, was ich mir aufgebaut hatte. In vier Wochen sollte meine Expedition losgehen. Jetzt hatte ich nach einer so langen Durststrecke das Ruder noch einmal herumgerissen und hätte es beinahe geschafft – und jetzt? Jetzt lag ich wieder im Krankenhaus nach einer schweren Operation. Noch einmal würde ich das nicht durchstehen. Nordpol ade. Ich hatte keine Kraft mehr. Und jetzt wollte ich auch nicht mehr. Das waren meine ersten Gedanken nach der Operation. Ich fiel erschöpft in Schlaf.

Am nächsten Tag besuchte mich meine Frau und brachte mir ein Schreiben vom Deutschen Alpenverein mit. Es war eine Einladung an alle Expeditionsteilnehmer, sich zu einem Termin im März zu treffen, um alles Wichtige zu besprechen: wie man sich auf den Nordpol vorbereitet, was man mitnehmen musste und um die anderen Teilnehmer kennen zu lernen. Dieser Brief löste so eine Art Initialzündung in mir aus. Ich war ja immer noch angemeldet! Keiner im Deutschen Alpenverein wusste über meinen Gesundheitszustand Bescheid. Ich hatte zwar keine Ahnung, ob ich es schaffen könnte, in so kurzer Zeit wieder fit zu werden, aber ich wollte mir zumindest die Chance erhalten. Es ging mir soweit ja nicht so schlecht. Zunächst galt es, diesen Termin abzusagen. Da würde ich mit Sicherheit noch im Krankenhaus sein. Aber was sollte ich sagen? Alle Teilnehmer *mussten* den Termin wahrnehmen. Und natürlich durfte auch keiner von meiner Lage erfahren. Sollte ich sagen: „Entschuldigung, ich liege nach einer schweren Operation im Krankenhaus, aber in drei Wochen laufe ich mit Euch zu Fuß zum Nordpol"? Das wäre das sichere Ende meiner letzten Chance. Niemals hätten die mich mitgenommen. Ich konnte zwar nicht aufstehen, aber – sprechen konnte ich gut. Ich rief die Veranstalter an und setzte alles auf eine Karte:

„Es tut mir fürchterlich leid, aber genau an dem Tag, an dem wir uns treffen sollen, bin ich in Dresden. Dort habe ich eine Fernsehsendung!"

Das stimmte – die Sendung aus Dresden lief an diesem Tag, nur war sie vorher aufgezeichnet worden. Aufgenommen hatte ich sie schon vor Wochen ...

„Ja, ist in Ordnung, dafür haben wir Verständnis."

Was für ein Glück! Ich atmete auf. Wie hätte ich denn sonst meine einzige Chance wahrnehmen sollen?

Zwei Tage nach der Operation lag ich in meinem Krankenbett auf der Station und dachte mir: Irgendwie musst du das schaffen. Noch drei Wochen. Der Arzt kam und zog meine Drainagen:

„Jetzt müssen Sie mindestens zwei Wochen vollkommen ruhig liegen."

„Ja, das kann ich versprechen."

Nachdem ich nun an keinerlei Geräte mehr angeschlossen war, fühlte ich mich ziemlich heil. Ich rappelte mich am selben Tag noch aus dem Bett und probierte ein paar vorsichtige Schritte. Es funktionierte. Auch das Atmen ging gut.

Am nächsten Tag lief ich um das Krankenhaus herum, einmal,

zweimal – zwanzig Mal. Ich fühlte mich gut. Meine vorher antrainierte Kondition war auch noch teilweise erhalten geblieben, und so bin ich – man möge mir das verzeihen – am dritten Tag vom Krankenhaus auf und davon! Ich packte nach der Visite meine Tasche und schlich mich aus meinem Zimmer, aus meiner Station, aus dem ganzen Gebäude. Als ich dann in der S-Bahn saß, kam ich mir vor wie ein Verräter! Aber gleichzeitig fühlte ich mich unendlich erleichtert und frei.

Natürlich hatte es ein Nachspiel. Daheim kam sofort der Anruf:

„Wo ist der Kerl?!"

Meine Frau sprach mehrmals ganz ruhig mit den Ärzten vom Krankenhaus: Ich sei in einer ambulanten Pflege und hätte es in der Klinik einfach nicht mehr ausgehalten. Die Pfleger waren – verständlicherweise – entrüstet, ich könne das doch nicht machen, es wäre ein zu großes Risiko, sie könnten für nichts garantieren und ich solle unverzüglich in die Klinik zurückkehren.

Ich blieb, wo ich war. Das war im März. Im April brach ich auf zum Nordpol.

Das Abenteuer beginnt

Die Arktis rief! Die Arktis, die die alten Griechen 400 Jahre vor unserer Zeitrechnung als nördlichsten Punkt ausrechneten und als „Arktos“ bezeichneten. Arktos heißt „Bär“, und sie nannten ihn so, weil der nördlichste Stern aus dem Sternbild des Großen Bären genau über dem Nordpol steht. Anders als die Eiswüste in der Antarktis ist die Arktis ein Lebensraum für Menschen, zumindest in manchen Gebieten. Die Inuit leben in Alaska, Kanada und Sibirien, die Lappen in Skandinavien. Es werden Öl und andere Bodenschätze abgebaut und gefördert. Und die Arktis ist Lebensraum für viele Tiere, allen voran die Könige der Arktis: die Eisbären mit ihrem geheimnisvollen Zauber. Es gibt Robben, Pinguine und Seevögel. Grönland, Spitzbergen und die Inseln des Kanadisch-Arktischen Archipels sind landschaftlich ungeheuer reizvoll. Jede Region hat ihre eigene faszinierende Entdeckungsgeschichte. Die faszinierendste aber hat der Nordpol selber.

Worauf hatte ich mich da eingelassen? Der Nordpol, den wollte ich unbedingt erreichen. Das war mein erklärtes Ziel. Aber mit einer ganzen Expeditions-Gruppe! Wie würde ich mich da zurechtfinden? Ich, der ich immer gewohnt war, alleine jedes Abenteuer durchzustehen? Was für Leute würden mich da erwarten? Diese Gedanken schossen mir durch den Kopf, als ich unterwegs nach Wien war, um *meine* Expeditionsgruppe zu treffen. Ich hatte ehrlich gesagt ein paar Bedenken, in so einer Gruppe würde nicht alles glatt gehen, und statt nur mit der Natur würde ich mich wohl auch mit anderen Menschen auseinandersetzen müssen. Dabei war ich ein sprichwörtlicher Einzelgänger. Ich würde die Zähne zusam-

menbeißen müssen. Aber für diese begrenzte Zeit würde das schon gehen. Mit wem würde ich ein Zelt teilen? Das wäre schon wichtig, dass dabei halbwegs die Chemie stimmt. Aber ich hatte auch die Hoffnung, dass Expeditionsteilnehmer doch zu einem bestimmten Menschenschlag zählen. Wer tut sich das schon an, wer schafft das? Ich entschied mich, mich in erster Linie auf mein eigenes Ziel zu konzentrieren. Und falls ein paar nette Kameraden dabei wären, umso besser.
Die Gruppe kannte sich ja schon, ich aber hatte das erste Treffen verpasst. Ich kannte noch niemanden. Die ersten Teilnehmer traf ich am Flughafen München. In Wien waren wir dann vollzählig. Ich stand meinen künftigen Kameraden gegenüber. Elf Männer unterschiedlichen Alters und Konstitution. Bei einigen sah ich auf den ersten Blick schon: „Oh je, das wird nix!" Ich war der Älteste. Es war alles dabei: vom wilden Abenteurer bis zum seriösen Bürohengst. Ein Teilnehmer war fast so breit wie hoch – wie sollte der das denn schaffen? Meine ersten Eindrücke sollten sich übrigens im Verlauf der Tour alle bestätigen.

Der Weg zum Ausgangspunkt führte über viele Stationen. Wir flogen von Wien nach Sankt Petersburg. Dort war erstmal unser ganzes Gepäck weg. Und was ist eine Expedition ohne ihr umfangreiches Gepäck? An den geplanten Weiterflug war daraufhin nicht zu denken. Da ich 1992 mit dem Fahrrad durch Russland geradelt war und noch ganz gut Russisch spreche, übernahm ich diesen Fall. Bereits am übernächsten Tag ist das Gepäck eingetroffen. Es konnte weiter gehen.
Von Sankt Petersburg flogen wir weiter über Norilsk in die kleine sibirische Stadt Khatanga. Das waren 3500 Kilometer. Khatanga sollte unser Ausgangsort sein. Hier trafen wir auf

unsere beiden Expeditionsleiter. Ich war schon sehr gespannt, und ich erlebte eine positive Überraschung: Die beiden waren ein echter Glücksfall. Victor Serov und Victor Boyarsky waren zwei erfahrene Wissenschaftler, die beide längere Zeit am Südpol verbracht hatten. Victor Boyarsky war dabei gewesen, als Reinhold Messner mit seinem Bruder zum Nordpol wollte. Die Sache ging schief, und Victor holte beide raus.

Wir waren in den besten Händen! Wir waren gut vorbereitet und hatten ein gemeinsames Ziel. Und trotzdem sollte sich diese Expedition ganz anders entwickeln, als wir alle miteinander geglaubt hatten.

Khatanga stellte ein echtes Kontrastprogramm zur schönen Zarenmetropole Sankt Petersburg dar. Die Stadt ist sogar älter als Sankt Petersburg, und es ist der nördlichste Ort der Erde. Hier leben etwa 5000 Einwohner, sie ernähren sich von der Rentierzucht, vom Fischfang und der Jagd. Khatanga liegt mitten im endlos scheinenden Sibirien, fast am Ende der Welt, so scheint es. Wir verbrachten ein paar Tage in diesem Ort, da wir für unseren Weiterflug besseres Wetter brauchten.

Der Schnee knirschte unter meinen Füßen, als ich durch die Stadt ging. Sie wirkte wie ausgestorben. Die Häuser, einst wohl gelb, rot oder weiß – sie waren grau geworden. Schmucklos und halb verfallen säumten sie die Straßen. Alles in Khatanga schien im Untergang begriffen zu sein. Die Holzhäuser waren nur notdürftig repariert – wenn überhaupt. Eine seltsam düstere Stimmung übertrug sich auf mich. Was machten hier die Kinder und Jugendlichen? Ich bekam nur ganz wenige zu Gesicht. Sie spielten auf den Kohlebergen, Spielplätze gab es nicht. Gab es hier irgendeine Zukunft? Früher war es eine blühende Stadt. Wer hier arbeitete, verdiente das Vierfache des üblichen Lohns. Doch jetzt müssen die Arbeiter oft monatelang überhaupt auf ihren Lohn warten. Wer kann, zieht weg aus der Stadt. Ich sah Bewohner, die sich ihre Pelzmützen tief ins Gesicht zogen. Hübsche sibirische Mädchen mit klaren, etwas kantigen Zügen.

Außer dem Flugplatz gibt es in Khatanga noch eine Schule, in der übrigens auch Deutsch gelehrt wird, ein Krankenhaus und ein kleines Hotel, das uns als Quartier diente. Khatanga liegt am gleichnamigen Fluss. Er ist hier 500 Kilometer vom Meer entfernt und zwei Kilometer breit. Bei unserer Ankunft war er zugefroren, die Eisschicht war drei Meter dick. Um uns herum lagen Schiffe im Hafen, der überhaupt nicht wie ein Hafen aussah. Nirgends war Wasser, nur Eis. Gespenstische riesige Schiffe! Wir kletterten hinunter zu ihnen. Das heißt, die Hälfte der Zeit rutschten wir hinunter – es war einfach zu steil und zu glatt, um aufrecht zu bleiben. Eindrucksvolle Bilder erwarteten uns unten: eingefrorene Schiffe. Ein Schiff war sogar durch Treibeis und Wellengang über ein anderes geschoben worden und festgefroren! Damit die Schiffe nicht vom Eis zerdrückt werden, müssen sie ringsherum frei gehalten werden. In das meterdicke Eis werden mit Motorsägen Stufen gesägt. Das ist wichtig, damit auch die Schiffsschraube unbeschädigt bleibt. Die Schiffe liegen hinter einer einige hundert Meter langen und 15 Meter hohen Eisbarriere. Sie soll die Schiffe bei Sommerbeginn vor dem Druck der hereinbrechenden Eisschollen schützen.

Wir besuchten auch die Eisfischer. Sie schlagen kleine Löcher in das dicke Eis. Dann hängen sie lange Schnüre mit vielen Haken in die Tiefe, um die Fische aus ihren tiefen Gewässern zu angeln.

Statt der Autos gab es Schnee-Mobile in Khatanga und jede Menge Schlittenhunde. Ein paar Hunde sprangen an den Ketten der Schneemobile hoch. Wir machten uns den Spaß, uns von ihnen ein Stück ziehen zu lassen. Auf den Schlitten – und ab ging die rasante Fahrt! Ungestüme Hunde zogen unseren Schlitten in Richtung Sonne.
In Khatanga hat man vor einigen Jahren eingefrorene Mammuts entdeckt. Wir konnten in dem kleinen Museum diese Funde besichtigen. Das Sensationelle daran war auch, dass man in ihren Mägen noch Reste von Früchten gefunden hat. Meine Russisch-Kenntnisse halfen mir auch in diesem entlegenen Teil des Landes, und ich hatte schnell Kontakt zu den Einheimischen. Ich konnte daher auch einige schön verzierte und geschnitzte Mammutknochenstücke erwerben. Die Knochenstücke werden sonst für Rentier-Geschirre und Zaumzeug verwendet.
Khatanga war die letzte Station, die wir als ganze Gruppe erlebten. Ab Beginn der Expedition sollten wir uns in Zweier-Teams zusammenfinden. Ich schaute mich um, wer zu mir passen könnte, ein kleines bisschen kannten wir uns ja jetzt schon. Mein Blick fiel auf einen Fotografen aus Erlangen. Er hieß Kurt und war ein bisschen jünger als ich:
„Gehen wir zwei zusammen?“ Wann hatte ich denn das zuletzt gefragt …
„Ja, gut, machen wir“ – und schon hatte ich meinen Partner für das bevorstehende Abenteuer gefunden. Das lief ja sehr unkompliziert ab, ganz in meinem Sinn. Wir würden uns die nächsten Wochen ein Zelt teilen. Wir würden gemeinsame Essensvorräte haben, unser Zelt zusammen aufbauen. Es war die wichtigste Gemeinschaft bei dieser Tour, und ich hatte bei Kurt ein gutes Gefühl.

Am dritten Tag in Khatanga brachte Victor Boyarsky unsere Gruppe in eine alte Kaserne. Er stimmte uns auf die bevorstehende Expedition ein. Wir saßen im Kreis und lauschten seinen Ausführungen, die er in einem Gemisch aus Russisch, Englisch und Deutsch an uns richtete. Seine Worte hallten durch den spartanisch eingerichteten Raum.

„Hier sind eure Pulkas."

Mich erinnerten diese flachen Schlitten immer an ein kleines Boot. Sie mussten gut bepackt und mit einer Plane verschlossen werden. Jeder von uns bekam seinen Pulka. Danach machte uns Victor mit der Ausrüstung vertraut.

„Das sind eure Kocher. Wer von euch die Technik nicht kennt und wie man ein Feuer damit macht, der übe das jetzt. Ihr müsst jeden Tag eine Thermoskanne voll Tee kochen. Die verpackt ihr so, dass ihr sie schnell greifen könnt. Jeder muss mindestens eine Kanne am Tag davon trinken!"

Er zeigte uns einen ganzen Haufen brauner verschnürter Pakete.

„Das ist unser Essen für die Expedition. Es ist für jeden mehr als genug da. Überlegt gut, wie viel ihr brauchen werdet. Nehmt Euch soviel, wie ihr für richtig empfindet. Aber bedenkt folgendes: wenn ihr zu wenig mitnehmt: dann könnte es knapp werden, unterwegs kriegen wir nichts mehr. Wenn ihr zuviel mitnehmt, dann müsst ihr das bloß ziehen! Jedes Team muss für sich entscheiden, wie viel Nahrung es mitnehmen will."

Brot, Butter, Müsli. Suppen, Nudeln, getrocknet. Das Essen kam zum einen Teil aus Deutschland, zum anderen aus Skandinavien. Es war viel mehr, als wir brauchen würden. Mein Zeltkamerad Kurt und ich mussten nun abwägen. Kurt war dafür, wenig mitzunehmen. Er wollte auf keinen Fall seine

Kräfte mit Ziehen aufbrauchen. Ich war etwas vorsichtiger und begann genauer zu rechnen. Für jeden Tag plante ich ein Frühstück, ein Abendessen und mehrere kleine Mahlzeiten. Ich multiplizierte sie mit der geschätzten Zahl der Tage. Auf dieses Ergebnis schlug ich noch mal 50 Prozent auf. Dann müsste es hinhaucn. Natürlich bleibt immer ein Restrisiko dabei übrig.

Als nächstes wurde unsere Ausrüstung auf Herz und Nieren geprüft. Jeder Teilnehmer musste sein gesamtes Gepäck ausbreiten, und unser Expeditionsleiter sah sich jedes einzelne Teil genau an, von der Unterwäsche über die Handschuhe bis zur Brille. Was war expeditionstauglich? War es auch warm genug? Hatte man vielleicht zu viel oder zu wenig eingepackt? So manches Kleidungsstück fiel der strengen Kontrolle zum Opfer.

Jedes Zweier-Team bekam nun sein Zelt und seinen Kocher zugeteilt. Von nun an waren wir für unsere Ausrüstung selbst verantwortlich. Unsere Zelte waren russischer Herkunft, und sie ließen sich etwas anders aufbauen als unsere Iglu-Zelte. Wir mussten es also jetzt üben, damit wir im Ernstfall nicht herumstopseln würden! Victor zählte uns die Probleme auf, die kommen würden. Zum Beispiel mit den dicken Handschuhen die Zeltstangen zusammenzustecken. Die Zeltstangen würden wahrscheinlich durch den Wasserdampf im Zelt einfrieren. Man musste sie zum Zusammenbauen wieder enteisen. Eine Möglichkeit dazu wäre warmes Wasser. Wir lernten, wie man einen Pulka bepackt. Um eben auch möglichst unnötige Handgriffe in der eisigen Kälte zu vermeiden. Einigen wurde schon etwas mulmig bei den Ausführungen. Wie würden wir das aushalten, dass es nie Nacht wurde? Konnten wir die schweren Pulkas bis zum Ende ziehen? Wie erlebten wir

die Entfernungen in der einsamen Unendlichkeit? Würden wir der Kälte standhalten?
Die beiden Victors haben uns alles in großer Ruhe gezeigt. Sie machten einen überzeugenden und souveränen Eindruck, dass sich ihre Sicherheit auf die Gruppe übertrug. Sie wussten Bescheid. Und wir würden das schaffen! Für jeden von uns war der Nordpol eine ganz neue unbekannte Herausforderung – und wir hörten aufmerksam zu und nahmen jeden Rat dankbar an.
Am nächsten Tag war unser Frühstück für neun Uhr geplant. Wir erschienen pünktlich, doch wir fanden kaum noch etwas vor. Was war denn da passiert? Die Frauen, die das Essen zubereitet hatten, klärten uns auf: Ein Mitglied aus unserer Gruppe war bereits eine halbe Stunde vorher aufgetaucht und hatte fast alles in sich hineingestopft! So war der größte Teil der Köstlichkeiten wie Lachs, Kartoffeln und Salat schon vertilgt. Das nenn' ich Kameradschaft – noch dazu war er der mit Abstand Dickste von uns. Wir elf mussten uns mit den Resten begnügen und wir waren sauer. Und hungrig! Zum Lachen brachte uns dann allerdings ausgerechnet der Kleinste in unserer Gruppe, der dem Gierigen drohte: „wenn der noch mal so viel isst, kriegt er es mit mir zu tun!"

Endlich wurde das Wetter besser und eine kleine Frachtmaschine landete, um uns aufzulesen und weiterzufliegen. Dieses Mitfliegen erforderte schon ziemlich viel Optimismus – sehr vertrauenerweckend sah die alte Mühle nicht aus! Ich blickte zweifelnd in den Flugzeugbauch hinein. Er war klein und duster – natürlich, es war nur ein kleines Fenster drin, vor dem ein staubiger Vorhang hing. Wir luden unser Gepäck ein und setzten uns obendrauf auf unsere Sachen. Das heißt, wir versuchten so etwas Ähnliches wie Sitzen, was aber bei dem Geschaukel und Geschwanke sehr unbequem war. Unsere ungesicherten Gepäckstücke rutschten und flogen herum. Hinter uns war ein großer Kerosintank. Besonders wohl fühlten wir uns dabei nicht, vor allem, als die Mannschaft auch noch neben dem Tank einen Tee kochte. Dazu dröhnte es laut. Ich kam im Flugzeug neben dem sehr hungrigen beleibten Kameraden zu sitzen. Als die Maschine eine Kurve flog, landete ich fast auf seinem Schoß. Ich sprach ihn an und wollte ihm ein bisschen auf den Zahn fühlen:

„Was hast du eigentlich für ernsthafte Skitouren bereits gemacht?"

„Was glaubst du, Junge, wo ich schon überall hochjemacht habe", kam die überzeugte Antwort.

„Und wo denn?" wollte ich wissen. Ich konnte mir beim besten Willen nicht vorstellen, dass jemand mit seiner Figur für irgendeine Tour fit genug gewesen wäre.

„Die Haute Route hab ich jemacht."

Die Haute Route ist eine sehr anspruchvolle Ski-Tour, in großer Höhe. Na ja, dachte ich, vielleicht täusche ich mich ja in ihm. Damit beließ ich es. Wir würden sehen.

Kurz darauf landeten wir wieder. Waren wir schon da? Unser Ziel hieß „Borneo" und sollte die Ausgangsbasis für unsere Expedition sein. Nein – als wir ausstiegen, war nirgends etwas zu sehen, was auch nur annähernd wie eine Forschungsstation hätte gelten können. Wir waren auf einer neu-sibirischen Insel namens Sredny, mitten in der Eiswüste, gelandet. Dort sollten wir tanken und – zur *Passkontrolle!* Das hielt ich zunächst für einen Witz! Denn wir waren ja weiterhin auf russischem Gebiet und hatten keine Grenze überschritten und das auch nicht vor. Außerdem war außer der Tankstelle und dem einzigen Passkontrolleur in seinem Iglu überhaupt nichts und niemand weit und breit auf dieser kleinen Insel. Etwas ratlos und verloren stand unsere Gruppe im Niemandsland. Aber ich merkte, dass es dem Kontrolleur ernst war und holte kopfschüttelnd meinen Pass heraus.

„Das haben wir schon immer so gemacht", meinte der Mann. Mit einer Sorgfalt, die schon an Umständlichkeit grenzte, prüfte er ihn, bevor er mich mit wichtiger Miene weiterwinkte. Das war ein – heute absurd anmutendes – Relikt aus der Zeit, als hier noch russisches Sperrgebiet war. Seitdem hatten sie noch keine neue Anweisung bekommen.

Als wir alle ordnungsgemäß kontrolliert waren, flogen wir weiter. Trotz der eisigen Kälte gab es hier viele offene Stellen im Eismeer, doch je nördlicher wir flogen, umso dichter wurde der Eispanzer. Fasziniert schaute ich durch die kleine Luke nach unten. Ich konnte meinen Blick gar nicht mehr losreißen. Wie traumhaft die Arktis aussah! Mich durchströmte ein warmes Glücksgefühl. Schnee und Eis glitzerten in hellen Weiß- und Grautönen, dichtes Schneeweiß, blendendes Weiß und gedecktes Weiß bis hin zu blassblauen Feldern! Dunkle Fäden durchzogen die Eislandschaft.

Wir näherten uns der letzten Station: der Eisstation mit dem eigenartigen Namen „Borneo", 1800 Kilometer von Khatanga entfernt. Von oben sah ich ein paar bunte Punkte auf den Schneefeldern. Zelte der Station. Wir verließen die Iljuschin, in der es nach den Flügen wie Kraut und Rüben aussah und blickten uns um. Die Station selbst war auch etwas eigenartig. Ich sah nur ein paar feste Zelte und Iglus auf dem Eis. Dort leben Techniker, Piloten und ein Arzt. Borneo ist die nördlichste Ansiedlung der ganzen Welt. Und sie befindet sich mitten auf dem zugefrorenen Polarmeer.

Die hier lebenden Forscher haben ein Gemeinschaftszelt, das mit einer Mauer aus dicken Schneeblöcken gut geschützt ist. Früher diente die Station der militärischen Überwachung, als Wetter- und als Forschungsstation. Heute unterstützt sie Expeditionen zum Nordpol. In einem der Zelte ist auch das Funkgerät, die einzige Verbindung zur Außenwelt. Die Station ist nur im April geöffnet, denn im März ist es noch zu dunkel, und Ende April treibt bereits das Eis auseinander. Dann wird die Station schon wieder abgebaut, denn mit dem einsetzenden Polarsommer wird die vier Meter dicke Eisschicht aufgerissen. Dadurch entstehen breite Spalten, die ein Weiterkommen zu Fuß unmöglich machen. Somit ist der April die einzige kurze Zeitspanne, in der die Station geöffnet ist.

Als Gemeinschaftstoilette diente eine Art Iglu. Wehte davor eine schwarze Fahne, so war besetzt. Aber sie wehte nie lange – bei minus 38 Grad schaut jeder, dass er möglichst schnell fertig ist. Auch ein Wegweiser stand in Borneo, mitten im Eis. „Nordpol“ steht drauf, auf der anderen Seite „Moskau“, und Richtung Westen „Paris“.

Auf Borneo war es schlagartig vorbei mit der Gemütlichkeit. Denn gleichzeitig mit uns kam ein Blizzard dort an und brachte uns viel Schnee. Die Temperaturen sanken, der Wind pfiff und sorgte für den so genannten „Windchill“, einer gefühlten Temperatur, die weit unter der realen Temperatur liegt. Sie war bei etwa 40 Grad minus. Eine brutale Kälte kroch in mir hoch und ließ mich zunächst erstarren. Im Laufe der nächsten Tage gewöhnte ich mich allmählich daran.

Neben unserer Gruppe und den Forschern befand sich noch ein Mann auf der Forschungsstation. Ein Amerikaner in die-

ser Weltabgeschiedenheit ganz alleine – was wollte der denn hier? Wir sollten es wenig später mit eigenen Augen sehen: Er hatte ein kreisrundes Fluggerät konstruiert, mit einem Propeller und einem Motor, den er wie einen Rucksack aufsetzte. Es sah aus wie ein Rhönrad mit Gleitschirm.
„Was will der denn hier in der Arktis mit seinem Rad auf dem Rücken?“ Ich fragte verblüfft meinen Nachbarn. Und ich glaubte die Antwort nicht. Er wollte doch tatsächlich von hier aus zum Nordpol fliegen! Guten Flug, dachte ich bei mir. Wir wurden Zeugen seines ersten – und letzten – Flugversuchs. Mit Hilfe seines Rucksack-Motors nahm er Anlauf, hob wirklich ab und – das Brummen entfernte sich, wurde leiser. Doch dann flog er in etwa 50 Meter Höhe eine Kurve und steuerte sein abenteuerliches Fluggerät wieder in unsere Richtung. Ich sah, wie es ins Trudeln geriet – und kurz darauf zerschellte es auf dem eisigen Boden. Passiert ist dem Piloten nichts, aber sein Fluggerät hielt die unsanfte Landung nicht aus. Der hölzerne Propeller war abgebrochen, Kunststück, bei der Kälte! Er hatte Glück, dass sein Flugversuch ohne größere Folgen blieb. Doch das Vorhaben, zum Pol zu fliegen, musste dieser Lilienthal aufgeben. Er hatte seinen Flieger noch nie vorher ausprobiert!
Ich schüttelte noch immer den Kopf über solche Helden, da ging bei uns schon das Programm weiter: Aufstellen des Zeltes war an der Reihe. Beim Probeaufstellen in Khatanga hatten wir keine Probleme gehabt. Das war bei diesem Wind und dieser mörderischen Kälte anders. Wir zogen uns die Mützen tief ins Gesicht. Kurt und ich machten uns an die Arbeit. Wir konnten nur mit Handschuhen arbeiten, aber in den dicken Fäustlingen hatten wir überhaupt kein Gefühl. Also probierten wir es mit den dünnen Innenhandschuhen. Das war zwar

ebenfalls ungewohnt, aber nach ein paar Versuchen hatten wir es geschafft. Das Zelt stand, und wir atmeten auf. Jetzt nur noch unsere Pulkas zum Schutz an die Windseite des Zeltes, dann konnten wir endlich ins Zelt hineinkriechen. Wie schön war das, als ich in meinen warmen Schlafsack schlüpfte! Aber würde er der Kälte standhalten? Innen im Zelt zündeten wir sogleich den Kocher an. Er sorgte für Wärme. Wie ich im Nachhinein erfuhr, erwartete uns der kälteste Polarwinter seit über hundert Jahren. Aber zunächst lag ich zufrieden in meinem Schlafsack und hatte es mollig warm. Mit Kurt, der neben mir lag, plauderte ich über unser Leben, unsere Erlebnisse und unser Ziel, den Nordpol. Im Gegensatz zu uns hatten die Entdecker früher keinen Funk, um für Notfälle einen Hubschrauber zu rufen. Sie hatten nicht die Ausrüstung, die wir haben, nicht die Schlafsäcke, die Spezialschuhe und die Polarjacken.

Der Nordpol-Pionier Frederick Cook schrieb über seine Ausrüstung:

„Wir waren in zerlumpte Fellanzüge gekleidet. Die Schlafsäcke aus Hirschhaut mussten wir bald an die Hunde verfüttern. Das gleiche galt für unsere Fußbekleidung und unsere Fausthandschuhe. Unsere Stiefel mussten wir opfern, um unser Boot damit zu flicken."

Wir hatten beide größten Respekt vor den Leistungen und dem Mut dieser Männer. Und ich war froh, Kurt als Partner zu haben. So würde ich die Expedition gut überstehen, was das Zwischenmenschliche anging.
Bisher kam mir unser Abenteuer ein bisschen so vor wie frü-

her meine Pfadfinder-Ausflüge. Oder wie eine meiner zahlreichen Skitouren ins Gebirge. Doch dann kam mir zu Bewusstsein, dass ich ja in der Arktis in einem Zelt lag! Und dass ich von hier aus ohne Hilfsmittel und ohne Schlittenhunde zu Fuß mit Ski den Nordpol erreichen wollte. Mir lief ein Schauer über den Rücken und unbändige Vorfreude erfasste mich.
Am nächsten Morgen weckte mich lauter Motorenlärm. Noch im Halbschlaf war mir klar: Das Wetter hatte sich gebessert, und der Flugbetrieb konnte wieder aufgenommen werden. Doch wie spät war es? Es war eigentlich noch Nacht, zeigte meine Uhr. Aber die Tageszeit spielte keine Rolle mehr. Ab jetzt sollte es für mich nicht mehr dunkel werden, der Polartag war jeden Tag und jede Nacht gleichmäßig hell. Ich verlor schon bald jegliches Zeitgefühl und schwebte irgendwo zwischen Tag und Nacht. Unser Expeditionsleiter rief uns zum Aufbruch in zwei Stunden. Wir sollten gleich die Zelte abbauen und unsere gesamte Ausrüstung in die Pulkas packen. Kurt und ich verteilten die gemeinsame Last gerecht auf unsere beiden Schlitten. Im Gepäckverstauen hatten wir noch wenig Übung, darum brauchten wir eine gewisse Zeit dafür. Und die Last musste einigermaßen im Gleichgewicht sein, sonst fiel der Schlitten dauernd um. Dabei konnte auch etwas kaputtgehen. Das durfte nicht passieren, denn ab jetzt konnten wir nichts mehr ersetzen. Jeder von uns musste etwa 60 Kilogramm auf seinem Schlitten ziehen. Das war zwar schwer, aber ich tröstete mich mit der Expedition von 1995 von Richard Weber aus Kanada: Er wollte mit seinem Begleiter Michail Malakow erstmals ohne Luftunterstützung und Hundeschlitten zum Nordpol, und ihre Schlitten wogen 500 Kilogramm! Da waren wir gut dran. Es konnte losgehen! Unser Forscherdrang war kaum noch zu halten.

Kleines Rinnsal, breiter Strom!

Nach dem Einpacken gab's erst mal ein Frühstück. Die Zeltpartner teilten auch ihr Essen. Kurt und ich rührten uns ein Müsli an. Es bestand aus Haferflocken, getrockneten Früchten, Rosinen und Nüssen.

Da wir das Müsli in unserem eigenen Essgeschirr angerührt hatten, mussten wir das auch gleich noch schnell sauber machen, bevor es losging. Ich sollte die Schüsseln auswaschen, während Kurt schon mit dem Zeltabbauen anfangen sollte. Die Essensreste waren bereits am Geschirr angefroren, wie sollte ich das wieder abwaschen? Zuhause drehe ich den Wasserhahn auf, regle die Temperatur ein und der Schmutz ist weg. Aber hier ist das leichter gesagt als getan! Die Zeit drängte, und aus einer Art Reflex heraus nahm ich mit der bloßen Hand etwas Schnee, um damit die Teller zu reinigen. Wie unüberlegt von mir! Sofort wurde ich daran erinnert, wo ich mich eigentlich befand. Im Nu waren meine Finger fast erfroren. Ich steckte sie blitzschnell unter meine Daunenjacke, um sie wieder zu wärmen. Als ich mich umsah, merkte ich, dass der Vorfall nicht ohne Publikum abgegangen war! Und die Kameraden, die es mitbekommen hatten, konnten sich das Lachen nicht verbeißen. Ausgerechnet mir musste das passieren!

Einer von ihnen zeigte mir ein offenes Lead, einen schmalen Riss in der Eisdecke, in der Wasser floss. Dort hatten sie in dem fließenden Meerwasser ihr Geschirr gespült. Gute Idee – ich ging, bewaffnet mit einer Bürste, zu diesem Lead, beugte mich hinunter und wusch unsere Teller. Das Lead war ungefähr einen Meter breit.

„Wo bleibst du denn?“ Inzwischen hatte Kurt das Zelt schon

fast abgebaut. Gemeinsam erledigten wir den Rest und beluden nun endgültig unsere Pulkas. Einige gingen noch zur Toilette. Die war wie ein Iglu aus Eisziegeln gebaut. So hatten wir zumindest ein bisschen Schutz vor der Kälte.
Wir schnallten die Skier an und hängten die Seile der Pulkas an unsere Hüftgurte. Wir waren bereit – das Abenteuer konnte beginnen!

Das begann auch, aber ganz anders, als wir erwarteten. Wir waren kaum ein paar Meter weit gegangen, als ein Mann ganz aufgeregt auf uns zu rannte und heftig gestikulierte. Ich erschrak: was war passiert? Ich konnte den Mann nicht verstehen, der inzwischen auf Victor einschrie. Das einzige, was ich im Stimmengewirr verstand, waren einzelne Worte:
„Stopp!“ „No chance!“ und „Lead!“
Lead?
Im nächsten Moment sah ich, was passiert war: Eine breite Wassermasse kam direkt auf uns zu! Das schmale Lead, in dem ich noch wenige Minuten zuvor meine Teller ausgewaschen hatte, war zu einer breiten Wasserrinne auseinandergedriftet! Das Eis war aufgerissen, und an der Bruchstelle sah ich dunkelgrünes meterdickes Eis unter der Wasseroberfläche. Ja, da konnte man eindeutig sehen: Wir befanden uns auf Eisschollen, wie groß diese auch waren. Wir konnten uns zwar vor dem breiten dunklen Strom in Sicherheit bringen, aber wir konnten das Lead nicht mehr zu Fuß überwinden. Es war in keiner Richtung mehr möglich! Es schloss uns richtiggehend ein. Der aufgeregte Mann, der uns vor ihm gewarnt hatte, war kurz zuvor mit seinem Hubschrauber gelandet und hatte das ganze Ausmaß von oben gesehen. Die Eisspalte konnte auch nicht auf Umwegen überwunden werden, denn

etwa hundert Meter weiter hatte sich eine weitere breite Rinne gebildet. Die Situation wurde sogar bedrohlich, denn auch die Landebahn für die Flugzeuge war durch dieses Lead zerschnitten. Die verbliebene Eisfläche reichte nicht mehr aus zum Starten und Landen. Wir saßen also auf einer großen Eisscholle fest.

Zum Glück waren wir noch nicht weit gekommen, denn die Männer der Station hatten solche Situationen schon öfter erlebt. Allerdings noch nie um diese Jahreszeit.

Wie kommt es zu solchen Energien, die derartig riesige Eisschollen antreiben? Dabei wirken zwei Kräfte: Zum einen sind es die starken Polarstürme, und zum anderen ist es – der Einfluss des Golfstromes! Dieser kommt aus dem heißen Golf von Mexico und fließt mit einer Geschwindigkeit von 2 Metern pro Sekunde nach Norden. Es ist salzreiches Wasser, das an der Oberfläche bleibt. So gelangt es durch die 170 Kilometer breite Floridastraße nach Norden. Nach den Bahama-Inseln vereinigt er sich mit dem Antillenstrom und bewegt sich in einigem Abstand von der Ostküste Nordamerikas nach Nordosten. Der Strom überquert in einem breiten Band den Atlantischen Ozean, vorbei an Grönland und Spitzbergen, dann verlieren sich die Ausläufer in der Barents-See.

Manchmal kommt es vor, dass das Eis in nur 24 Stunden bis zu 30 Kilometer in Richtung Süden abdriftet. Dabei entstehen immer wieder Eisaufbrüche, und nur wirkliche Spezialisten erkennen, wo sich das Eis spalten kann und wo nicht. Ich hätte da keinerlei Chance! Ständig würde ich Gefahr laufen, von einem Lead eingeschlossen zu werden. Oder mein Zelt an einer Stelle aufzubauen, wo unter ihm das Eis aufbrechen könnte. Was für eine beunruhigende Vorstellung!

Für die Verbliebenen auf unserer Eisscholle gab es nur eines:

so schnell wir möglich aus der Gefahrenzone heraus! Der gesamte Flugplatz wurde evakuiert. Gestern noch hatte ein viermotoriges Versorgungsflugzeug mehrere Tonnen Kerosin für die Hubschrauber und Flugzeuge gebracht. Diese Fässer sah ich nun in der Ferne auf einer Eisscholle davon treiben. Ein anderes Flugzeug musste seine Fracht mit kleinen Fallschirmen abwerfen, da die Landebahn nicht mehr vorhanden war. Mit unseren bunten Jacken markierten wir die Abwurfstelle. Dann suchte der Pilot vom Hubschrauber aus eine neue Landebahn. Sie wurde einige Kilometer nördlich neu markiert.

Danach evakuierte der Hubschrauber die ganze Ausrüstung. Das kam zuerst, und wir mussten erst einmal ausharren. Ich beobachtete das Verladen mit gemischten Gefühlen. Für die Nordpol-Entdecker Frederick Albert Cook und Robert Edwin Peary wäre hier das Abenteuer schon zu Ende gewesen. Zu ihrer Zeit gab es keine Hubschrauber, die sie aus brenzligen Situationen ausgeflogen hätten. Kein Wunder, warum so viele Expeditionen gescheitert waren. Mir wurde allmählich unwohl, wie lange würde das denn noch dauern, bis wir „gerettet" wären? Dieses dramatische Anfangserlebnis hatte mich nicht im Mindesten abgeschreckt. Nur, wo würde unser Marsch nun beginnen? Und was, wenn so etwas noch mal passierte?

Nach einer schier endlos scheinenden Zeit waren wir endlich dran. Mittlerweile hatten wir eine gewisse Übung darin, unser Gepäck einzuladen und uns mit in den Transport-Hubschrauber zu quetschen. Entsprechend schnell waren wir drin. Wir hoben ab und aus der Luft erkannten wir in aller Klarheit, wie hoffnungslos unsere Lage gewesen war: Breite Eisspalten umsäumten das Gebiet von allen Seiten, nirgendwo wäre es möglich gewesen, hinüber zu kommen. Die Natur hatte ihre

gewaltige Macht gezeigt. Der Mensch war vollkommen chancenlos.
Wir waren alle etwas traurig, dass wir unseren ursprünglichen Plan schon vor dem eigentlichen Beginn aufgeben mussten. Aus der Luft betrachteten wir unseren geplanten Weg, der nun ungewollt etwas kürzer wurde. Andererseits waren wir auch froh, hier im Hubschrauber zu sitzen, und die Gefahrenzone einfach zu überfliegen. Ohne Hubschrauber wären wir gescheitert!
Wir flogen ein Stück weiter nördlich. Unter uns lag die gleißende Eisfläche, die immer wieder von breiten Leads durchzogen war. Fast sah es aus, als hätte ein Kind mit einem Stift krakelige Linien auf ein weißes Blatt Papier gemalt! Wir hätten keine Chance gehabt. Das musste auch der letzte Zweifler einsehen.

Der Held

Im Hubschrauber nervte mich zum wiederholten Mal unser „gewichtigster“ Mann, Wolfgang. Aus einem mir nicht bekannten Grund hatte er sich ausgerechnet mich als Opfer ausgesucht. Ich hatte ihn bestimmt nicht dazu eingeladen. Er gab mir unentwegt und unaufgefordert kluge Ratschläge. Er erklärte mir, wie ich künftig die Skistöcke einsetzen solle, wie ich mich in der Arktis zu bewegen habe und worauf ich besonders achten solle. Ich verlor allmählich die Geduld.

„Jetzt lass mir einmal meine Ruh!“ brummte ich unfreundlich und sah aus dem Fenster. Das konnte ja heiter mit ihm werden.

Aber er ließ sie mir nicht, meine Ruh. Stattdessen musste ich mir anhören, wie lang meine Schritte in der Arktis sein müssten, damit ich nicht zuviel Kraft verlöre und dass man nicht ins Schwitzen kommen darf und so weiter und so fort. Ich hatte den Eindruck, als bete er mir wörtlich runter, was er sich aus Büchern vorab angelesen hatte. Ganze Passagen predigte er, und hörte einfach nicht mehr auf. Es war sonnenklar, dass er seine Weisheiten keineswegs aus eigener praktischer Erfahrung hatte. Vielleicht hatte sie ihm der Verkäufer im Sporthaus mitgegeben, als er seine Ausrüstung gekauft hat. Oder er war auf Vorträgen. So klang das. Ich dachte daran, dass er als einziger in Khatanga nicht mitgeübt hatte. Während alle anderen Gruppenmitglieder in Khatanga ihre Pulkas gepackt hatten, hatte er nur zugesehen. Wir hatten den zugefrorenen Fluss genutzt, um mit unseren Skiern auf dem Eis erste Strecken zurückzulegen. Der Fluss war einen Kilometer breit und eignete sich großartig zum Testen. So hatten wir unsere Ausrüstung perfektioniert. Es war die letzte Gelegen-

heit gewesen, noch etwas zu ändern. Wenn der Gurt nicht gepasst hätte, oder der Schlitten zu schwer gewesen wäre – dazu war der letzte Test da. Im Eis gibt es nichts mehr zu ändern.
Aber Wolfgang hatte das nicht nötig gehabt: er hatte uns kurz beobachtet und war dann lieber spazieren gegangen.

Endlich landeten wir im Eis. Irgendwo im arktischen Niemandsland. Unser Hubschrauber startete gleich nach dem Aufsetzten wieder, denn es rückte eine Nebelwand an. Bisher hatten wir unsere Skier nur für ein paar Meter benutzt. Jetzt wurde es ernst. So schnell wir konnten, schnallten wir sie bei der Kälte an und machten die Pulkas an den Hüftgurten fest. Bereits im diffusen Licht der nebelverhangenen Sonne machten wir uns auf den Weg, der uns immer nach Norden führen sollte. Ich sah nach vorne – Richtung Nordpol! Wir marschierten alle im Gänsemarsch hintereinander. Kaum einmal drehten wir uns um oder beobachteten einen anderen Gruppenteilnehmer außer dem, der unmittelbar vor einem ging. Jeder hatte mit sich zu tun. Und so verging der erste Teil des Weges. Die Sonne war irgendwo hinter den höher liegenden Nebelschwaden verschwunden. Der tief hängende Himmel hatte eine trübe graublaue Färbung angenommen. Zwischendurch schimmerte ein kaltes, stahlblaues Licht. Mich überkam ein fast bedrückendes Gefühl. Es wurde immer dunkler, der kalte Nebel stieg immer dichter auf, und da erlebten wir gleich zu Anfang das gefürchtete „White-Out“, einen eigenartigen Zustand, in dem man den Horizont nicht mehr erkennen kann. Es vermischen sich Himmel und Erde – und ich fühlte mich wie in einem riesigen Niemandsland aus Watte. Wie leicht man hier die Orientierung verlieren kann! Das „White-

Out" entsteht, wenn das Licht einerseits durch tief liegende Wolkenschichten gestreut wird und andererseits zwischen der Eis-Oberfläche und der Wolkenunterseite reflektiert wird.
Angesichts der Wetterlage zogen wir es erst einmal vor, unsere Zelte aufzubauen. Da die Sonne nicht mehr untergehen würde, waren wir auch nicht auf einen festen Tagesablauf angewiesen. Kurt und ich kochten in unserem Zelt unsere erste gemeinsame Mahlzeit. Sie enthielt viel Fett, das wichtig für unsere Ernährung war. Der Körper verbrennt in der brutalen Kälte enorm viel Fett. Deswegen gab es bei uns zum Auftakt gleich ein Stück mitgebrachten Speck.
Nach dieser kräftigen Mahlzeit und drei Stunden Pause war auch das Wetter besser geworden. Wir bauten ab, packten ein und zogen weiter. Jeder musste für sich seinen Rhythmus finden, und so waren wir auch unterschiedlich schnell. Das war bei den Nordpol-Pionieren ganz anders: sie hatten sehr schweres Gepäck und deswegen mussten jeweils vier Männer gleichzeitig einen Schlitten ziehen. Diese vier Männer mussten dann gleichmäßig in Takt und Tempo gehen, um sich gegenseitig nicht zu behindern. Eine mühselige Vorstellung! Auch in dieser Hinsicht hatten wir es besser.
Nach einer Stunde Gehzeit trafen sich alle Teilnehmer am Rastplatz zu einer ersten Pause. Alle? Nein! Die beiden Letzten fehlten. Wo waren sie denn geblieben? Es kam Unsägliches ans Tageslicht! Ich habe die Anfänge nicht so mitbekommen, weil ich in der vorderen Hälfte der Gruppe ging. Wolfgang war als Vorletzter gegangen. Und dann sahen wir sie: Wolfgang lag am Boden. Er hatte auf den Skiern das Gleichgewicht nicht halten können! Der riesige Wolfgang war also hingefallen und schaffte es nicht mehr alleine, aufzustehen. Er kam einfach aus eigener Kraft nicht mehr hoch! So lag er

hilflos auf dem Eis. Victor Serov, der hinter ihm ging, kam ihm zu Hilfe. Aber das war gar nicht so leicht. Victor war zwar sehr stark, aber nur etwa 1,70 Meter groß. Und er bemühte sich aus Leibeskräften, Wolfgang mit seinem erheblichen Körperumfang wieder auf die Beine zu stellen! Von dieser amüsanten Szene wurden wir Zeuge. Natürlich dachten wir im ersten Moment, es sei irgendetwas passiert. Victor Boyarsky lief noch einmal zurück, und nach ein paar vergeblichen Versuchen stellten sie Wolfgang mit vereinten Kräften wieder auf die Beine. Dann rückten sie langsam näher. Victor Serov zog zwei Pulkas. Dass Wolfgang überhaupt keine Kondition hatte und jetzt bereits am Ende seiner Kräfte war, war uns überhaupt nicht in den Sinn gekommen.
Aber das Beste kam erst noch.
Nicht nur, dass unser Spezialist noch niemals auf Ski gestanden hatte – er hatte sich auch noch seine Bindung selbst gebastelt! Ihm waren die gängigen Modelle schlichtweg nicht gut genug. Ich konnte nicht glauben, was ich sah: Auf die Skier hatte er eine Bodenplatte geschraubt und darauf seine „Bindung“ befestigt. Das war ein 40 Zentimeter langes Scharnier eines Gartentores! Darauf hatte er einfache Winkelbeschläge aufgeschweißt. Sie sollten als Backen dienen – es war einfach unglaublich. Am Ende des schmalen Scharniers sollte ein 3 Zentimeter breites und 2,5 Zentimeter hohes Winkeleisen den Schuh halten. Ein erwachsener Mann wagte sich ganz ernsthaft mit so einer unmöglichen Konstruktion in die Arktis. Es war natürlich kein Schwerpunkt berechnet, nichts! Dafür gibt’s nicht umsonst Experten! Diese Bindung hätte nicht mal bei einer flachen Abfahrt funktioniert. Und unser Held war fest davon überzeugt, dass seine Bindung die beste sei. Stumm vor Staunen sahen wir ihm zu.

Nach etwa hundert Meter war Schluss gewesen. Seine Bindung brach einfach unspektakulär vom Schuh ab. Das war's.
Victor war sauer. Am meisten auf sich selber, weil er im Vorfeld die Ausrüstung nicht kontrolliert hatte. Jeder Teilnehmer hatte in Deutschland seine Skier selber verpackt und verschickt, und erst auf dem Khatanga-Fluss hatten wir sie zum ersten Mal benützt. Aber Wolfgang hatte ja nicht mitgemacht. Doch wer erwartet denn so etwas! Das wäre ja genauso, wie wenn man vor einer Autofahrt erst die Motorhaube hochheben und schauen würde, ob überhaupt ein Motor drin ist! Victor hatte gedacht, dass bei einer Nordpol-Expedition nur erfahrene Leute mitmachen. Dass, wer so eine Expedition antritt, eben Verantwortung für sich, seine Ausrüstung und für die Gruppe mitbringen muss. Das hatte Victor gedacht. Damit lag er falsch. Er machte sich wegen seiner Gutgläubigkeit Vorwürfe. Aber es half nichts, und es blieb ihm nichts anderes übrig, als den Teilnehmer auf die vorsorglich mitgenommene Ersatzbindung umzurüsten. Aber das klappte auch nicht. Der Mann war einfach überfordert. Er konnte praktisch auf Skier überhaupt keinen vernünftigen Schritt machen! Er atmete flach und blieb alle paar Meter stehen, um zu verschnaufen. Wie sollte das nur weitergehen! Seine ganzen Belehrungen der letzen Tage hätte er besser selber berücksichtigen sollen! Die sagenhafte Bindung hatte Victor Serov aus Wut in den Schnee geworfen. Ich hob sie auf und steckte sie ein. Für alle Fälle. Ich schleppte sie sogar mit heim; obwohl mein Pulka schon so schwer war, war mir das die Mühe wert. Jetzt ist sie immer noch in meinem Besitz. Sonst würde ich das selbst nicht glauben.
Wir hatten noch ein anderes Problem. Ein zweiter Teilnehmer

kam ebenfalls mit dem relativ einfachen Gelände nicht zurecht. Dabei war es hier noch eine ebene Strecke. Bis sein Zeltkamerad uns Aufschluss über sein merkwürdiges Verhalten gab: erst hatte er seinen Partner heimlich eine Flasche in seine Daunenjacke stecken sehen. Dann hatte er in ihrem gemeinsamen Zelt mehrere Flaschen Whisky gefunden. Leere Flaschen! Immer wenn der Mann im Zelt war, galt sein erster Griff der Flasche. Natürlich kostete ihn das viel Kraft, und sein Kamerad sollte dafür die Lasten seines Pulka ziehen. Doch der war dazu nicht bereit, einen Alkoholiker auf einer Nordpoltour zu unterstützen. Allmählich rückte er heraus mit der Wahrheit. Bereits vor zwei Jahren war er auf einer ähnlichen Tour in Kamtschatka gewesen. Doch da hatten sie ihn wegen seines Trinkens wieder zurückgeschickt. Jetzt wollte er das Trauma des Versagens überwinden und auf jeden Fall ans Ziel kommen.

Wir hielten Krisensitzung, und um überhaupt noch weiterzukommen, entschieden wir folgendes: Die beiden Stärksten unserer Gruppe, Rolf und Manfred, nahmen jeweils noch einen Pulka von unseren beiden „Helden" zu ihrem eigenen dazu. Sie zogen also fortan zwei Pulkas hinter sich durchs Eis. Der Trinker und der Skispezialist hatten also überhaupt kein Gepäck mehr. Wir erreichten unseren ersten Rastplatz an diesem Tag. Aber wo waren unsere beiden geblieben? Nach sage und schreibe 90 Minuten kamen sie vollkommen erschöpft mit unserem anderen Führer Victor, der immer hinten ging, an. Victor hatte sie nur mit größter Mühe überhaupt zu unserem Rastplatz gebracht. Immer wieder waren die beiden hingefallen, weil sie unsicher waren und gleichsam am Ende ihrer Kräfte. Und jetzt waren sie auch noch am Ende ihrer Nerven. Wir übrigens auch, denn das Ganze hielt uns unglaublich auf.

An ein Weiterkommen war nicht zu denken. Es war sonnenklar: das hatte keinen Sinn mehr! Das mussten die beiden nun selbst einsehen. Und sie wollten auch gar nicht mehr.
Uns blieb nichts anderes übrig, als über Funk einen Hubschrauber anzufordern. Der konnte zu allem Unglück noch nicht mal starten: erneuter Nebel und Schneefall machten das unmöglich. So mussten wir an Ort und Stelle die Zelte aufbauen und warten, bis das Wetter besser wird.
Ich lud meinen Pulka ab und kramte leise vor mich hin schimpfend in meinem Gepäck herum. Die Stimmung in der Gruppe war mies. Wir alle waren verärgert über unsere Zwangspause. Schließlich war unsere Zeit knapp und wertvoll. Das Wetter war soweit in Ordnung, zum Weitergehen hätte es genügt. Wir hatten die Chance, unser Ziel zu erreichen und nun saßen wir wegen zweier Teilnehmer fest, die aus Fahrlässigkeit und Leichtsinn nicht mehr weiterkonnten. Es ging ja hier nicht nur um sie, sondern es ging auf Kosten der ganzen Gruppe. Und die Gruppe musste bis zur Rettung der beiden in unseren Zelten ausharren. Ich lag in meinem Zelt und grübelte vor mich hin. So eine Tour wird – wie jedes andere Unternehmen auch – genau kalkuliert. Und wenn für 12 Teilnehmer geplant wurde, dann musste man diese Plätze auch alle vergeben. So werden auf den letzten Plätzen leider oft „Untaugliche“ auch noch mitgenommen. Die Auswahlkriterien sind eigentlich recht streng: Die Teilnehmer werden darauf geprüft, ob sie den extremen Anforderungen physisch und psychisch überhaupt gewachsen sind. Aber wenn sich nicht genug anmelden, wird halt aufgefüllt.
Das Gefühl, in einer Notsituation mit einem Hubschrauber ausgeflogen zu werden, gibt mehr Sicherheit als es in der Realität ist. Die Technik ermöglicht eine schnelle Rettung aus

einer schwierigen Lage. Dadurch verlieren wohl viele Menschen das Gefühl dafür, was sie sich selber zutrauen können und was nicht. Nordpol-Expedition – das klingt toll, und so probiert man es einfach aus. Wenn's nicht mehr weitergeht, wird man ja abgeholt! Der hohe Preis des Unternehmens scheint auch gleichzeitig das Gelingen zu garantieren. Meine Güte, wenn ich bei meinen bisherigen Expeditionen auch so leichtsinnig und unüberlegt gehandelt hätte! Ich wäre schon längst nicht mehr am Leben, denn ich war immer allein oder nur mit einheimischen Führern unterwegs. Jede Fahrlässigkeit hätte zum Scheitern geführt. Aus diesen Gründen hatte ich überhaupt kein Verständnis für unsere beiden Mitfahrer. Sie wollten auch das Abenteuer erleben und haben überall herumerzählt, dass sie mit Skiern den Nordpol erobern wollen. Aber sie haben sich nicht im Geringsten darauf vorbereitet und sich nur auf die Gruppe und die Technik verlassen. Ich hatte bei meinen Reiseleitungen zu viele solcher Menschen kennen gelernt. Allerdings habe ich mit so etwas bei der Nordpol-Expedition nicht gerechnet. Die Arktis ist kein Platz für Aufschneider und Träumer. Die beiden mussten eine bittere Erkenntnis hinnehmen. Und wir alle saßen mit ihnen fest.

Endlich, nach eineinhalb langen Tagen Wartezeit kam die ersehnte Rettung. Der Hubschrauber landete. Doch die beiden wollten nicht einsteigen! Was war denn jetzt schon wieder los? Sie wollten nicht allein zurückfliegen, weil sie sich sprachlich nicht verständigen konnten und psychisch vollkommen am Boden waren. Zum Glück erklärte sich Gerd bereit, mit den beiden zur Eisstation zurückzufliegen. Gerd war Holländer und trainierte gerade für eine Südpol-Expedition. Wir hatten ihn von der Station aus mitgenommen. So hoben sie doch noch ab. Ich atmete auf.

Endlich geht's los

Wir hatten durch diese unerfreuliche Episode viel Zeit verloren. Jetzt hieß es: diese Zeit wieder aufholen! Wir schritten zügig los. Nachdem uns niemand mehr bremste, kamen wir in flottem Tempo voran. Wie koordiniert man nun das Tempo von 12 verschiedenen Menschen? Nun, jeder war auf sich gestellt und ging sein eigenes Tempo. Nach einer Stunde legte unser Leiter eine Pause von zehn Minuten ein. Innerhalb dieser Pause trafen so nach und nach alle Teilnehmer wieder ein. Nicht jeder konnte das hohe Tempo unseres Leiters Victor mithalten. Und hart war es auch für diejenigen, die erst am Ende der Pause ankamen, denn dann ging es ja gleich wieder weiter. Genau die hatten am kürzesten Pause! Als Letzter der Gruppe ging unser Leiter Victor Nummer zwei. Wir bezeichneten ihn als „Lumpensammler", denn er war immer zur Stelle, wenn einer von uns in Schwierigkeiten war. Und das kam durchaus häufig vor. Denn es war gar nicht einfach, den Pulka, der mit Seilen am Hüftgurt oder am Rucksack befestigt war, über das Eis zu ziehen. Denn alle paar hundert Meter stellten sich uns Eisbrüche in den Weg. Immer wieder verhakte sich ein Pulka, oder die Leinen blieben an einer Eisspitze hängen.

Ich verlor mich in der Einsamkeit, sie umschloss mich wie eine weiche Decke. Ich spürte die klirrende Kälte, die ungeheure Macht und die Unausweichlichkeit, mit der sie einfach nur da war. Traumlandschaft! Durchzogen von ruppigen Hügeln, bizzare Oberfläche, und nur eine Spur führte nach Norden. Ein Eisbruch schimmerte smaragdgrün im Sonnenlicht.

Gefrorene Wassertropfen spiegelten sich in blauen klaren Lichtspielen. Eisblumen umsäumten die riesigen Eisblöcke. Vor mir lief mein Partner Kurt, hinter mir klaffte eine Lücke. An meinem Bart hingen kleine Eisklümpchen, meine Augenbrauen und Wimpern waren weiß gefroren. Meine Augen selber waren fast verdeckt, ich schaute aus den Augenwinkeln heraus. Es ging durch tiefen Schnee, jeder Schritt war doppelt anstrengend. Ich schritt voran – auf dem Gelände war ich vorsichtig, denn über die vielen kleinen Aufwürfe war der Pulka schwer zu ziehen. Dann zog mich ein Ruck nach hinten. Mein Pulka lag auf der Seite. Ich versuchte ihn mit dem Skistock zu erreichen. Doch ich musste wieder zurück. Als ich einen der ersten größeren Eisbrüche überwinden musste, stand ich zunächst einmal ratlos davor. Ich schielte zu unserem Leiter: wie hievt man den Pulka da am besten drüber? Aber ich hatte es schon verpasst, er war längst weitergegangen. Die anderen waren mir auch keine große Hilfe, denn sie hingen mehr oder minder elegant in den Brüchen. Also versuchte ich es nach besten Kräften alleine. Ich schob den Pulka ganz nahe hin und kletterte erst mal selber drauf. Ich wollte den Pulka nachziehen, aber das war viel zu schwer, denn er verhängte sich im Eis. Als ich ihn endlich oben hatte, stieg ich auf der anderen Seite wieder ab bis zu einem größeren Stück Eis. Doch dann machte sich mein Pulka selbständig und rutschte mir schneller nach als mir lieb war. Ich versuchte mich noch zu halten, aber auf dem Eis verlor ich das Gleichgewicht und wurde umgerissen. Dabei hatte ich noch zu tun, dass ich meinen Fuß nicht zwischen den Pulka und die harten Eisstücke bekam. Dabei könnte mein Bein schnell brechen! Schließlich war ich auf der anderen Seite und erst mal froh darüber. Diese Technik war auf jeden Fall noch ausbaufähig!

So nach und nach lief es immer besser. Wir lernten, wie man mit dem Pulka am besten Hindernisse überwindet: man geht bis zum Eisbruch, zieht mit den Händen den Schlitten zu sich heran, geht dann weiter. Und wenn die Seile gespannt sind, wird mit starkem Stockeinsatz und einem Hüftschwung der Pulka über das Hindernis geschwungen. Immer wieder fielen wir dabei hin. Aber mit der Zeit wurde das zur Routine, denn wir waren alle gut trainiert und hatten mit den körperlichen Anstrengungen keine ernsthaften Probleme.

Was aber alleine nicht zu schaffen war: wenn statt eines Eisbruchs ein großes Packeisfeld im Weg stand. Hier mussten wir zusammenhalten – die ganze Gruppe musste mithelfen, das Hindernis gemeinsam zu überwinden. Deswegen kann man den Nordpol auch nur in der Gruppe bezwingen. Die Eisfelder, die so groß wie ganze Bundesländer sind, driften aufeinander, dabei schieben sich die Schollen in beeindruckender Weise ineinander, das Eis türmt sich auf und gewaltige Eisbrüche entstehen. Auch hier wirken die Ausläufer des Golfstroms: Wenn sich neues Eis bildet, nimmt der Salzgehalt des übrigen Wassers zu. Dieses nun dichtere und schwerere Wasser sinkt ab und führt zur Aufdrift tieferer und wärmerer Wassermassen. Die Eisschollen werden durch die Drift zusammengepresst und hochgedrückt – so bilden sich Eisblöcke, die kreuz und quer übereinander geschoben sind. Märchenlandschaften!

So ein gewaltiger Eisaufwurf wie der bevorstehende konnte nur in Gemeinschaftsarbeit geschafft werden. Wir sahen ihn schon von weitem. Victor packte seine Spitzhacke aus, die aussah wie eine Eiskralle. Dann kletterte er auf den Eisbruch, suchte einen Weg und schlug eine Schneise durch das Eis. Wir alle stellten die Pulkas erst mal weg und schnallten die Skier

ab. Das war eine unangenehme und lästige Arbeit, bei der Kälte die Skier abzuschnallen. Aber es half nichts. Das Gelände war schwierig, und wenn sich einer den Fuß verstaucht oder gar bricht – was gar nicht selten vorkommt bei der Kälte – dann ist es für ihn vorbei. Ohne Skier ging es wesentlich einfacher. Wir warfen sie über den Eisbruch. War das nicht möglich, dann trugen wir sie durch. Dann kamen wir noch einmal ohne Skier zurück und zogen den Pulka nach. Meistens zu zweit. Dabei passierte es oft, dass hinter einem der Pulka umfiel. „Puulkaaaa!“ tönte es dann laut von hinten. Erstmal wieder aufstellen! War das Gelände zu steil, dann halfen wir uns gegenseitig durch. War ein Eisbruch überwunden, dann waren wir erst einmal froh, dass die Plackerei vorbei war und wir unsere Pulkas an den Hüftgurt schnallen konnten. Froh, dass es zur Erholung wieder ein ebenes Eis gab.
Doch die Freude währte nur kurz. Vor uns lag ein Schneefeld mit zahlreichen gefrorenen Spitzen. Vor uns, rechts von uns, links von uns. Es schien kein Ende zu haben, wir würden nicht daran vorbeikommen. Darüber zu klettern schien mir auch sinnlos. Victor schnallte seine Skier ab und kletterte wieder auf eine kleine Anhöhe. Hielt Ausschau, kam wieder und schlug mit dem Pickel auf die Eisblöcke ein. Das war der Einstieg. Mann für Mann kletterten wir hintereinander in das Eisfeld. Wir verloren uns in einem Labyrinth von Eisblöcken, schleppten die Pulkas durch. Nur nicht den Vordermann aus den Augen verlieren! Wie groß war denn dieser Irrgarten noch? Gingen wir überhaupt noch in Richtung Norden? Mir kam es nur noch kreuz und quer vor. Doch irgendwann zeigte sich wieder ebenes Feld. Und direkt am Ausgang strömten in gemächlichem Tempo dünne Eisschollen auf einer Wasser-

rinne vorbei. Zum Glück brauchten wir sie nicht überqueren und liefen ein Stück parallel zu ihr. Ich hatte einen gründlichen Vorgeschmack von dem bekommen, was in den nächsten Wochen mein Alltag sein sollte.

Kurt ist krank

Am zweiten Tag ging es los. Besser gesagt: in der zweiten Nacht. Da ich überall – und so auch in der Arktis – wie ein Murmeltier schlafe, habe ich zunächst nichts davon gemerkt. Mein Kamerad Kurt wachte in der Nacht auf, weil ihm dermaßen übel war. Er wälzte sich hin und her und übergab sich mehrmals. Erst gegen Ende der Nacht konnte er wieder einschlafen. Am nächsten Morgen war er natürlich sehr müde und schlapp. Ich hörte schon den Weckruf. Es wurde Zeit für uns.
„Aufstehen!" rief ich. „Kurt, wir müssen raus und packen, die anderen sind schon beim Einpacken!"
Von Kurt kein Laut.
„Kurt, was ist?"
„Oh, no a wengala, no a wengala!" kam es verschlafen aus Kurts Schlafsack.
Ich wartete weitere zehn Minuten. Wir mussten endlich anfangen, einzupacken! Wir hatten unser Gepäck aufgeteilt, so hatten wir es abgesprochen. Kurt hatte alle Verpflegung auf seinem Pulka, und ich zog unser Zelt und die komplette Ausrüstung. Das Essen war in Null Komma Nichts auf dem Schlitten, aber bis ich das Zelt abgebaut hatte, das dauerte! So ging es ja nicht nur um ein harmloses Schläfchen in der Früh – das Problem wurde mir schnell in seiner ganzen Tragweite klar. Allmählich saß ich auf Kohlen.
„Kurt, was ist denn? Du musst raus aus deinem Schlafsack, wir müssen gehen!"
„Ja, ich komm schon …."
„Die anderen sind ja schon fertig! Ich seh' sie draußen schon!"

Nach weiteren fünf Minuten rührte sich wenigstens schon der Schlafsack, und Kurt schälte sich langsam heraus. Oh, war er grün im Gesicht! Er tat mir leid, aber ich konnte ihm nicht viel helfen. Einmal aus dem Schlafsack heraus war es dann so kalt, dass er zwei Gänge an Geschwindigkeit zulegte. Trotzdem konnte ich nur noch in aller Eile unser Zelt auf meinen Pulka schmeißen, die Plane drüber und wir liefen los. Die anderen waren schon gestartet – wenn die Gruppe fertig war und in ihren Daunenjacken da stand, konnte nicht länger gewartet werden. Denn sonst hätte es alle gefroren. Die Zeitspanne zwischen dem Verlassen des Zeltes und dem Aufbruch war – wegen der Kälte – nur sehr kurz! Und ich konnte nicht gut hinter der Gruppe herlaufen, um sie einzuholen! Ich hätte es zwar konditionell geschafft, aber ich durfte ja nicht ins Schwitzen kommen.

In der nächsten Nacht war es wieder genauso. Kurt übergab sich und musste mehrere Male aus dem Zelt rennen. Der Grund: Kurt vertrug einfach die Art des Essens nicht. Es war sowieso schon ein schwieriges und umständliches Unterfangen, das Essen zu kochen. Wir hatten einen kleinen Kocher, einen russischen Armeekocher, den mussten wir drinnen in unserem engen Zelt aufbauen. Um uns herum lagen noch unsere ganzen Ausrüstungsgegenstände, die Kleidung, wir konnten uns fast nicht rühren. Wenn man in den Kocher Sprit einfüllen musste, dann war das mit unseren dicken Handschuhen gar nicht möglich. Wenn der wertvolle Brennstoff verschüttet würde – nicht auszudenken! Also zogen wir notgedrungen die Handschuhe aus. Wenn man aus Versehen mit der bloßen Hand den Metallkocher berührte, dann blieb wegen der Kälte die Haut am Metall hängen. Hier war größte Vorsicht geboten! Aber manchmal konnten wir gar nicht achtsam genug sein, denn auch wenn wir keine falsche Bewegung gemacht hatten, konnte sich ja jederzeit eine Eisscholle unter uns bewegen und dadurch den Boden uneben machen! Dann stieß man zwangsläufig an den Kocher. Oder, was furchtbar ärgerlich war, aber auch passiert ist: durch die Unebenheit am Boden fiel der Kocher um und das ganze Essen auf den Boden. Das war ein Rückschlag! Da verlor schon mal einer die Beherrschung.

Hatten wir es geschafft, das Essen ohne Zwischenfälle fertig zu kochen, dann waren wir extrem unter Zeitdruck: innerhalb einer halben Minute mussten wir das gekochte Essen in uns hineinschlingen, weil es ja sofort wieder kalt wurde und nicht mehr gegessen werden konnte. Essen Sie mal ein komplettes Essen in dreißig Sekunden! Das war natürlich auch ein Anspruch an den Magen: das fette Essen in kürzester Zeit in sich hineinschlingen – das verträgt nicht jeder.

Kurt vertrug es nicht.

Als Zelt-Team hatten wir natürlich auch gemeinsame Vorräte. Wir hatten gefriergetrocknete Gerichte dabei. Dazu Speck, Suppen, Müsli oder Energie-Riegel. In unserer Situation ernährten wir uns allerdings hauptsächlich von Müsli.

In der Früh war Kurt jedes Mal erschöpft anstatt erholt! Wenn er gegen Morgen erschöpft in Schlaf fiel, genau dann hieß es „Aufstehen!“ Und er schaffte es einfach nicht, rechtzeitig aufzustehen. Kein einziges Mal schaffte er es! Jeden Tag hatte ich den Stress mit dem Einpacken und dem hektischen Start. Ich warf in letzter Minute einfach alles in den Pulka, und natürlich war jeden Tag mein Pulka am schlechtesten gepackt.

Victor sah, wie mein Schlitten aussah und war überhaupt nicht mit mir zufrieden! Er belehrte mich noch einmal, wie man seinen Pulka richtig zu packen hatte. Das half mir aber nicht, denn das war mir schon klar. Allein – mir fehlte die Zeit dazu! Und so musste ich, mehr oder weniger unschuldig, Victors Tadel einstecken: „Pulka Georgi egal: katastrof!“ Dazu schüttelte er missbilligend den Kopf. Ja, das wusste ich auch, dass es mit meinem Schlitten eine Katastrophe war, aber was sollte ich tun?

Ich gewöhnte mich wohl oder übel daran. Aber nach ein paar Tagen war doch etwas anders. Victor begutachtete meinen Schlitten, stutzte und sagte dann anerkennend:
„Cheute serr gut packt!“
Ich nahm das Lob zur Kenntnis und lächelte still in mich hinein. Denn ich zog gerade den Pulka eines Kameraden, der mich um etwas gebeten hatte. Das konnte Victor natürlich nicht wissen. So freuten wir uns beide: er, weil er dachte, dass seine Belehrungen endlich Früchte trugen, und ich, weil ich auch einmal von ihm gelobt wurde!

Alltag im Eis

Wir kämpften uns voran. Meter um Meter. Stunde um Stunde. Pro Tag schafften wir zwischen sechs und acht Stunden. Jede Stunde machten wir eine kurze Pause, die tat mir sehr gut. Wir hatten Kraftriegel und eine Thermoskanne immer griffbereit, so dass wir uns in diesen zehn Minuten Pause stärken konnten. Die Thermoskannen sind aus Alu und halten diese extreme Kälte aus. In den Kannen hatten wir Tee, den wir uns jeden Tag in der Früh kochten.

Wenn wir uns durch große Eisbrüche kämpfen mussten, dann war das schon sehr Kräfte raubend. Keiner war es gewohnt, mit Ski und Schlitten im Eis zu klettern. Die Umgebung kam mir vor wie ein Labyrinth aus Eisschollen, die meterhoch aufragten. Manchmal hatte ich das Gefühl, nicht mehr herauszukommen aus diesem Labyrinth. Immer wieder mussten wir die Skier abschnallen. Das hätten wir gerne vermieden, denn mit den dicken Fäustlingen war das nur sehr schlecht möglich. Die Handschuhe ausziehen konnten wir nicht riskieren; die Erfrierungsgefahr war einfach zu groß.
Als ich eines Tages in der Früh meinen Hüftgurt einklinkte, rutschte er mir fast herunter. Dabei hatte ich ihn eh schon im letzten Loch eingehängt. Offensichtlich hatte ich in dieser ersten Zeit schon einige Kilos verloren! Ich fühlte mich aber nicht schlecht, oder gar geschwächt. Im Gegenteil, ich fühlte mich eher stark und widerstandsfähig. So hängte ich die Zugseile mit den Karabinern am Rucksack ein. Ich horchte genau in mich hinein – und ich hatte ein gutes Gefühl. Meine Kondition hielt den Anforderungen stand. Ich hatte keine gesundheitlichen Probleme – und das war nach meiner Vorge-

schichte ja nicht selbstverständlich. Auch die Kälte hielt ich gut aus – meine Ausrüstung hatte ich richtig ausgewählt.
Die extreme Kälte machte jedoch uns allen zu schaffen. Rolf hatte bereits Erfrierungen im Gesicht, seine Nase war rot und lila. Er hatte sie mehrfach mit Schnee abgerieben, ohne großen Erfolg. Andere hatten Erfrierungen an den Händen und Füßen, an den Stellen, die am meisten gefährdet waren. Schon der sanfte Polarwind, der die Eiskristalle so malerisch aufstieben lässt, brennt auf der Haut, wenn man mit bloßen Fingern hantiert. Er brennt richtig! Und wie bei einem richtigen Sonnenbrand löst sich danach auch die Haut ab von den Fingerkuppen.
Am schlimmsten aber war das Stehenbleiben bei den Pausen. Der Körper kühlt binnen Sekunden aus: die Nasenspitze wird kalt, die Finger werden auf der Stelle klamm und steif und die Zehen taub. Weht dazu noch der Wind, so schneidet er wie Messer in die Haut, die nicht ausreichend verpackt ist. So waren die Pausen nicht wirklich erholsam, dann gingen wir lieber weiter. Wenn nur die Nachzügler endlich kämen!
Nach acht Stunden Gehzeit bauten wir die Zelte auf und erklärten den hellen Polartag für einige Stunden zur Nacht. Das Aufbauen der Zelte ging schnell. Allmählich bekamen wir auch die Routine, die die Handgriffe leicht und sicher werden ließ: vom Festhalten der Zeltplane übers Stangen aufstellen bis zum letzten Sichern. Selbst bei starkem Wind klappte es. Am Schluss zogen wir die Pulkas vors Zelt.
Endlich im Zelt! Als wir die Kleidung auszogen, rollten die Schweißperlen wie getrocknete Eiswürfel von uns herab. Ab minus 20 Grad bleibt der Schweiß in den Kleidungsschichten drin und gefriert zu einer Rüstung aus Eis. Wir versuchten, unsere gefrorenen und nassen Kleider im Schlafsack wieder

zu trocknen. Das heißt: Nässe gab es eigentlich nicht so richtig. Alles gefriert ja augenblicklich! Fasern zersplittern einfach. Am Anfang hatten wir eine trockene Garnitur zum Schlafen dabei. Am nächsten Morgen verstauten wir sie möglichst sicher im Schlitten, damit sie nicht gefriert bis zum Abend. Sie wurde gegen Ende unseres Marsches aber immer öfter am Tag benötigt und gefror daher auch. So zogen wir am Morgen oft auch noch feuchte Kleidung aus dem Schlafsack an, bei der Kälte eine unheimliche Überwindung. Gegen Ende der Tour war kaum noch etwas Trockenes zu finden.
Einige Männer hatten Bücher zum Lesen dabei. Sie konnten am Abend schlecht einschlafen, weil es ja taghell war. Und auch, weil sie nicht bequem liegen konnten: Auf dem Eis liegt ja nur eine Matte und darauf der Schlafsack. Natürlich ist das ungewohnt hart. Glücklicherweise machte mir das überhaupt nichts aus. Meine Schlaftechnik half mir auch hier wieder, zu jeder Zeit an jedem Ort einzuschlafen. So verkroch ich mich sofort nach dem Abendessen in meinen Schlafsack, und wenige Augenblicke danach träumte ich schon. Ein gemütliches Beisammensein gab es ja nie – dazu war es einfach zu kalt, und jeder war auch angestrengt und müde. Bei der Kälte blieb keiner freiwillig noch draußen! Außerdem: wo hätte man sich treffen sollen? Ein Gemeinschaftszelt gab es nicht. Und in jedes unserer kleinen Zelte passten beim besten Willen nur zwei Mann hinein. Das war schon eng genug. Also kam ich zu dem vielen Schlaf, den ich ohnehin brauche. So war ich am nächsten Tag wieder vollkommen fit.
Ein Inuit hatte mir einmal seine Erklärung der Polarnacht geliefert. Einst lebten alle Menschen in der Arktis in völliger Finsternis. Dann brachte der Rabe, ein von ihnen verehrter Vogel, ihnen die Sonne. Doch durch ein Missgeschick verlor

er im Flug einen Teil des Sonnenballs. Deshalb werden nur im Sommer die Tag- und Nachtstunden erhellt, im Winter herrscht dauernde Finsternis.
Ein oder zweimal sah ich in der „Nacht“ aus dem Zelt und beobachtete den Himmel. Sterne konnte man bei der Helligkeit keine erkennen. Dabei ist der Sternenhimmel über der Arktis in der Polarnacht ein Erlebnis! Ich dachte daran, als ich in Grönland am Himmel die sagenhaften Nordlichter gesehen hatte. Das war ein Erlebnis ganz besonderer Art: In sämtlichen Pastellfarben leuchten sanfte Schleier am Himmel. Sonnenwindbögen erzeugen aus ionisierten Gasteilchen Bänder und Spiralen, die wie Himmelsfeuer aussehen. Es hatte mich eigentümlich berührt, und ich konnte verstehen, warum die Einheimischen die Polarlichter „Tanz der Dämonen“ nennen. Das blieb mir hier beim Polartag natürlich verborgen.
Probleme gab es am Morgen beim Abbauen des Zelts! Das war in der Früh laut und deutlich zu hören:
„So ein Mist, so ein blöder!“
„Diese Hundskälte! Da kann doch kein Mensch irgendwas Vernünftiges hinkriegen!“
Immer wieder schallten ärgerliche Flüche über die weite Eiswelt. Die Zeltstangen waren in der „Nacht“ fest zusammen gefroren. Wie sollte man sie wieder auseinander bekommen? Wenn einer die Geduld verlor und mit bloßen Händen die Stangen auseinander ziehen wollte, schrie er natürlich auf vor Schmerz. Die Haut blieb an den Stangen kleben! Victor hatte eine andere Idee: Wasserdampf! Einige versuchten nun, die Stangen über dem Dampf des kochenden Wassers auseinander zu bekommen. Das musste unheimlich schnell gehen, denn auch der Dampf gefror sofort wieder. Am Morgen war jeden Tag geschäftiges Treiben.

Eines Abends, als wir uns einen heißen Tee gemacht hatten, schreckte mich ein Schmerzensschrei aus dem Nachbarzelt hoch:
„Robert, was ist los?!“ Der Kamerad war mit schmerzverzerrtem Gesicht aufgesprungen. „Was hast Du?“
„Mein Mund, mein Mund, es ist etwas geplatzt in meinem Mund!“
Victor war sofort zur Stelle. Es stellte sich heraus, dass Robert eine Zahnkrone herausgeplatzt war, als er bei minus 35 Grad einen heißen Tee getrunken hatte. Wir waren erleichtert, das hatte sich schlimmer angehört. Es war wohl nur der Schreck. Er konnte weitergehen und brauchte nicht sofort einen Zahnarzt aufzusuchen. Seine Krone schob er in seine Anoraktasche. Wir kämpften weiter mit der Kälte.
Ein anderes Mal ging einem Kameraden die Bindung kaputt. Als er gerade über einen Eisbruch kletterte, brach mit einem lauten Krach ein Stück von dem Eis ab. Er stürzte, und dabei brach ein Stück seiner Bindung ab. Aber auch wenn gar kein Grund vorlag, kam es zu Zwischenfällen. Allein die Kälte reichte aus, dass ein Metallteil von der Bindung absplitterte oder brach. Hin und wieder ging ein Skistock kaputt. Fast jeder hatte irgendetwas zu beklagen. So verbrachten wir die Pausen meist mit Reparaturen. Irgendetwas war immer.
Ich blieb lange Zeit verschont, doch dann erwischte es auch mich. Wie auf allen Expeditionen fotografierte ich soviel wie möglich. Ich wollte alle, die nicht das Glück haben, zum Nordpol gehen zu können, an meinen Unternehmungen teilnehmen lassen. Als ich dann wieder ein paar Bilder schoss, kapitulierte meine Kamera vor der grimmigen Kälte. Das traf mich hart. Keine Fotos mehr – und was würden wir noch alles zu sehen bekommen! Jetzt war ich das einzige Mal in meinem

Leben kurz vor dem Nordpol und sollte keine Bilder zur Erinnerung daran mitnehmen können? Nichts, was ich meiner Frau und meinen Freunden zeigen könnte. Die Kamera war mein zweites Auge – und jetzt war sie kaputt. Das machte mich wirklich fertig. Die Kommentare meiner Expeditionskollegen waren wenig hilfreich. Einige meinten, dass mir das ganz recht geschähe. Man solle halt sein Gerät vorher für die Kälte ausrüsten. Was für ein voreiliger Kommentar – natürlich hatte ich meine Kamera beim Hersteller für den Einsatz in der Arktis präparieren lassen. Dass sie der Kälte trotzdem nicht standhielt, musste ich nun leider auch feststellen. Wie sich später herausstellte, waren die angeblich neuen Batterien nicht mehr stark genug. Aber zunächst einmal war ich ohne Kamera unterwegs und äußerst verdrossen darüber.

Aus der Patsche helfen wollte mir ein Schweizer Kamerad, der bereits zwei Achttausender im Himalaja bestiegen hatte. Er bot sich an, alle seine Fotos zweimal zu machen und mir jeweils eine Aufnahme davon zu schicken. Ein anderer verstand meinen Kummer ebenfalls und wollte mir seinen einzigen Fotoapparat für die Zeit der Expedition leihen. Aber zum Glück hatte mein Zeltgenosse Kurt zwei Reservekameras dabei – er war schließlich Berufsfotograf. Er gab mir ohne große Worte eine davon. Wie unterschiedlich die Gruppenmitglieder auf mein Dilemma reagiert hatten, war eine interessante Erfahrung für mich. Hilfsbereit waren letztendlich diejenigen, die schon einmal bei großen Expeditionen dabei waren und wussten, wie unverzichtbar Kameradschaft bei solchen Abenteuern ist. Sie haben nicht viele Worte verloren und mir geholfen. Kameradschaft und Hilfsbereitschaft ist nicht jedermanns Sache. Nachdem ich sonst immer allein unterwegs bin, nahm ich das alles staunend zur Kenntnis.

Ein ganz besonderer Weckruf

„Wie weit ist es noch?“
Ich stellte die Frage während einer kurzen Rast, doch gleich ging es weiter. Es waren noch 35 Kilometer. Ein neuer Tag war angebrochen, der genauso aussah wir der letzte. Wieder standen uns viele Stunden auf Skiern bevor. Wir liefen den ganzen Tag. Wir hatten jedes Zeitgefühl verloren. Ab dem 23. September geht hier die Sonne nicht auf, und ab dem 21. März nicht mehr unter. Wir befanden uns am Anfang des Polartages, die Sonne zog am Horizont ihre gleichmäßige Bahn um uns herum. Wir hatten unseren Tagesablauf nach der Uhr eingerichtet und das funktionierte auch weitgehend.
Am Abend machten wir wieder Rast. Victor stellte bei seiner GPS-Messung fest, dass wir noch 32 Kilometer vom Nordpol entfernt waren. *32 Kilometer*, und heute früh waren es *35!*
„Wie kann das sein? Wir sind den ganzen Tag herumgelaufen und sind praktisch nicht vom Fleck gekommen!“ Ich war frustriert.
Victor klärte uns auf: Die Eisdrift war stärker geworden und hatte uns eine Nullrunde beschert. Ich tröstete mich mit dem Gedanken, dass wir ohne Marsch nach Süden abgetrieben worden und noch viel weiter von unserem Ziel abgekommen wären. So hatten wir wenigstens in etwa unsere Position gehalten. Aber wenn das jetzt öfter passierte? Es faszinierte mich auf eine ganz besondere Weise: Was für ungeheure Kräfte mussten da walten, dass diese immensen Eisschollen, die so groß waren wie ganz Bayern, in 24 Stunden bis zu 30 Kilometer nach Süden driften können! Ausläufer des Golfstroms bringen warmes Wasser aus dem Golf von Mexico. Das salzreiche, kalte Wasser des Polarmeeres bleibt auch

beim Zufrieren in Bewegung. Es sinkt in unvorstellbaren Mengen von 20 Millionen Kubikmeter pro Sekunde in die Tiefe. Am Meeresboden, in 3500 Meter Tiefe, strömt es südwärts.

Victor gab das Zeichen, dass wir unser Lager aufschlagen können. War das Zelt aufgebaut, schlüpften wir auch schon hinein, denn draußen war die Kälte ohne Bewegung gar nicht auszuhalten. Trotz unserer warmen Spezialkleidung, trotz zwei Paar dicker Handschuhe. Das Thermometer war durchschnittlich bei minus 38 Grad. Dazu kam manchmal auch noch der Wind, so dass sich die Temperaturen über doppelt so kalt anfühlten. „Wind-Chill" hieß die Erklärung.
Im Zelt warfen wir dann als erstes unseren kleinen Benzinkocher an, er gab etwas Wärme ab. Um heißes Wasser zu bekommen, mussten wir Schnee schmelzen. Den holten wir natürlich vor dem Zelt – ich ging dazu lieber etwas weiter vom Lager weg. Denn in der Nähe der Zelte war das Eis häufig mal gelblich – die Kameraden hatten ihre „Pinkel-Flaschen" ausgeleert.
Ich war froh, wenn ich am Abend mollig warm in meinem Schlafsack lag. Der Sturm zerrte an den Zeltwänden, als wolle er sagen „was wollt ihr denn hier?" Diese Stunden, die wir in den Zelten verbrachten, bezeichneten wir als „Nacht". Ich konnte wie immer sofort einschlafen, und das tat ich dann auch, nachdem ich ein paar Worte mit Kurt gewechselt hatte.

„Uuuaaahhh! Ooouuhhhh!"
Um Gottes Willen, was war denn jetzt passiert!
„Woouuhhh!"

Ich schreckte aus dem Schlaf hoch und sprang aus meinem Schlafsack – wer brüllte denn hier so? Wer immer es war, er musste in schrecklicher Not sein! Ich rannte aus dem Zelt und – sah Victor Boyarsky im Schnee herumspringen. Das allein wäre es ja noch nicht mal gewesen … Aber er war nackt! War er denn durchgedreht? War ihm die Kälte oder die Eintönigkeit zuviel geworden? Natürlich nicht! Unser Expeditionsleiter und Polar-Experte hatte einfach sein eigenes Fitness-Programm! Jeden Morgen, während wir noch schliefen, „badete" er nackt im Schnee. Und das bei Temperaturen um 30 Grad minus! Er rieb sich von oben bis unten mit Schnee ab – das hielt auch Victor nicht ohne Prusten und Stöhnen aus. Und so wurde sein Gepruste zu unserem täglichen Weckruf. Hörten wir Victor im Schnee baden, so wussten wir: Es war Zeit, aus dem warmen Schlafsack zu kriechen.
Was Victor uns vorführte, und zwar jeden Tag, das hat keiner von uns nachgemacht. Wir behielten unsere warme Kleidung an. Wir hatten ja schon Probleme, wenn wir unsere Notdurft verrichten mussten, dass wir uns dabei nichts erfroren!

Wo noch keine Menschenseele ging

Ich genoss den Weg in vollen Zügen. Was für eine eigenartige Ruhe lag in dieser endlosen Weite! Nur das schleifende Geräusch von Skiern und Pulka unterbrach diese fast ehrfürchtige Stille. Manchmal blieb ich stehen und ließ die anderen an mir vorbeiziehen. Dann hatte diese absolute Stille fast etwas Unheimliches. Kein Geräusch, kein Vogelgezwitscher, kein noch so leises Rauschen von Blättern, durch die der Wind weht – gar nichts. Auch kein Motorengeräusch. Aber – was war das für ein Knirschen in der Ferne? Erst ganz leise, dann immer lauter anschwellend zu einem lauten Krachen! Es waren Eisschollen, die aneinander stießen. Je nach Geschwindigkeit und Größe der Schollen reicht die Geräusch-Palette von einem leisen Klirren bis hin zu einem lauten Donnern.
Ich tauchte ein in die endlose Einsamkeit. Energie und Stärke strahlte sie aus – unerschütterlich, unveränderbar. Wenn ich über eine weite Ebene marschierte und in die Ferne blickte, konnte ich hinten am Horizont sogar die Erdkrümmung erkennen! Was für ein Glück hatten wir doch mit dem Wetter! Diese Erlebnisse und Eindrücke hatten wir dem strahlenden Sonnenschein zu verdanken. Die Sonne stand noch tief am Horizont, und sie wanderte immer in gleicher Höhe um uns herum. Sie ging nicht auf und nicht unter. Sie war immer da, und sie schien von einem blauen Himmel herab. Wir zogen durch eine Märchenlandschaft aus Eis. Links und rechts von uns ragten bizarre Eisformen auf, manchmal wie ein schroffes Gebirge, manchmal wie Fabelwesen oder merkwürdige Tiere. Wenn der Schnee aufstiebte, glänzten und funkelten die Schneewolken wie Millionen von Edelsteinen. Wo war ich gelandet? Erlebte ich das wirklich, oder war es ein Traum?

Oft ging ich weit neben der Spur der anderen allein vor mich hin. Die Kameraden schauten mir kopfschüttelnd zu: warum nahm ich unnötige Strapazen und einen zusätzlichen Kräfteverschleiß auf mich, anstatt in der gemeinsamen Spur zu bleiben?
Ich aber genoss dieses Gefühl, dass genau auf diesem Weg, genau auf diesem Stück, wo ich gerade laufe, vor mir noch nie ein Mensch gegangen war! Wo auf der Welt ist so etwas überhaupt noch möglich? Ich war glücklich.

Wo ist der Weg? Welcher Weg? Natürlich gab es keinen. Es sah alles gleich aus. Manchmal sah es gleich *unüberwindlich* aus. Wie um Himmels Willen sollten wir über dieses Meer an Eisbrüchen kommen? Wohin mussten wir überhaupt laufen? Ja, wir hatten einen Kompass und die Richtung war auch klar. Aber einen gangbaren Weg hätte ich niemals gefunden, keiner von uns hätte es. Es war ein einziges Labyrinth.
Ich bewunderte das Gespür unseres Expeditionsleiters. Immer wieder entdeckte er eine Möglichkeit, wie wir weitergehen konnten. Er stieg auf einen Eisbruch und hielt Ausschau. Wenn ich hinaufstieg, dann sah ich von oben zwar in die Ferne, aber das half mir nicht im Geringsten weiter. Deswegen sah ich auch überhaupt keinen Anhaltspunkt. Nicht so Victor: er stieg herab und bahnte sich einen Weg mit dem Eispickel. Unsere beiden russischen Begleiter wussten instinktiv genau, in welche Richtung wir laufen mussten. Alle Mitglieder der Gruppe waren sich einig, dass keiner von uns ohne Navigationsgerät gewusst hätte, wo wir uns befanden, oder wohin wir laufen mussten. Keine Chance! Irgendwann hätten sich zwangsläufig unüberwindliche Eisbrüche in den Weg gestellt. Die Landschaft bot keinerlei Anhaltspunkte.

Auch nach der Sonne kann man sich nicht richten, denn sie bleibt ständig auf der gleichen Höhe über dem Horizont. Selbst die Sterne kann man nicht zu Hilfe nehmen, denn es gibt ja keinen Nachthimmel. Ich fühlte mich aus Raum und Zeit herausgenommen! Und ich bewunderte unsere russischen Führer für ihren Spürsinn und ihre Fachkenntnis.

Wenn wir ein Lead überwunden hatten und ein Knirschen hörten, dann hatte das auch etwas Unheimliches an sich. Wir beeilten uns, die Leads zu überqueren, denn wie schnell so eine Eisrinne aufbrechen kann, das hatten wir zu Beginn ja schon erlebt. Und schlimmstenfalls wäre dann die Gruppe getrennt gewesen! Manchmal mussten wir auch lange Umwege in Kauf nehmen, wenn ein Eisaufwurf nicht zu überwinden war, oder um nicht in Gefahr zu geraten. Die Pioniere hatten früher für die Leads vorgesorgt: sie hatten ein Boot auf den Schlitten gepackt und mitgezogen. Was für eine Schinderei! So ein riesiges Boot über das unebene Gelände und die Eisbrüche zu hieven!

Als ich einmal nicht gut genug aufpasste, stürzte ich in eine Eisspalte. Immer wieder tauchten kleinere Spalten zwischen den Eisschollen auf, doch meistens sah man diese vorher. Doch dieses Mal hatte ich Pech. Ich hatte ein paar Fotos geschossen und stiefelte wieder zurück zu meiner Spur. Ich stapfte über Eis, so dachte ich, doch es war eine Schneebrücke, die ich nicht erkennen konnte. Die Brücke hielt mein Gewicht nicht aus, krachte ein – und weg war ich.

Ich brach durch den Schnee, fiel hintenüber und schlug gleich danach auf dem Eis auf. Weit war ich nicht gefallen, vielleicht eineinhalb Meter. Ich spürte nach, was passiert sei – sammelte mich. Gebrochen war nichts, gestaucht auch nicht, nur an der Schulter durchzuckte mich ein heftiger Schmerz. Aus-

gerechnet die Schulter. War sie geprellt? Nach ein paar Augenblicken nahm aber der stechende Schmerz ab. Ich war wohl nur etwas verdreht gefallen. Soweit war also alles in Ordnung, nur – ich war so ungünstig gestürzt, dass ich auf dem Rücken lag und mich nicht bewegen konnte. Die Spalte war so eng, dass mir ein Umdrehen aus eigener Kraft unmöglich war. Ohne fremde Hilfe würde ich nicht herauskommen. Doch das war ja nicht so schlimm, hinter mir ging ja ein Großteil der Gruppe. Ich richtete mich so gut es ging auf, um mich herausziehen zu lassen. Doch wo blieb die Hand, die mich herausziehen sollte? Der Gruppenteilnehmer hinter mir stapfte mit seinem Schlitten einfach an mir vorbei. Hatte er mich nicht gesehen?
„Kannst du mir aufhelfen? Ich kann mich nicht bewegen!" Ich rief laut und deutlich.
Auch der nächste tat, als würde er mich nicht bemerken! Keiner half mir aus der Eisspalte! Ich konnte das nicht fassen! Sollte ich da drinnen liegen bleiben oder was ging in ihren Köpfen vor? Wollten sie ihre kostbare Energie sparen? Erst der vierte Teilnehmer half mir: Es war der Schweizer, der mir schon beim Fotografieren seine Hilfe angeboten hatte. Er hielt mir seinen Skistock hin. Ich konnte mich daran hochziehen und weitergehen, keine große Sache. Das hat mir dann doch die Laune etwas verhagelt. Gruppenreise! Was war los mit dieser Gruppe!?

Allein auf weiter Flur schritten wir dahin. Niemand kreuzte unseren Weg. Da entdeckten wir auf einmal Spuren vor uns im Schnee – Tierspuren. Es waren die frischen Spuren eines Polarfuchses! Wie gerne hätte ich den Polarfuchs gesehen! Aber wir mussten vorsichtig sein, denn die Füchse folgen den

Eisbären, deren Nahrungsreste sie verzehren. Also mussten Eisbären in der Nähe sein. Und vor Eisbären hatten wir Respekt. So faszinierend die Könige der Arktis sind, so gefährlich sind sie auch. Ich habe mich oft gefragt, wie denn diese Tiere in der unglaublichen Kälte überleben können. Menschen sichern sich ihr Überleben in diesen Breiten für kurze Zeit mithilfe ausgeklügelter Thermokleidung. Was es da nicht alles gibt! Zum Beispiel ein in das Jackenfutter eingenähtes Hohlkammer-Labyrinth, das sich mit einem Ventil entfalten kann: es entsteht ein Schutzpanzer aus Luft, der die Kälte abhalten soll! Oder ein „intelligenter" Faserpelz mit eingenähter Windstopper-Membran und mit Batterie betriebenem Heizkissen. Sie können über Solarzellen wieder aufgeladen werden. Oder „atmende" Parkagewebe, die zur besseren Stabilität mit feinen Keramikpartikeln beschichtet sind. Auch gut: ein Daunenanorak mit einem metallhaltigen Futterstoff, der einen Teil der abgestrahlten Körperwärme reflektiert. Dem Erfindungsgeist sind keine Grenzen gesetzt. Irgendwie muss man ja unsere zu dünne Haut bei so einer Expedition schützen. Die Inuit brauchen keine Fasern. Dieses Volk hat über Jahrtausende hinweg seine Kleidung aus Robben-, Wolf- und Bärenfellen perfektioniert. Im traditionellen Wintermantel kann der Inuit selbst eine Nacht im Schneesturm abwettern. Die Pelzkleidung ist unvergleichlich warm, allerdings auch unvergleichlich schwer.
Was aber haben die Tiere für Überlebensstrategien entwickelt? Die Pinguine der Antarktis zum Beispiel haben sich überlagernde Federn, die sich so fest und dicht überlappen wie Dachziegel. Sie überdachen damit ein warmes Daunengefieder, das wasserdicht ist und selbst bei Unterwasserjagden keinen Tropfen Nässe durchlässt. Kaiserpinguine brüten bei

minus 40 Grad immer noch im Stehen! Sie trotzen mit ihrem mehrlagigen Gefieder Schneestürmen und Orkanen. Walrosse und Robben stecken sicher in ihrem Speckmantel. Das genialste System aber haben die Eisbären entwickelt: Ihr Pelz ähnelt einem High-Tech-Material aus der Solarbranche! Über einer zehn Zentimeter dicken Fettschicht tragen sie ein dichtes Fell. Ihre eigentliche Haut ist dunkel. Die Einzelhaare des Fells sind hohl, und sie leiten den Hauptteil des Sonnenlichts auf die dunkle Hautoberfläche. Fett und Pelz isolieren also derartig perfekt gegen den Verlust der Körperwärme, dass man die Raubtiere von oben nicht einmal per Infrarot-Bild orten kann. Das einzige, was man auf diesen Aufnahmen von ihnen sieht, ist ein winziges Pünktchen: ihre Atemluft! Doch diese unglaubliche Wärmeisolierung der Eisbären ist gefährlich. Es klingt unglaublich, aber die größte Gefahr für einen Eisbären besteht in der Überhitzung. Sie haben gehörigen Hitzestress. Da sie keine Schweißdrüsen haben, laufen sie ständig Gefahr, in ihrer eigenen Fettschicht zu „braten". Würden sie ihre Beute länger verfolgen – und sie hätten die Energie und Kraft dazu – dann würden die Eisbären „heißlaufen" und wären von einem Hitzschlag bedroht. Zu kalt wird es ihnen allerdings nie.
Auch habe ich mich gefragt, warum es in der Arktis Eisbären gibt, aber in der Antarktis nicht! Es wären doch auch am Südpol ideale Lebensbedingungen! Die Erklärung ist denkbar einfach. Während im Norden die frühen Vorgänger der Eisbären nach Belieben von den Kontinenten auf das überfrorene Polarmeer wandern konnten, gab es auf der Südseite eben diese Ur-Bären nicht. Danach war die Antarktis ohne Bären abgedriftet, und durch diesen evolutionären Zufall war für die Bären sozusagen „der Zug abgefahren"! Das jedoch

sicherte wiederum den Pinguinen auf der Südseite das Überleben.

Wir zogen als bunte Punkte durch die weiße Unendlichkeit. Manchmal führte unser Weg über weite, ebene Flächen, die immer wieder von dünnen Leads durchzogen waren. Zum Glück waren sie meist so schmal, dass wir mit den Skiern noch darüber gehen konnten. Aber Vorsicht war trotzdem geboten, man konnte ihre Ausbreitung leicht unterschätzen. Und an die Folgen mochte ich gar nicht denken!

Bei diesen langen Etappen war jeder allein mit seinen Gedanken. Ich dachte daran, dass meine Eltern mich für verrückt erklärt hätten, wenn sie mich jetzt sähen. Sie leben nicht mehr, aber schon zu Anfang meiner „Abenteurer-Zeit“, als ich mit 20 von meiner heimatlichen Alm in die Welt aufgebrochen war, haben sie den Kopf geschüttelt. Mich hatte es hinausgezogen in die Welt! Ich radelte nach Süden, heuerte auf einem alten Seelenverkäufer an und setzte über das Mittelmeer nach Afrika über. So hat alles begonnen.

Meine Frau Renate hat mich von Anfang an verstanden. Sie hatte mich ja schon als den Menschen kennen gelernt, den es ständig in die Welt hinauszog. Damals wie heute steht sie bei allen Unternehmungen hinter mir. Ich bin ihr sehr dankbar, sie gibt dem rastlosen Abenteurer einen ruhenden Pol. Während ich das dachte, vermisste ich sie, so wie ich sie jedes Mal vermisse. Ob sie sich Sorgen machte? Sie hatte bereits wochenlang nichts von mir gehört. Ich hoffte, dass es ihr gut ging.

Dann wurde ich aus meinen Gedanken gerissen, denn ein gewaltiger Eisbruch tauchte vor uns auf und musste überwunden werden. Während ich durch die bizarre Eislandschaft schritt, sah ich Victor, wie er 50 Meter vor mir mit einer Spitzhacke versuchte, einen geeigneten Übergang über den Eisbruch zu finden. Das schien schwieriger als sonst. Es war ein gewaltiger Eisbruch. Ein Kamerad zog mit seinem Pulka an mir vorbei – ich musste zweimal hinsehen, denn ich erkannte sein Gesicht nicht. Die Gesichtsmasken verdeckten fast alles, bis auf die Nasenspitze. Am roten Anorak erkannte ich schließlich einen der beiden Schweizer. Und ich sah an seiner Nase Zeichen einer beginnenden Erfrierung! Es wurde höchste Zeit, etwas dagegen zu unternehmen. Ich machte ihn darauf aufmerksam, aber er war schon fast am Ende seiner Kräfte und wollte nicht Energie und Zeit damit vertun, jetzt anzuhalten und sich um seine Erfrierungen zu kümmern! Doch ich gab nicht auf und konnte ihn endlich von der Dringlichkeit überzeugen. Er bearbeitete seine Nase mit Schnee und zog sich eine zusätzliche Schutzmaske über. So sollte es wieder eine Weile gehen.

Ein anderer hatte vergessen, genug Kraftriegel für den Tag in die Tasche zu schieben. Das war auch verhängnisvoll, denn um den Pulka aufzupacken und an die Vorräte zu kommen, dazu war nicht genug Zeit! Es wäre auch eine zu große Mühe gewesen! Er fragte mich, ob ich ihm mit einem Riegel aushelfen könnte, er würde mir bei der nächsten Pause dafür von seinem Tee geben. Wir machten diesen Tausch. Denn es ist für alle sehr wichtig, bei jeder stündlichen Pause sowohl eine Kleinigkeit zu essen als auch etwas zu trinken. Sonst brauchen sich die Langzeit-Kräfte unbemerkt auf. Auch wenn man sich im Moment noch fit fühlt, muss man daran denken, die Energie auf einem bestimmten Level zu halten. Kurzfristig verbrauchte Energie muss man immer langfristig büßen, denn es gibt ja keine Phase der Regeneration. Keine längere Pause vom täglichen Gehen, nur die Nacht. Und dieses „Auftanken“ gibt auch nur Energie für den nächsten Tag. Das Wichtigste ist also, mit seinen Kräften vernünftig zu haushalten!

Ich haushaltete und haushaltete. Wind kam auf und zerstörte die unsägliche Stille. Wir nahmen die Gesichtsmasken fast überhaupt nicht mehr ab. Der Wind blies uns ins Gesicht und machte die täglichen Etappen schwerer, aber er hinderte uns nicht am Gehen. Wir kämpften uns auch im Wind vorwärts, Schritt für Schritt unserem Ziel entgegen. Wie würde unser Ziel aussehen?
In meiner kleinen Dorfschule hatte ich als Kind zum ersten Mal vom Nordpol gehört. Und unser Lehrer erzählte uns schauerliche Geschichten über seine Entdeckung. Im Nordpolarmeer wären Ungeheuer, die im Eis wohnen. Menschen, die sich in diese Gegend wagten, wurden von gewaltigen Stürmen vom Eis gefegt und sind danach nie wieder aufgetaucht. Auch von einem großen Magnetberg erzählte er, der von den vorbeifahrenden Schiffen alle Metallnägel aus den Planken zieht! Einige Abenteurer und Seefahrer berichteten von einem eisfreien Gebiet mit mildem Klima, das hinter einem Eisgürtel liegen soll. Unglaubliche und erfundene Geschichten haben den Nordpol umwoben.
Ich hatte diesen Geschichten mit offenem Mund gelauscht. Ich war der beste Zuhörer gewesen.

Stimmung am Tiefpunkt

Zu Beginn der Expedition hatten meine Witze die Gruppenmoral gehoben. Alle lachten über meine Späße. Es lockerte die Stimmung auf. Eines Tages hatte ich beim Dahinmarschieren über endlose Eisflächen eine Idee:
„Mensch, da könnte ich mir ein Grundstück kaufen – hier wächst kein Unkraut, da hab ich keine Nachbarn, und es wär' noch dazu erschwinglich."
„So ein Schmarrn", rief der Kollege hinter mir. „Da kann man doch kein Grundstück kaufen. Das ist doch internationales Gebiet!" Schlaumeier! Ich machte mir aber meinen Spaß:
„Doch, das mach' ich. Und dann mach' ich hier eine Würstlbude auf!"
„Aber da kommt doch kein Mensch!"
„Das stimmt", sagte ich. „Doch *wenn* einer kommt, der kauft von mir ein Würstl!"
Nach einigen Tagen wurden die Lacher weniger. Auch hier machte sich die Anstrengung bemerkbar. Ich war gewöhnt, dass meine Späßchen die Leute motivieren, und ihre Strapazen für kurze Zeit in den Hintergrund treten. Doch in der Gruppe war das anders. Das Blatt hatte sich gewendet. Die Teilnehmer hatten mit ihrer Kondition zu kämpfen. Und sie hatten nicht mehr genug Energie, um sorglos zu lachen.
Ein anderes Mal sagte ich, als es wieder endlos dahinging:
„Ich bin ja froh, dass es nicht staubt! Es ist völlig staubfrei!"
„Du Idiot!" kam es von hinten zurück. „Siehst du denn nicht, dass es hier gar nicht stauben kann!"
Ich zog meine Konsequenzen. Machte ich halt keine Witze mehr! Ich reihte mich wieder ein und marschierte mit. Da kam ein besonders schöner Eisbruch.

„Was musst du denn schon wieder aus der Reihe tanzen?!"
„Musst du jetzt hier wieder ein Foto machen, ausgerechnet jetzt, du Depp!"
Erstaunt schaute ich meine „Kameraden" an. Natürlich wollte ich hier ein Foto machen! Gerade hier war ein besonders imposanter Eisbruch vor dem strahlend blauen Himmel. Wir würden ihn überwinden müssen, aber ich wusste noch nicht, wie. Er sah unüberwindbar aus, ragte majestätisch und dramatisch still in die Höhe. Wunderbar, natürlich wollte ich hier ein Foto machen. Gab es ein besseres Motiv?
Warum meckerte mich der Kamerad also an? Ich war aus der Reihe gestapft, hatte mich in zwanzig Meter Entfernung von der Gruppe aufgebaut und sah durch mein Objektiv. Ich behinderte keinen. War das Bild fertig, würde ich die Handschuhe wieder anziehen, in meine Spur zurückkehren und die anderen einholen. Ich würde aus der Puste kommen, aber niemand würde auf mich warten müssen. Ich behinderte oder störte niemanden. Das war für mich eh klar, der Rhythmus der Gruppe durfte nicht beeinträchtigt werden. Wo also war sein Problem?

Ich kannte dieses Phänomen. Es ist ein immer wieder auftretendes Problem bei jeder Expedition, ich konnte davon schon ein Lied singen. Nach ein paar Tagen fallen alle in ein Loch. Das berühmte Tief kommt nach drei, nach vier Tagen. Die erste Begeisterung ist vorbei – die Strapazen aber gehen weiter. Die Euphorie fehlt, die Kälte bleibt, das Ziel jedoch ist noch fern. Die Kräfte werden weniger, es ist immerzu anstrengend. Das ständige Frieren, die ungewohnte Anstrengung, und dazu keinerlei Pause von der Situation in Sicht. Nirgends. Keine Pause von der Kälte, keine Pause vom

Schnee, von der Mühe. Wenig Erholung. Ernüchterung machte sich breit.
Und so verbot mir mein „Kamerad“ tatsächlich das Fotografieren!
„Du mit deiner blöden Fotografiererei!“
Eigentlich war seine Botschaft: „Mist, jetzt laufe ich schon ewig dahin, und es geht nichts vorwärts, alles schaut immer gleich aus. Ich kann nicht mehr! Und so kalt habe ich es mir auch nicht vorgestellt!“ Aber das konnte er natürlich nicht zugeben, und so suchte er sich ein Ventil. Und fand – mich. Seine strapazierten Nerven entluden ihren Zorn auf mich und meine Fotos. Aber ich nahm's nicht persönlich. So ist das im täglichen Leben auch manchmal, und unter solch extremen Bedingungen gehen manchem einfach die Nerven schneller durch. Dann ärgert man sich über einen abgerissenen Gurt oder ein hartes Nachtlager, über einen abgebrochenen Stock oder über ein heruntergefallenes Essen. Jede Kleinigkeit ist eben viel mühsamer in den Griff zu bekommen. Und der Ärger wird größer als der Anlass eigentlich war. Das aufgestaute Gefühl muss raus. Ich konnte das schon verstehen, wenn ich es auch nicht guthieß. Wer wird denn schon gerne angemeckert! Aber wer noch nie ein derartiges Abenteuer unternommen hatte, für den war die Tour unerwartet schwierig. Ich war auch angestrengt – keine Frage. Natürlich hatte ich auch nach einigen Tagen „Verschleiß-Erscheinungen“. Doch was soll ich damit machen? Ich habe bei meinen vielen Reisen gelernt, meine Gefühle zu kontrollieren. Damit aus der Stärke keine Schwäche wird, und damit das *Erlebnis* an erster Stelle steht, und nicht irgendein kleinlicher Ärger.
Ich wollte mir nichts verderben lassen. So beschäftigte ich mich mit mir selber und genoss die Natur.

Die letzte Etappe

Der eisige Wind wehte uns unbarmherzig ins Gesicht. Der gefrorene Atem hatte sich in unseren Gesichtsmasken festgesetzt, eine dicke Eisschicht hatte sich vor Mund und Nase aufgebaut. Die Kräfte ließen nach. Ich spürte manchmal ein leichtes Zittern in den Knien. An den Rastplätzen mussten wir immer länger auf die Nachzügler der Gruppe warten. Sie blieben immer weiter in der breiten Schlittenspur ihres Vorgängers zurück, brauchten immer länger, um wieder zu uns aufzuschließen. Viele hatten nun Erfrierungen im Gesicht, an den Händen und Füßen. Skistöcke und Bindungen waren gebrochen. Das Gehen fiel schwer. Ich sah in erschöpfte Gesichter.

„Wie weit ist es noch?“ Das war die Frage des Tages. Und wir stellten sie immer öfter. Jeden Abend bestimmten wir unseren Standort per GPS, Global Positioning System. Ein faszinierendes System, das eine weltweite Navigation möglich macht, unabhängig von Wind, Wetter und Sternen: Jeder Punkt der Erde ist von – mindestens – drei Satelliten aus zu sehen. Diese senden zeitsynchron unterschiedliche Signale zur Erde. Je nachdem, wie lange diese Signale zu einem Punkt unterwegs sind, errechnet sich dessen momentane Position.

Irgendwann kam dann nach einer GPS-Messung ein Leuchten in Victors Gesicht, und er verkündete uns die Nachricht, auf die wir so lange gewartet hatten: Wenn wir nicht noch viele Eisbarrieren zu überwinden hätten, und wenn keine großen Umwege mehr gemacht werden müssten, dann könnten wir es HEUTE NOCH schaffen! Ich fühlte mich schlagartig munter, Aufregung stieg in mir hoch! Obwohl ich auf dieses Ziel hingearbeitet hatte und ihm jeden Tag ein Stück näher kam, versetzte mich diese Nachricht doch in Aufruhr. Die Vorfreude packte mich. Auch für die Schwächsten der Gruppe wirkte das Wissen um das nahe Ziel wieder motivierend. Sie mobilisierten ihre letzten Kräfte, und wir alle steigerten noch einmal unser Tempo. Wir blieben dicht hintereinander, keiner wollte den spannenden Augenblick verpassen. Allgemeine Nervosität kam auf.

Ich hielt immer wieder Ausschau nach dem Pol! Natürlich wussten ich und alle anderen, dass der Nordpol durch nichts zu erkennen ist! Sinnlose Ausschau, denn der Nordpol ist kein markanter Punkt, kein Nagel, kein Riesenmagnet, der den Schiffen das Eisen aus dem Rumpf zieht! Es ist ein errechneter Ort inmitten einer Eiswüste. Der noch dazu jeden Tag woanders war! Wo würde er heute oder morgen sein? Wonach also hielt ich Ausschau? Trotzdem konnte ich es mir nicht verkneifen, ich schaute und schaute. Es war zu spannend!

Vor zwei Jahren konnte den Pol keiner erreichen, weil er zu dem Zeitpunkt nur aus Wasser bestand. Was, wenn das auch jetzt so wäre?

Wir liefen das Stück, das unsere letzte Etappe werden sollte, im Gänsemarsch hintereinander her. Es knisterte fast vor Spannung. Da stoppte plötzlich der vordere Teil der Gruppe und Victor gestikulierte wild vor sich hin. Konnte das vielleicht ??

„San ma jetzt scho am Pol?“ brüllte ich vor.

„Eigentlich schon!“ war die Antwort.

Eigentlich? Was heißt „eigentlich“?! Wo war der genaue Punkt? Victor bewegte sich mit dem Navigationsgerät hin und her, ging ein paar Schritte vor, dann wieder zurück. Wir beobachteten jede seiner Bewegungen mit steigender Spannung. Einige der Gruppe hatten auch GPS-Geräte dabei. Sie packten sie aus und suchten ebenfalls den magischen Punkt. Waren wir schon da? Die Gruppe zerstreute sich und fand sich mit ihrer Messung an einem Punkt zusammen. Boyarsky zeigte eine Geste des Triumphes: das Gerät zeigte den nördlichsten Punkt unseres Erdballs an. Wir waren angekommen.

Es war der 24. April 1999 um 16.03 sibirischer Zeit. Und es war genau mein Namenstag, Georg, der auch der Schutzpatron für Russland war.

Wie sah der Nordpol an genau diesem Tag aus? Ich sah mich um, war der Himmel anders? Die Luft? Eisaufwürfe, wohin mein Auge sah. Eine unendliche weite Eisfläche, die sich in nichts unterschied von der Landschaft der letzten Tage. Das war der Pol heute. Einen markanten Punkt erkannte ich. Es war ein etwa drei Meter hoher Zapfen aus Eis. Ich hatte ihn auf einem früheren Foto gesehen. Er war noch da. Ansonsten war der Pol in nichts als solcher zu erkennen. Kein Nagel, kein Magnet. Keine Forschungsstation. Keine Fahne. Ein errechneter Punkt auf einer riesigen Eisscholle.

Am Pol

Da standen wir an diesem Punkt, der so lange unser Ziel war, für viele die Erfüllung eines Traums bedeutete. Die ersten Entdecker waren enttäuscht von diesem Ort. Ich war fasziniert.

Es war ein schöner Tag. Strahlender Sonnenschein. Wir machten Gruppenfotos, und Victor schoss ein paar Raketen ab. Unser Freuden-Feuerwerk! Begleitet von Freudengeheul. Jedem fiel ein Stein vom Herzen, dass er das Ziel erreicht hatte. Für jeden einzelnen war es ein Sieg über sich selbst. Doch nicht jeder konnte diesen Sieg auch genießen. Manche waren so erschöpft, dass sie sich gar nicht mehr richtig freuen konnten. Wie hatten sich die Gesichter im Verlauf der letzten Wochen verändert! Mühsal und Strapazen haben sie gezeichnet. Glück und Erschöpfung, Stolz und Erleichterung. Falten und Furchen hatten sich eingegraben. Ein paar Kratzer zeugten von Abenteuern. Raue Gesichter. Waren es dieselben wie vor einigen Wochen?

„Keinen Schritt hätte ich mehr weitergehen können." Rolf war am Ende.

Die meisten waren froh, dass die Strapazen endlich vorbei waren. Drei Männer hatten leichte Erfrierungen im Gesicht und an den Füßen. Andere klagten über wund gelaufene Füße. Aber alle hatten sie durchgehalten. Auch mein Zeltkamerad Kurt mit seinen schweren Magenproblemen hatte sich bis zum Pol geschleppt.

Andere genossen einfach nur das Glück des Augenblicks und hatte alle Strapazen schon vergessen. Zu denen gehörte ich. Wie es auf einer Expedition üblich ist, gratulierte ich meinen Gruppenmitgliedern zum Erfolg. Allerdings nicht allen, das brachte ich einfach nicht über mich. Bei einigen hatte ich jegliche Kameradschaft vermisst. Selbst dann, wenn ich sie um Hilfestellung gebeten hatte, waren sie mit einer dummen Bemerkung an mir vorbeigegangen.

Ich suchte mir einen einsamen Platz, zog meinen Pulka dorthin und setzte mich drauf. Ich hielt inne und legte mein Gesicht in meine großen wärmenden Fäustlinge. Eine unendliche Dankbarkeit mischte sich zu meinem Glücksgefühl. Was ist das für ein verrücktes Schicksal, dass ich hier sein durfte, nachdem ich nur vier Wochen vor der Expedition eine so ernste Operation gehabt hatte! Und ich hatte während der gesamten Expedition keinerlei Probleme. Meine Kondition war besser als bei so manchem Teilnehmer, der mein Sohn hätte sein können. Der einzige Preis, den ich zahlen musste, waren leichte Erfrierungen an der Nase.
Warum war ich hier? Ich war weder der erste noch der letzte am Nordpol, weder der Jüngste noch der Älteste. Aber das Gefühl, am nördlichsten Punkt unserer Erde zu stehen, dort, „wo Norden Süden ist", wie Cook sagte, von wo aus es immer nur nach Süden geht, und wo man mit ein paar Schritten die Datumsgrenze überschreitet, das ist schon unbeschreiblich. Wir hatten Ost und West verloren. Dieser Ort hat keine Länge, und auch keine nach der Uhr feststellbare Ortszeit. Dieses schwebende Nirgendwo hat mich ergriffen.
Frederick Cook war enttäuscht, als er als erster Mensch an den Nordpol kam, oder zumindest in die unmittelbare Nähe. Was hatte er erwartet?

„Der Nordpol, von dem wir so gerne eine greifbare Beschreibung geben würden, ist ein gefrorenes Meer ohne umrissene

Grenzen ... Nun waren wir am Ende der Achse, um die sich unsere Welt dreht. Aber an welch einem freudlosen, welch hoffnungslosen Ort waren wir angekommen! Hier gab es kein Land, kein Leben, nichts, das diesen Mittelpunkt aus der Trostlosigkeit der treibenden Eiskruste auf unserem Erdball hervorhob. Wir waren die einzigen atmenden Geschöpfe in einer toten Eiswelt.“

Mein Glück wäre vollkommen gewesen, hätte ich diese Expedition alleine mit den beiden Führern machen können. Beide waren ganz besondere Menschen, die meine Erfahrungen ungemein bereichert hatten. Aber eine Solotour wäre für mich unbezahlbar gewesen. So blieb mir als einzige Möglichkeit nur die Gruppe, um den Nordpol zu erreichen. Und wie ich es vorausgesehen hatte, kostete die Auseinandersetzung mit den einzelnen Teilnehmern viel Kraft. Die hätte man sonst auf sein Ziel verwenden können. Ich war eingeengt in ein System, das ich nicht wollte, und musste mich einem Rhythmus anpassen, der nicht meiner war. Das ist mir zwar nicht sonderlich schwer gefallen, aber ich ziehe das Erlebnis alleine jeder Gruppe vor. Alleine kann ich meine Entscheidungen nach meinem Geschmack und nach meinen Zielen treffen, mich selbst entfalten. Nie wieder Gruppe, das war mein Fazit, was die Art des Reisens anging. Aber die Tour an sich – es war für mich die spektakulärste, schönste und faszinierendste Skitour der Welt!
Wir hatten bis auf ein paar Stürme die ganze Zeit herrliches Wetter gehabt. Was sehr selten ist. Unsere Victors, die schon sieben Mal am Nordpol waren, hatten nie so gutes Wetter. Allerdings war es ungewöhnlich kalt.
Wir waren in diesem Moment die einzigen lebenden Kreatu-

ren in dieser toten Welt aus Eis. Ein Flugzeug zog seine Bahn über uns hinweg. Es kam wahrscheinlich aus Japan. Was würden die Insassen wohl denken, wenn sie uns sähen? Sie saßen wahrscheinlich in ihren bequemen Sitzen bei einem Glas Champagner, weil sie den Pol überflogen!

Die spannende Historie

Wie immer bei meinen Expeditionen hatte ich mich auch auf den Nordpol akribisch vorbereitet. Ich las alles, was ich an Informationen und Schilderungen in die Finger bekam, und ich stellte erstaunt fest, dass die „Entdeckung des Nordpols" nicht minder spannend ist als die des Südpols, die ungleich berühmter geworden ist! Nicht vergleichbar ist die Geschichte der „Eroberung des Nordpols" mit dem Wettlauf von Scott und Amundsen zum Südpol, aber sie steht ihr in nichts nach. Je mehr ich davon las, umso mehr zog mich die Geschichte der vielen vergeblichen und dramatischen Versuche um den Nordpol in seinen Bann. Es ist die Geschichte zweier einstiger Freunde, die zu erbitterten Widersachern wurden: Robert Edwin Peary, der seine Expedition im Licht der Öffentlichkeit startete, und Frederick Albert Cook, der nur in Begleitung zweier Eskimos buchstäblich aus dem Nichts am Pol eintraf. Ist der Nordpol zweimal entdeckt worden? Oder gar nicht?
Der endgültigen Entdeckung des Nordpols ist eine ganze Reihe von spektakulären Expeditionen vorausgegangen. Sind allesamt in ihrer Dramatik und Spannung einzigartig, so nehmen doch zwei davon unter ihnen einen Ehrenplatz ein. Und sie will ich hier kurz schildern, weil sie unverzichtbar sind, will man den Nordpol verstehen: Es ist die so genannte „Todesexpedition" aus dem Jahre 1879, und die zweite ist die legendäre Fahrt des Fritjof Nansen.

Seit 1587 wollte man den Nordpol erreichen. Immer wieder gab es Vorstöße von verschiedenen Orten aus und mit unterschiedlichen Erfolgen, doch hatte es noch keiner in die Nähe des Nordpols geschafft.

1878 rüstete sich wieder eine amerikanische Expedition. Diesmal sollte es endlich klappen. Es wurde in England eine Dampfjacht gekauft, die mit ihren 200 PS sowohl ein gutes Dampfschiff als auch ein ausgezeichnetes Segelschiff war: die „Jeanette". Der berühmte Erfinder Edison stattete die „Jeanette" mit elektrischem Licht aus, und das Schiff besaß sogar einen Destillierapparat, damit die Mannschaft keinen Durst leiden sollte. Hunger und Durst waren seit jeher die Dauerfeinde jeder Expedition auf der ganzen Welt. Als Kapitän über das moderne Schiff wurde ein tapferer Seemann ausgewählt, der schon viele erfolgreiche Fahrten hinter sich hatte: Leutnant *de Long*. Er suchte sich eine Mannschaft aus dreizehn Seemännern aus, die alle aus Skandinavien kamen.
Kapitän de Long versuchte es über die Beringstrasse, am Yukonfluss in Alaska wurden die Eskimohunde an Bord genommen. Am 29. August 1879 schrieb de Long einen Brief an seine Regierung, man sei auf dem vorgesehenen Kurs unterwegs. Das war das letzte Lebenszeichen de Longs an die Welt, bis drei Jahre später der Maschinenmaat der „Jeanette" auf ein Zelt im Lenadelta stieß, aus dem ein erfrorener Arm herausragte. Es war der Arm eines im Eis Gestorbenen: Kapitän de Long. Bei ihm fand man sein Tagebuch, das uns Aufschluss über sein Verbleiben und die fürchterliche Katastrophe gab, die ihm und seinen Männern widerfahren war.

Die „Jeanette" war während ihrer Fahrt von der Strömung immer weiter nach Nordwesten geschoben worden. Das Eis um das Schiff herum geriet in Bewegung, und meterdicke Schollen – so hoch wie Berge – krachten gegen die Planken des Schiffes. Der Schneesturm heulte, die Hunde spielten verrückt. Die „Jeanette" kam nicht mehr frei vom Eis. Ein paar

Monate später wurde sie auch noch leck geschlagen, und nur die Pumpen hielten das Schiff noch über Wasser. Sie arbeiteten achtzehn Monate lang ununterbrochen! Das Eis hielt das Schiff umklammert, so verging das Jahr 1880. Dann konnte die „Jeanette" offenes Wasser erreichen, jedoch nur vorübergehend. Im Juni 1880 wurde sie derart heftig von riesigen Packeismassen erfasst, dass sich das Oberdeck krümmte. In Panik hat die Mannschaft alles über Bord geworfen, und in der Nacht musste sie zusehen, wie das einst stolze Schiff in den Eismassen versank.

Zweiunddreißig Männer und dreiundzwanzig Hunde machten sich auf eine denkwürdige Reise. Den Pol wollten sie natürlich nicht mehr erreichen. Das Vorhaben war gescheitert, das war klar. Aber sie wollten die sibirische Küste im Süden erreichen, was ihre Rettung gewesen wäre. Bei Schnee, Regen und Stürmen schleppten sich die Männer in ihrer nassen Kleidung vorwärts. Über eisigen Morast, über Spalten im Treibeis. Bis de Long eine schreckliche Entdeckung machte: durch die Strömung waren sie fortwährend nach Norden statt nach Süden gedriftet. So befanden sie sich fünfzig Kilometer nördlicher als zu Beginn ihres Marsches! De Long aber verschwieg seiner Mannschaft diese niederschmetternde Erkenntnis, um seinen Kameraden nicht die letzte Hoffnung zu nehmen. Sie hatten noch für 60 Tage zu essen. Und nun geschah das Unmögliche: Menschen in größter Not wachsen über sich hinaus – die Männer erreichten nach einem Vierteljahr schlimmster Strapazen das Meer. Sie teilten sich in ihre drei Boote auf und segelten nach Süden. Bereits in der ersten Nacht wurden sie vom Sturm auseinander getrieben. Von einem Boot hat man nie eine Spur gefunden. Das zweite Boot konnte im Lenadelta an Land gehen. Die Männer schleppten sich 250

Kilometer ins Landesinnere, bis sie ein Dorf von Tungusen erreichten. Dort erholten sie sich langsam, und überraschend trafen dort auch zwei Männer vom dritten Boot, von de Longs Boot, ein. De Long hatte sie vorausgeschickt, denn die kleine Gruppe war am Ende ihrer Kräfte. Das war aber Monate her. Was war aber inzwischen mit de Long geschehen? Das wissen wir aus seinen Tagebüchern.

Am 7. Oktober 1880 verzehrten sie das letzte Hundefleisch aus der Dose und kochten den letzten Tee. Einer der elf Männer war Indianer, und es gelang ihm, ein Schneehuhn zu erlegen. Doch an den nächsten Tagen war ihre einzige Nahrung ein zerhacktes Rentierfell. Aus lauter Verzweiflung versuchten sie ihren hungernden Magen mit einem Löffel Glyzerin zu beruhigen, was das Ganze noch schlimmer machte. Sie bereiteten sich aus Weidenästen einen Tee und aßen dazu zwei alte Stiefel. Das ganze Elend zeigt sich nun in den Aufzeichnungen:

„23.10. 133. Tag: Alle immer schwächer. Suchten vor Dunkelheit noch etwas Holz. Leiden alle entsetzlich an den Füßen. Keine Schuhe.
134. Tag: Furchtbare Nacht.
135. Tag: Trostlos.
136. Tag: Kälte. Hunger. Krank.
137. Tag: Iverson ganz kraftlos.
138. Tag: Iverson starb in der Frühe.
139. Tag: Heute Nacht starb Dressler.
29.10., 140. Tag: Boyd und Görtz sind in der Nacht gestorben. Collins liegt im Sterben.“

Von da an hat niemand mehr erfahren, was in dieser Schnee-

hölle vor sich ging. Das war das Ende der großen amerikanischen Expedition. War es ihnen nicht ähnlich wie Scott und seinen Männern am Südpol ergangen?
Einige Jahre später hat man in Julianhab, in Ostgrönland, Teile der „Jeannette" gefunden, die von der Strömung herüber getrieben wurden. Und sie waren der Schlüssel zu der nächsten legendären Expedition, über die ich erzählen möchte.

Auch Fritjof Nansen hat es nicht geschafft

Von allen Seiten waren Versuche im Kampf um den Nordpol gestartet worden. Doch über den 85. Breitengrad war noch niemand hinaus gekommen. Und da kam der Norweger Fritjof Nansen mit zwei Bahn brechenden Ideen.
Für Nansen hatten die Fundstücke der „Jeannette“ eine ungeheure Bedeutung. Die Stücke hatten eine Reise von fast dreitausend Meilen hinter sich! In einer Zeit von fast drei Jahren. Und er stellte den Verlauf des Golfstroms fest: Nansen war der Meinung, dass es von Grönland aus unmöglich sei, *gegen* die Strömung, die von Norden kam, anzusegeln. Viel eher müsste man es *mit* der Strömung probieren!
Und noch etwas war ihm klar geworden: die Schiffe seiner Vorgänger wurden von den Eismassen zerquetscht. Wäre aber ein Schiff möglichst rund und glatt gebaut, würde es diesen Naturgewalten ungleich besser widerstehen können. Er baute sein Schiff mit einem stumpfen Kiel, damit das Eis das Schiff nach oben drückte. Dieses Schiff nannte er „Fram“, was übersetzt „vorwärts“ bedeutet. Das Originalschiff ist heute noch in Oslo zu bewundern.

Nansen startete seine Expedition von Norwegen aus, entlang der sibirischen Küste. Um so nahe wie möglich an den Nordpol heranzukommen, nützte er die Strömung des Golfstroms. Durch sein warmes Oberflächenwasser hielt sie ihm immer eine breite Spurrinne frei. Nansen gelangte zu den neusibirischen Inseln, doch dort wurde er unerwartet vom hereinbrechenden Winter vom Eis eingeschlossen. Jetzt musste die Drift nach Norden beginnen, und wenn sie noch einmal offenes Wasser erreichten, dann sollte das Schiff so weit wie mög-

lich nordwärts fahren, um dann mit dem Treibeis zum Nordpol zu gelangen. So war Nansens kühner Plan.
Zwei Monate später türmten sich Eisschollen zu Bergen übereinander. Die Bewährungsprobe für die „Fram" begann. Das Schiff war im zehn Meter dicken Eis eingefroren. Von allen Seiten drangen Eismassen heran und häuften sich turmhoch aufeinander. Sie reichten über die Reling hinauf und hätten in jedem Augenblick das Schiff unter sich begraben können. In höchster Not riss sich jedoch die „Fram" los und wurde emporgehoben. Sie hatte nicht den geringsten Schaden genommen! Fortan galt sie als das Vorbild eines jeden Polarschiffes. Sogar 1911 machte sie noch die berühmte Südpol-Entdeckung Amundsens mit.
Am 20. Dezember 1883 blieb die Fram noch mal im Packeis stecken. Sie blieb drei Jahre im Eis eingefroren! Zum Glück hatte die Mannschaft für fünf Jahre Proviant und Öl zum Kochen und Wärmen dabei! Nansen verließ mit dem Studenten Johannsen die „Fram". Sie hatten drei Schlitten, zwei Kajaks, achtundzwanzig Hunde und Lebensmittel für hundert Tage dabei. Sie planten dreißig Tage hin, und dreißig wieder zurück für die 650 Kilometer zum Pol. Es durfte nichts dazwischenkommen, dann könnten sie es schaffen. Eine sehr knappe Kalkulation: bei mindestens minus 40 Grad, holprigem Eis und ineinander geschobenem Packeis. Sie gingen in ihrer durchgeschwitzten und durchnässten Kleidung, sie kämpften mit den ungebärdigen Hunden, wie so viele Polarabenteurer vor ihnen. Und sie kämpften gegen die ständige Gefahr, im Eis einzubrechen. Aber das größte Problem war, dass sie bei ihrer Wanderung nach Norden immer weiter nach Süden abgetrieben wurden. So stellten sie relativ schnell fest, dass sie es nicht mehr schaffen konnten. Also aufgeben und umdre-

hen. Aber wie zurückkehren? Durch die „frühlingshaften“ Temperaturen war das Eis zum Teil abgeschmolzen, die Schollen lösten sich, zerbrachen und zerbröckelten. Die beiden retteten sich durch ein Gewirr von Rinnsalen, durch Eismorast und immer wieder über breite Wasserrinnen! Die Männer mussten überwintern. Sie gruben sich eine tiefe Grube, und ernährten sich im Winter von Bären und Walrossen. Doch damit nicht genug – eines Tages hätte ihnen ein Ereignis fast das Leben gekostet. Sie sahen ihr Floß mit der gesamten Ausrüstung im offenen Wasser davon treiben! Weit draußen schob der Wind das Floß vor sich her. Ohne es waren sie unwiderruflich dem Tode ausgeliefert. In dieser Not traf Fritjof Nansen eine unglaubliche Entscheidung: Er zog Felle und noch einige Kleidungsstücke aus und sprang ins eiskalte Wasser! Er berichtet:

„Ob ich einen Krampf bekam und ertrank oder ob ich ohne die Kajaks zurückkehrte, war ein und dasselbe. Ich arbeitete mich mit der Kraft der Verzweiflung vorwärts. Als ich müde wurde, schwamm ich auf dem Rücken und sah Johannsen am Eisrand hin- und herlaufen. Nachher gestand er, es seien die furchtbarsten Augenblicke gewesen, die er je durchlebte. Dass ich die Kajaks erreichen würde, glaubte er nicht. Als ich mich wieder umdrehte, schienen mir die Fahrzeuge schon näher; mein Mut wuchs, und ich verdoppelte meine Anstrengungen. Aber ich fühlte schon, dass meine Glieder vor Kälte steif wurden. Noch eine Weile, und es war aus.
Immer schwächer wurden meine Bewegungen, aber die Entfernung wurde immer kürzer … Endlich konnte ich die Hand nach dem Schneeschuh ausstrecken, der quer über den Hecks lag; ich ergriff ihn, zog mich bis an den Rand des Kajaks und

hielt mich schon für gerettet. Aber mein Körper war von der Kälte so steif, dass es mir unmöglich war, in das Boot zu klettern! Sollte es trotz allem zu spät sein? So weit gekommen, und doch keine Rettung? Ich quälte mich wie wahnsinnig, und endlich gelang es mir, ein Bein auf den Rand des Schlittens zu bringen, der an Deck lag. Mehr und mehr arbeitete ich mich hinauf. Endlich saß ich, schon völlig gefühllos, oben. Und in diesem Zustand die zusammengebundenen Kajaks rudern? Ehe ich sie voneinander los hatte, war ich erfroren. Nur sofortiges stärkstes Rudern konnte mein Blut wieder in Wallung bringen. Ich setzte die Ruder ein gegen den Wind und hatte in meinem dünnen, nassen, wollenen Hemd die Empfindung, als wenn er durch mich hindurchwehte. Aber ich riss mich aus der beginnenden Erstarrung auf. Schlag auf Schlag – langsam näherte ich mich der Eiskante."

So rettete Nansen ihrer beider Leben. Sie kamen einige Monate später zu Hause an, und auch die „Fram" hatte es gut überstanden. Die Fahrt wurde zur Legende.
Aber auch Fritjof Nansen hatte es zum Nordpol nicht geschafft.

Wurde der Nordpol zweimal entdeckt?

Es sollte noch einmal über zehn Jahre dauern. Als erfahrenster Polarforscher dieser Zeit galt der Amerikaner Robert Peary. Er hatte es zu seinem Lebensziel gemacht, den Nordpol zu erreichen. Fünfmal hatte er es schon versucht, eine Expedition nach der anderen gestartet. Inzwischen hatte er die Zehen an beiden Füßen verloren. Als er eines Abends in der Arktis seine Stiefel auszog, fielen ihm mehrere schwarze Brocken entgegen. Seine abgefrorenen Zehen.
Große Erfolge waren Peary beschieden, aber sein Lebenstraum blieb ihm verwehrt: Den Pol hatte er noch nicht erreicht. War der Pol denn nicht zu bezwingen?! Unermüdlich verfolgte er sein Ziel weiter und bereitete einen neuen Versuch vor.
Da machte sich im Sommer 1907 ein anderer auf, den Pol zu erreichen: der amerikanische Arzt Frederick Albert Cook. Er hatte in aller Stille seine Expedition vorbereitet, die sich im Gegensatz zu der geplanten Pearys bescheiden ausnahm. Cook kannte den elf Jahre älteren Peary von einer gemeinsamen früheren Expedition – sie schätzten einander hoch und waren fast so etwas wie Freunde. Die beiden hatten denselben Ehrgeiz. Damit war das Drama vorbereitet.
Cook ging ganz anders vor als Peary. Auch er sicherte sich die Hilfe der Inuit. Die wunderten sich schon gar nicht mehr, dass alle paar Monate Weiße durch ihr Land zogen, um den „Großen Nagel" zu finden. Doch Cook legte auf seinem Weg ein großes Depot an und ließ seinen einzigen mitgebrachten Freund, den jungen Deutschen Rudolf Franke, dort zurück. Cook ging allein mit zwei Inuit von der Nordspitze des Axel-Heiberg-Landes in Richtung Pol. Ihm muss großes Glück be-

schieden gewesen sein. Hartnäckigkeit trieb ihn weiter, wo seine Begleiter schon längst aufgegeben hätten. Immer wieder konnte er sie überreden. Es war bitterkalt. Cook und seine Begleiter waren hauptsächlich durch Felle vor der Kälte geschützt. Die Schlafsäcke waren aus Rentierfellen, die Oberbekleidung bestand aus Wolfsfellanzügen. Auch seine Stiefel waren mit Fell umsäumt. Nach seiner Aussage erreichte er am 21. April 1908 den nördlichsten Punkt der Erde. Und es befand sich kein Nagel dort! Sehr zum Erstaunen der mitgekommenen Inuit! Cook beschreibt den Pol als

„eine freudlose Gegend, einem unendlichen Feld aus Schnee und Eis, kein Leben, kein Land, kein Wort, an dem man der Monotonie des Frostes entgehen konnte!“.

Das hatte er sich anders vorgestellt! Und seine beiden Begleiter waren noch enttäuschter. Für sie war das Ankommen am Pol ein regelrechter Misserfolg. Die Inuit glauben, dass die Erde flach sei. Und dass an dem nördlichsten Punkt der eiserne Nagel in die Erde gefallen und verloren gegangen sei. Sie nennen den Nordpol „Tigieho“ – Großer Nagel. Da Eisen für sie wertvoller war als Gold, waren sie mitgegangen, den Nagel zu finden. Aber als sie nur die Leere am Pol sahen, glaubten sie, der Nagel sei auf den Grund des tiefen Meeres gesunken. Die lange Suche war für sie nur die Vergeudung eines Monats in der wichtigen Jahreszeit des Fleischsammelns.

Cook hinterlegte in einer Messinghülse seinen Bericht, nahm wissenschaftliche Beobachtungen vor, und begann nach zwei Tagen den Rückmarsch. So leicht sie in vier Wochen den Pol erreicht hatten, so unvergleichlich grausam war ihr Rückweg.

Er verlangte ihnen alles ab. Cook beschloss, den beschwerlichen Rückmarsch über das Lancaster-Sund zu unternehmen. Er hoffte, ein Walfänger würde sie dort noch vor Beginn des Polarwinters aufnehmen. Das Schicksal aber war grausam. Als sie ankamen, sahen sie den Walfänger gerade noch in der Ferne abfahren! Cook konnte die verlorene Chance nicht glauben. Es würde ein halbes Jahr vergehen, bis das nächste Schiff kam.
Sie mussten im Niemandsland überwintern. Sie verbrachten hundert „doppelte" Nächte in einer Höhle unter der Erde. Um sie herum nur tiefe Schwärze. Um die Höhle herum Bären, die ihre letzten Vorräte an Robbenfleisch plünderten. Sie konnten sie nicht sehen, nur hören. Zum physischen Hunger kam der geistige. Völliger Trübsinn. Sie fallen in seelische Erstarrung. Selbstmordgedanken.

„Wir diskutierten nicht mehr, es gab keine Meinungen. Wir hatten zu lange unter den bittersten Umständen zusammengelebt, um noch Interesse aneinander zu nehmen … In der dunklen Höhle mit ihren Wänden aus Felsen und Knochen, mit einem Boden aus Eistropfen: so verbrachten wir gebeugt und verkrampft Tag um Tag. Von dem gespenstischen Schrecken dieses Lebens fand ich keine Erlösung. Nur sinnlose Betätigung der Hände bewahrte mich vor Verrücktheit."

Sie überschreiten die Grenzen des Belastbaren. Was Überwintern in der Polarnacht heißt, das wusste Frederick Cook bereits. Das hatte er schon auf einer früheren Expedition, zusammen mit Roald Amundsen übrigens, dem späteren Südpol-Entdecker, erlebt. Er rettete dabei seine Gefährten dadurch, dass er ihnen eine „Lichtkur" verschrieb: sie mussten sich mehrere Stunden am Tag vor heißes Feuer setzen und fortwährend in das helle Licht blicken. Nach 14 Tagen war die Lebensgefahr gebannt. Die Winterdepression hatte ihren Griff gelockert.

Sie überleben. Die beiden Inuit fertigten aus Walknochen und aus dem Holz der Schlitten Waffen, mit denen sie auf die Jagd gehen konnten. Mit einem Kajak erreichten sie eine verlassene Inuit-Siedlung. Vom langen harten Winter völlig erschöpft erreichten sie ihr erstes Depot, brachen auf einem Eishügel zusammen und wurden von Inuit aufgegriffen. Da mussten sie eine schlimme Entdeckung machen. Ihr erstes Lager mit Rudolf Franke war aufgelöst. Und den Inuit war verboten worden, Cook irgendwelche Hilfe oder Proviant zu geben. Dafür war Peary verantwortlich.

Wie kam das? Peary hatte mitten in seinen Vorbereitungen von dem Vorhaben Cooks gehört. Er kannte die Tapferkeit und die Fähigkeiten dieses Mannes, und ihm war gar nicht wohl dabei. Sollte er ihm in letzter Sekunde doch noch zuvorkommen? Der Pol war doch Pearys Angelegenheit, wie oft hatte er es schon versucht in den vergangenen 25 Jahren!

Auf Cooks Spuren erreichte er dessen Lager und erpresste die gesamten wertvollen Vorräte an Proviant und Fellen von seinem Freund Franke, der an Skorbut erkrankt war, gegen seine Heimreise. Den Inuit verbot er, Cook zu helfen. Doch es nützte alles nichts. Sein Albtraum wurde wahr: Seit 1907 hatte keiner mehr von Cook gehört. Er galt als im Eis verschollen, die Welt hielt ihn für tot. Doch er meldete sich zurück, fulminanter als jemals erwartet, mit der Sensation schlechthin. Cook telegrafierte am 1.9.1909: „Habe am 21. April 1908 den Nordpol erreicht."

Fünf Tage später telegrafierte Peary: „Ich habe den Pol am

6. April 1909." Und er hatte in grenzenloser Enttäuschung alles daran gesetzt, um Cook unglaubwürdig erscheinen zu lassen. Cook hätte der Öffentlichkeit einen Bären aufgebunden, behauptete er, und er brachte einen unschönen Streit in Gang. Jeder bezeichnete den anderen als Lügner. Cook zog sich dann enttäuscht aus der Öffentlichkeit zurück und begann, sein Buch zu schreiben. Obwohl es schwierig nachzuvollziehen ist, da die Messinstrumente früher sehr ungenau waren, sind sich die Forscher inzwischen nach der Auswertung des kompletten Materials einig, dass *beide* den Nordpol *nicht* erreicht haben. Einige jedoch behaupten auch, beide hätten es geschafft.

Frederick Cook allerdings ein knappes Jahr früher. Und ich neunzig Jahre später.

Aufbruch vom Pol

Wir machten viele Erinnerungsfotos – so lange, bis Wolken aufzogen und es duster wurde. Ich nahm alle Bilder in mir auf und speicherte sie in meinem Herzen. Solche Eindrücke muss man sich bewahren!

Wir hatten nicht allzu lange Zeit, wir wollten am Nordpol keine Nacht mehr verbringen. Victor saß schon geraume Zeit vor dem Funkgerät und versuchte, eine Verbindung mit der Eisstation aufzunehmen. Er musste einen Hubschrauber anfordern, der uns hier abholen sollte. Nach einigen Versuchen hatte Victor Erfolg: es kam die Bestätigung, dass der Helikopter in ungefähr einer Stunde hier sein würde, wenn es das Wetter zuließe. Es hieß „Abschied nehmen“ vom Nordpol! Und zwar einen ganz schnellen Abschied. So eilig hatten wir noch nie unsere Zclte abgebaut und unsere Ausrüstung auf die Pulkas gepackt. Voller Spannung warteten wir dann auf das Geräusch des Hubschraubers. Schon war es in der Ferne zu hören. Er kam schnell näher, flog tiefer und tauchte uns in eine riesige Wolke aus Schnee. Wir bekamen kaum Luft und hielten uns die Handschuhe vors Gesicht. Erst als die Rotoren stillstanden, konnten wir die Maschine erkennen, die uns zurück zur Eisstation bringen würde. Die Türe ging auf und – heraus kamen unsere zwei verlorenen Söhne! Wolfgang, der Bindungsspezialist, und der Kollege mit dem Alkoholproblem stiegen triumphierend aus. Hatten sie es doch geschafft, noch zum Nordpol zu gelangen, wenn auch per Hubschrauber. Sie waren vom Eiscamp hierher mitgenommen worden und waren ausgeruht und bester Dinge.

Wir zogen ein letztes Mal unsere Schlitten in den Hubschrauber und quetschten uns selber hinein. Ich spürte einen Anflug von Wehmut, als wir wegflogen. Cook musste den ganzen Weg wieder zurückgehen, und wir wurden einfach mit dem Hubschrauber ausgeflogen. Ein komisches Gefühl war das doch! Ich nahm für mich innerlich Abschied.

Etwa auf halber Strecke zum Eiscamp wurde Victor aufgeschreckt – ein Funkspruch von einer norwegischen Expedition erreichte uns. Sie waren in Not und baten um Hilfe. Und ihre Lage war wirklich prekär: Sie saßen auf einer etwa fünfzehn Quadratkilometer großen Eisscholle fest. Das Eis war aufgebrochen, und es hatten sich in Minutenschnelle offene Leads gebildet. Es war unmöglich, sie zu überwinden. Sie hatten keine Chance mehr, weiterzukommen.
Jetzt brauchten sie dringend Brennstoff von uns für ihre Kocher, denn die Benzinkocher spenden die nötige Wärme, die man zum Überleben braucht. Die Kocher standen in den Zelten und mussten weiter beheizt werden. Sie gaben uns ihre Position durch und bald tauchten ihre bunten Zelte am Boden auf. Wir landeten und gaben ihnen bei noch laufenden Rotorblättern alles, was wir noch an Benzin hatten. Sie hofften, dass die Eisschollen bald wieder zusammendriften würden, damit sie ihren Marsch noch fortsetzen konnten. Sie wollten ebenfalls zum Nordpol. Sie waren in derselben Situation wie wir gewesen waren. Nur war uns das zum Glück schon an der Eisstation passiert, und wir konnten die Wasserrinnen mit dem Hubschrauber überwinden.
Wir wünschten ihnen noch viel Glück, allerdings gestand ihnen unser Expeditionsleiter keine großen Chancen zu. Sie waren einfach sehr spät gestartet, die Leads würden in dieser Jahreszeit immer mehr zunehmen, und sie würden den Norwegern immer öfter den Weg versperren.

Unter uns tauchte die Eisstation auf – unsere Nordpol-Expedition war zu Ende.
Wie lange hatten diese Abenteuer früher gedauert! Monate und Jahre haben die mutigen Männer für ihren gefährlichen Weg gebraucht. Sie mussten ja auch vom Festland starten.
Fritjof Nansen hatte sich mit seinem Schiff einfrieren lassen, um möglicherweise ein ganzes Jahr später am Pol zu sein. Damals schon wussten sie von der Eisdrift. Heute wird ein Teil der Strecke mit Flugzeugen und Hubschrauber zurückgelegt. Eine Herausforderung ist es immer noch, aber eine berechenbare.
Die Rückreise führte uns wieder von Borneo über Khatanga, wo wir vom Bürgermeister geehrt wurden. Dann ging's weiter nach Norilsk, die Industriestadt in Mittelsibirien. Dort erlebten wir den sibirischen Winter in seiner ganzen Härte. Ein unvorstellbar starker Schneesturm häufte in kürzester Zeit meterhohe Schneeberge auf. Ein beeindruckendes Schauspiel! Zum Glück dauerte der Sturm nur einen Tag. Am nächsten Morgen konnten wir nach Sankt Petersburg aufbrechen. Da gab es nach langer Zeit wieder einmal ein gutes Essen! Russischer Borschtsch stand auf dem Speiseplan! Obwohl ich den Luxus auf meinen Expeditionen nicht vermisse – diese Gemüsesuppe hat mir doch hervorragend geschmeckt!
Noch schöner war das Gefühl in der Maschine von Wien nach München. Es war Mai – und so einen schönen Frühling habe ich selten erlebt. Mich packte das Frühlingsgefühl mit voller Wucht! Nach wochenlangem grellem Weiß war das zarte Grün wie ein sanfter Hauch. Was für eine Wohltat war auch wieder die dunkle Nacht! Staunend sah ich den Himmel dunkler werden und die Nacht hereinbrechen.

Staunend sah ich zuhause die Farben der Felder, der blühenden Bäume, der Blumen auf den Wiesen. Und staunend hörte ich auf den Klang der Vögel, ihr Zwitschern erschien mir wunderbar. Ich hörte das Summen der Bienen, das Rauschen der Blätter in den Bäumen. Ich hatte meinen Rhythmus schnell wieder gefunden. Und ich tauschte die Eiskälte gerne gegen die warmen Frühlings-Temperaturen ein. Ich war „in mir“ angekommen, ich war daheim.

„Wer seine Träume verwirklicht, der ist ein reicher Mann – ich bin ein Millionär.“

▲ *Die Gewalt des Eises schob ein Schiff über das andere.*

Unterwegs im Flugzeug zur Forschungsstation Borneo. ▼

▲ *Schorsch Kirner auf der Forschungsstation Borneo.*

Der verrückte Amerikaner mit seinem Rucksack-Motor ▼

▲ *Georg Kirner beim Auswaschen seines Essgeschirrs.*

Die kleine Wasserrinne wurde zum unüberwindbaren Hindernis. ▼

▲ *Unser Expeditionsleiter beim morgendlichen Schneebad.*

Eisaufwürfe auf dem Weg zum Nordpol. ▼

▲ *Mit Spitzhacken musste der Weg oft freigemacht werden.*

Immer wieder ist die Hilfe der Kameraden nötig. ▼

▲ *Mühsame Strecke auf dem langen Weg zum Nordpol.*

Leichter voran ging es im ebenen Gelände. ▼

▲ *Wieder versperren uns Eisaufwürfe den Weg.*

Unser Expeditionsleiter hält Ausschau nach der besten Route. ▼

▲ *Die erfolgreiche Mannschaft am Nordpol.*

Schorsch Kirner am nördlichsten Punkt der Welt. ▼

Das medizinische Wunder

Niemand hatte über meinen Gesundheitszustand Bescheid gewusst. Am Anfang der Expedition hatte ich einen der beiden zufällig mitgehenden Ärzte gebeten, während der ganzen Zeit ein Auge auf mich zu werfen. Udo, so hieß er, tat mir den Gefallen. Am Nordpol hatte ich ihn gefragt, ob ihm etwas aufgefallen wäre.
„Nein, du hattest ein unglaubliches Tempo drauf, grade, dass ich noch mitgekommen bin! Warum fragst du?“
Ich hatte ihm von meiner Vorgeschichte erzählt, von meiner Operation. Udo hatte den Kopf geschüttelt, war langsam davon gegangen und hatte nie wieder ein Wort mit mir gesprochen.

Ich war wieder zuhause, ich genoss den Mai, wie ich ihn selten vorher genossen hatte. Wie ich ihn auch selten wahrgenommen hatte! Mit all seinen alltäglichen Wundern, den Farben, den Klängen. Als mir all das fast schon wieder Gewohnheit war, klingelte das Telefon. Der Professor, der mich an der Lungenklinik operiert hatte, war dran. Er berichtete mir, es habe noch nie einen Fall wie meinen gegeben, dass sich ein Kürschnerdraht von der Schulter in Bewegung gesetzt hätte. Und auf vollkommen unerklärliche Weise in die Lunge gelangt sei. Das sei wirklich ein medizinisches Wunder, und als solches sollte ich auf dem Medizinischen Kongress auch präsentiert werden. So geschah es, und wieder einmal fragten sich alle europäischen Spezialisten, die meine Röntgenbilder zu sehen bekamen: wie konnte dieser Mann überleben?
Was ist es für ein Gefühl, noch zu leben, nach all den Dingen, die mir passiert sind? Das medizinische Wunder, drei Flugzeug-

Abstürze, die Malaria, und noch viele, viele weitere Katastrophen. Ich lebe noch, und zwar sehr gut. Vielleicht wird es keine extremen Touren mehr geben. Aber das kann ich eigentlich selber nicht so recht glauben. Auf die Frage nach meinem nächsten Ziel antworte ich stets wahrheitsgemäß: „so lange wie möglich gesund bleiben!“
Wer weiß schon, was die Zukunft noch bringt?

Die Zukunft der Pole

Das Klima in der Arktis und der Antarktis ist sehr sensibel, und es ist mitverantwortlich für das Gleichgewicht in der ganzen Welt. Erderwärmung heißt das Stichwort. Im Mittelpunkt der Forschungen stehen – neben dem Ozonloch über der Antarktis – die *Dauerfrostböden* der Arktis. Was würde passieren, wenn diese auftauten? Derzeit ist die Landfläche der ganzen Erde zu etwa einem Fünftel mit Böden bedeckt, die das ganze Jahr über gefroren sind. Sie befinden sich größtenteils in Sibirien, Kanada und Alaska. Dieser Dauerfrost kann bis in 1500 Meter Tiefe reichen. Nur während des kurzen nördlichen Sommers taut er an der Oberfläche auf und verwandelt sich in ein Sumpfgebiet, das Millionen von Mücken einen Platz zum Leben bietet. In eine solch abweisende Landschaft reisen seit 1998 Potsdamer Forscher: ins russische Lena-Delta. Sie messen in jedem Sommer, wie vicl Methan und Kohlendioxid der Boden ausdünstet. Und sie haben festgestellt, dass Mikroorganismen bislang gefrorene Biomasse nun abbauen und dabei Treibhausgase freisetzen. Die Ursache scheint klar: Der unterirdische Eispanzer hat sich während des letzten Jahrhunderts um zwei Grad in Sibirien und um etwa vier Grad in Alaska erwärmt. Dauerfrost reagiert sehr sensibel auf Klimaveränderung, fanden die Forscher heraus. Im Untergrund der Arktis sind riesengroße Gasvorkommen zusammen mit Wasser gefroren. Gashydrat nennt man das. Das gelangt bei weiter steigenden Temperaturen an die Oberfläche und könnte den Treibhauseffekt zusätzlich anheizen. So kommt es, dass an manchen Stellen bereits Methangas aus der Erde blubbert, zum Beispiel in der Tundra!

Die Postdamer Forscher sind keine Panikmacher. Natürlich

spielen auch hier viele unterschiedliche Faktoren eine Rolle. Doch eine Gewissheit gibt es in der ganzen Unsicherheit über Erderwärmung: Wenn das Klima in der Arktis und der Antarktis kippt, dann hat das für das Leben überall auf der Welt unkalkulierbare Folgen. Und diese Folgen bekommen die Inuit bereits heute zu spüren.

Literaturverzeichnis

Barensteiner/Leitzinger: Neuguinea, Bruckmann, 1996

Cook, Frederick A.: Wo Norden Süden ist, Hoffmann & Campe, 1953

Geo spezial: Heft 1/2003 Arktis – Antarktis

Hall, Sam: Die vierte Welt, Thienemann, 1988

PM Magazin: Heft 4/2003

Preston, Diana: In den eisigen Tod – Robert F. Scotts letzte Fahrt zum Südpol, London, 1997

Sattlberger, Chris: Antarktis, Brandstätter, 1999

Scott, Robert Falcon, Kapitän Scott: Letzte Fahrt, F. A. Brockhaus, 1913

Trent, Thomas: Im ewigen Polareis, Fischer, 1958

Wesemann, Heiner: Steinzeitkulturen auf dem Weg ins 20. Jahrhundert, DuMont, 1990

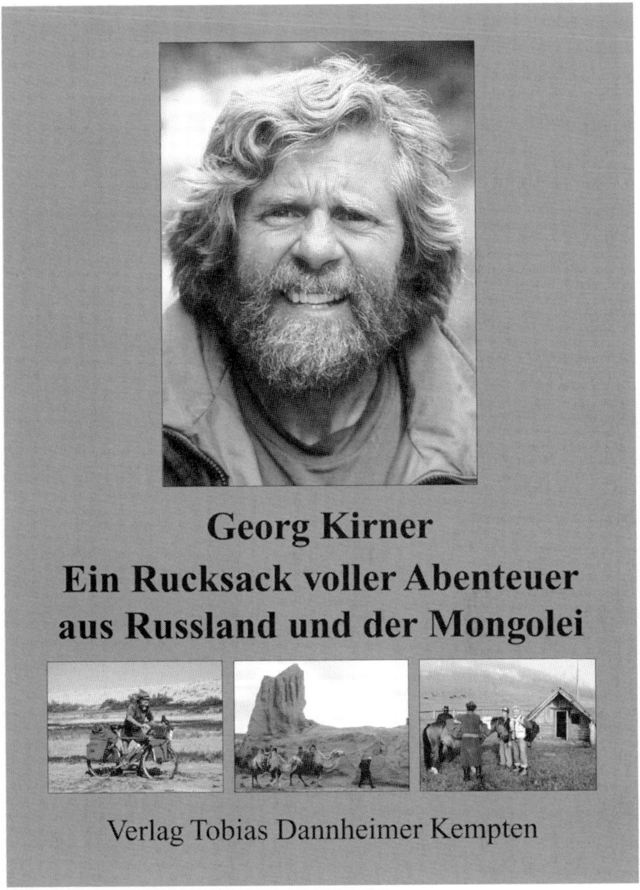

320 Seiten mit 24 Farbtafeln.

ISBN 3-88881-041-8, 2002, Kart., € 12.–